广东省教育科学"十三五"规划2020年度教育科研重点项目

开展区域交流研训助力教师专业成长的实践研究
（项目编号：2020ZDJK047）

美育师训

MEI YU SHIXUN

吕达艺　主编

中山大学出版社
SUN YAT-SEN UNIVERSITY PRESS
·广州·

版权所有　翻印必究

图书在版编目（CIP）数据

美育师训/吕达艺主编. —广州：中山大学出版社，2022.12
ISBN 978-7-306-07679-3

Ⅰ.①美…　Ⅱ.①吕…　Ⅲ.①中小学—教师培训—研究
Ⅳ.①G635.12

中国版本图书馆 CIP 数据核字（2022）第 254624 号

出 版 人：	王天琪
策划编辑：	张　蕊
责任编辑：	王　璞
封面设计：	曾　斌
责任校对：	周　玢
责任技编：	靳晓虹
出版发行：	中山大学出版社
电　　话：	编辑部 020-84110283，84113349，84111997，84110779，84110776
	发行部 020-84111998，84111981，84111160
地　　址：	广州市新港西路 135 号
邮　　编：	510275　传　真：020-84036565
网　　址：	http://www.zsup.com.cn　E-mail: zdcbs@mail.sysu.edu.cn
印 刷 者：	广州市友盛彩印有限公司
规　　格：	787mm×1092mm　1/16　24.25 印张　448 千字
版次印次：	2022 年 12 月第 1 版　2022 年 12 月第 1 次印刷
定　　价：	68.00 元

如发现本书因印装质量影响阅读，请与出版社发行部联系调换

编 委 会

主　编：吕达艺

副主编：伍云昌

编　委：伍尚康　陈杰文　林　生　柯　超　梁方婵

目 录

第一部分 搭建平台

高质量教师培训的探究与实践
　　——以茂名市第二期青年名师培养项目为例 …………… 3
在教师发展中心指导下县（市、区）教师培训实践研究 ………… 11
立德立言立形象，共创共享共成长
　　——广东省夏承志名教师工作室培训实践与研究 ………… 19
搭建工作室平台，助力教师专业成长
　　——以广东省曾德统名教师工作室为例 ………………… 24
建设特色品牌，助推教师成长
　　——广东省赖海波名师工作室品牌建设策略 ……………… 31
推进新任教师培训提质增效的实践和思考
　　——以茂名市教育局直属学校2019年度新任教师培训为例 …… 39
发挥名师示范引领作用，助推教师专业成长（一）…………… 49
青年名师示范引领，助力乡村教师成长 ……………………… 54
发挥名师示范引领作用，助推教师专业成长（二）…………… 60
送教下乡促进农村幼儿园教师专业发展的途径 ……………… 64
校本研修，助力教师专业成长 ………………………………… 69

第二部分 理论探索

课题研究助推教师专业成长的实践探索
　　——以"基于核心素养的地图能力培养的研究"为例 ……… 75

多体联动，室校助力，专业成长
　　——高中教师培训现实困境分析与展望 ………………………… 83
信宜高中化学课例研究助力教师专业成长的实践探索 ……………… 88
在改变中构建教师培训新生态 …………………………………………… 96
以课题为抓手，实现教师专业成长
　　——基于高中学生历史实践活动的思考 ………………………… 102
中小学教师培训的问题分析与对策研究 ……………………………… 107
用课题作为导向、体育班作为载体、体育高考为目的，推动高中体育
　　备课组健康成长 …………………………………………………… 116

第三部分　区　域　研　训

区域中小学教师培训新模式研究与探索
　　——以茂南区为例，如何改进和创新培训管理和模式 ………… 137
对年轻地理教师进行板书技巧培训的策略 …………………………… 143
校本教研促进教师专业发展的实践研究 ……………………………… 147
中小学教师培训实效性不高的原因及提高策略 ……………………… 151
开展区域交流，助力教师专业成长
　　——创新交流模式，提升教师可持续性专业水平 ……………… 154
联片教研活动，促进教师专业成长
　　——联片教研促进了我校政治科组教师的成长 ………………… 159
推进区域教师发展，助力青年教师专业成长 ………………………… 163
区域协作下校本研修模式创新的设想 ………………………………… 172

第四部分　校　本　研　修

基于2.0提升工程的校本教研活动实施策略研究 …………………… 179
关于木偶教育戏剧在教师培训中的研究 ……………………………… 184
在研修中成长，在实践中提升
　　——以自身实践案例论校本研修 ………………………………… 191
高中英语新题型读后续写高效教学策略 ……………………………… 197
心有灵犀一点通
　　——浅谈数学课如何创设"灵机一动" …………………………… 202

考在"一时",功在"一直"
　　——"美育进中考"探索的育人实践案例 …………………… 207
有效开展校本研修,促进教师专业成长………………………………… 215
混合式研究,助力教师专业成长
　　——小组合作学习在小学英语课堂中的有效性研究…………… 221
改变教学模式,促进教师成长
　　——改进实验教学方式,激发学生学习兴趣…………………… 229
贝壳创作融入小学美术教学的研究 ……………………………………… 234
课教相伴,师生相长
　　——浅谈送课下乡与送教下乡相结合的策略与好处…………… 240
修德修能,共研共进
　　——茂南区羊角镇小学教师专业成长之路……………………… 245
有效开展校本研修,促进教师专业发展………………………………… 251
发挥名师示范引领作用,助推教师专业成长
　　——观看"夏献平——我是生物学教师"讲座有感……………… 256

第五部分　信　技　赋　能

运用信息技术打造初中语文高效课堂
　　——基于2.0提升工程促进教师专业成长的思考与实践………… 263
开展区域交流研讨,助力教师专业成长
　　——互联网环境下小学高年级儿童文学有效阅读研究实践案例…… 268
中小学教师信息技术应用能力提升的实践研究
　　——以茂名市为例………………………………………………… 279
希沃学苑助力教师信息化教学能力提升
　　——聚焦"互联网+"背景下教师个人研修成长………………… 284
浅析网络研训对教师专业成长的作用…………………………………… 292
基于2.0提升工程促进教师专业成长的思考与实践…………………… 296
智慧共融,驱动发展
　　——名校长工作室促进教师专业成长的实践研究……………… 301
如何有效利用极简技术,促进教师专业发展…………………………… 306
"提升工程2.0"背景下中职教师信息技术应用能力培训策略研究…… 311
信息技术与校本研修融合,助推教师专业成长(一) ………………… 317

从"人人学习"到"高效课堂"
　　——教育现代化背景下校本研修深层次开展与教师成长……………322
聚焦"互联网+"背景下的小学教师个人研修成长 ………………………343
利用微课，促进农村小学数学教师专业成长
　　——农村小学数学教师专业成长典型案例材料……………………347
巧用信息技术，助推教师专业成长……………………………………352
基于2.0提升工程如何有效开展小学英语教师混合式校本研修活动……359
甘为信息化摆渡，乐做高效率引导
　　——信息技术培训，助力教师专业成长………………………………365
信息技术与校本研修融合，助推教师专业成长（二）………………370
有效利用信息技术资源，提升信息素养，助力教师专业成长…………374

第一部分 搭建平台

高质量教师培训的探究与实践

——以茂名市第二期青年名师培养项目为例

茂名市教师发展中心 吕达艺 伍云昌

在教师培训实践中，我们积极响应教师队伍建设的时代呼唤，根据深化新时代教师队伍建设改革的总体要求，我们市级教师培训聚焦"骨干教师"这一关键群体，以着力培养高端人才和队伍整体提升为目标，积极推进以教师自主学习、系统培养、整体提升、持续发展为导向的高质量教师培训。我们以青年名师培养项目作为基于此目标的实践载体，在实践中总结，在探究中成长。

茂名市青年名师培养项目由中共茂名市委组织部、茂名市教育局联合举办，旨在贯彻落实我市人才强市战略，加大青年教师培养力度，有计划、有重点地培养和建设一支新时代高素质专业化创新型的青年教师骨干队伍。第二期培训自2018年3月开始实施至2020年年底各个培养环节完成，历时三年。三年来，全市遴选出来的100名培养对象，参加了市内集中学习、省内集中学习、省外集中学习、跟岗学习、校本研修（教学示范、课题研究等）、送课下乡等环节的培养培训和实践创新，经历了淬炼和蜕变，获得了长足的成长。我们以此为例，在实践探索的基础上，认真总结、反思及探究，希望找到高质量培训之路。

一、集中培训，对话名家

这个项目，我们共设计了三次集中学习：市内集中、省内集中和省外集中。每次集中学习为期6到7天。每次培训的课程设计我们力求涵盖师德师风、教育管理、教学科研、高考中考、专业发展、信息技术、体育美育、心理健康等。每次培训研修力求主题明确、针对性强，通过专家讲座、课程沙龙、经验交流、案例分享、小组学习、实地教学等多种方式，梳理了专业发展、课程改革、教育理念、班级管理、高效课堂等常见的问题及对策，学习内容贴近教育教学实际和需要，可操作性和实用性强。

2018年3月25日至3月31日，开展了市内集中培训。主要进行职业道德、教育教学前沿理论、教改动态及教研能力提升、信息技术应用能力提升等的培训。7天的时间，主要是与本地的专家学者、名师名校长进行交流活动。学员们收获满满，有人表达感言：7天的学习，每一天都能让人感受到思想火花的撞击与迸发，整个培训的过程给了我们很多的感悟和启迪。我们从梁副部长那里学到了要有创新和反思，从李副局长那里学到了要提高课堂效率、要有教师职业生涯规划，从吕达艺主任那里知道奋斗的意义和要抓住机遇，从黄文毓主任那里知道要有"志、精、勇、悟"的精神，从何忠贤老师那里知道教育要用一生去坚持，林生老师让我们要学会管理的技巧，梁文彦老师告诉我们爱的力量有多大，陈工凡名师给我们示范了教师的专业素养，彭海燕教授教我们做课题的能力，陈廉主任告诉我们信息化的重要性，李启云校长让我们成为"三好""三高"……站在一群巨人的身边，猛然发现自己是那么的渺小、那么的无知、那么的不足。感谢这次培训，它让我醍醐灌顶、幡然醒悟；让我正视自身的不足、不断改进。我们将在通往名师这条道路上潜心修炼、砥砺奋进。

2019年5月12日至18日，我们开展了茂名市第二批青年名师培养项目的省内集中学习活动。

此次培训，主要从创新力、信息力、学习力、领导力、研究力、文化力六个方面系统提升学员的"教育发展力"。授课的是高校教授和教学一线的名师，围绕教学、教研、学习三大方面，为学员们打造了"研训用"一体的、常态化的教师混合研修模式与教师专业发展路径。教授的讲座就像是把一顿丰盛的大餐呈现在大家的面前，真是"听君一席话，胜读十年书"。各位专家、教授毫无保留地把自己在学习和工作中的经验拿出来与大家分享，深入浅出，可谓异彩纷呈。在专家的指导下，学员们也找到了自己今后要坚持做的几点：一是每天早晨要列出当日工作清单。工作清单是对一天要做的事的提醒，并且要按照事情的轻重缓急列出来，将事情按照重要等级列清楚。二是要坚持课后反思，及时记录课堂上的闪光点和遗憾点，及时调整课堂教学内容与策略。三是要坚持写教学故事，留下教学生活的足迹。教育是一项崇高的事业，要有理想，追求献身；教育是一门科学，需要求实、求真、求发展；教育也是一门艺术，需要创新求美；教育教学充满着生机和活力，其真谛属于执着追求的教育者。

2020年11月20日至28日，我们开展了茂名市第二批青年名师培养项目的省外集中研修活动。本次与学员们对话和交流的是浙江大学的专家教授，内容有注重师德师风教育、教育教学前沿理论、信息技术与教育教学的融合、名优学校的实地研学等。到达浙江大学的第一天，大家坐在教室里，戴着浙大的校徽，一起唱着浙大校歌《大不自多》，感受百年名校的浓厚学术氛围。虽然寒风阵阵，烟雨朦胧，但远赴千里来到这所全国学子梦寐以求的高等学府学习，真是让我们所有学员欢喜和激动。在这里，学员们聆听了专家教授们高质量的讲座，学到了最新的教育教学理念。走在浙大静谧的校园里，走在杭州这座空气清新的森林城市当中，走在美丽的西湖边，看到了花红柳绿、小桥流水人家的美景，这才是确确实实感受到了书中、诗中所描写的景色和当地的风土人情，这何尝不是一种最好的学习和成长呢？

  与专家教授们的交流，让学员们醍醐灌顶，收获匪浅。在本次培训中，专家教授们的讲座，无不透露着充满哲理的思考，也告诉我们"育人与成人"是学校教育的最终目标。教授们从核心素养的外延内涵、成长的内驱力、教育智慧等方面阐述了在教育教学当中激发学生好奇心内驱力、好胜心内驱力和互惠内驱力的重要性。教授们用生动形象的案例告诉我们，应用教育智慧去启发和教育学生，唤醒学生的求知欲望，我们要做学生成长路上的"贵人"。知识渊博的刘力教授，为我们阐述了新时代"精神道德教育"的意义及构想，就是要为党育人、为国育才。不经一番寒彻骨，哪得梅花扑鼻香，心之所向，满地阳光，收获满满。培训虽已结束，但学习的步伐永不停止。有的学员表示，通过本次的培训学习发现了自己的不足，明确了努力的方向，牢记自己的职责所在。教书育人的路还很长，初心不忘，使命在肩，他们必以百倍努力和忠诚砥砺前行，不负芳华！培训掀起了一场头脑风暴：通过培训，他们清醒地认识到要改变思维模式，有了新思维才会有新行动。他们由原来的重视"三维目标"教学转变成重视"核心素养"，关注学生的发展和社会发展。改变对教材的理解，重视对教材的二次开发，挖掘蕴含在教材中的教育素材，创造性地利用教材，不断地开发新的教材资源，让教学内容贴近学生的生活实际，与时代的发展合拍。另外，在课堂上他们表示要改变角色定位，由原来的"主演"转变成"导演"，变成学生学习的协作者和学生学习情境的创设者。恢复学生的"主角"地位，把课堂还给学生，让学生充分体验知识的探索过程，张扬个性，发现自我。

  所有这些感言，都印证了我们培训的科学精准和有效。集中学习中的专家讲座、名师对话、小组交流、实地教学、工作坊、"世界咖啡"等形式行之有效，师德师风、专业发展、高效课堂、心理健康、信息技术等内容科学精准，贴合一线教师们的实际工作。所有的培训内容都有效地推动了教师的专业发展。

二、跟岗学习，名师领航

2018年5月7日至9月29日，我们组织了学员们开展跟岗学习活动。跟岗学习由学员与本市的省市两级名师工作室主持人双向沟通、双向选择，就近跟岗、工学两不误。学员们在名师们的指导和帮助下，积极参加工作室的活动，按时按质完成既定的学习任务，名师们为学员们指明了发展路径和方向，他们丰富的专业知识和专业技能令学员们大为震动，并得到了指引。

学员们纷纷表示，要学习名师们对于教育工作孜孜以求、勤于实践、勇于探究的精神，坚持不懈地学习理论知识，用理论指导教学实践，研究和探索教育、教学规律，把科研和教学结合起来，努力使自己成为真正的名师，为茂名教育做出自己的贡献。

三、校本研修，工学并进

青年名师培养过程的不断学习交流、探索实践，让学员们逐渐成为教师队伍中的佼佼者。他们的教学技艺日渐娴熟、教学经验日渐丰富。在培养的过程中，我们给他们设置上示范课、开讲座及听课的任务，旨在广泛开展以教育教学改革为载体、以教育教学实践为基本途径的培训，为名师搭建成长、锻炼的平台，营造教师向名师学习的氛围，充分发挥名师的带头、辐射、示范、激励作用。

在培养期内，我市第二批青年名师培养对象共上了校级公开课（示范课、讲座）404节（场），镇级公开课（示范课、讲座）98（场），县级或以上公开课（示范课、讲座）223节（场）。听课节数达到5000多节，获得县级或以上奖励的课例有211个。事实证明，这些培养对象们不负众望，在各自的岗位上努力进取、积极奉献，在学校的教育教学中充当了排头兵的作用，为我市教育教学改革发展做出了积极的努力。

课题研究在教师发展中有着重要的作用，可以提高教师的思想境界，形成科学的教育思想，增强信息意识，提高教学水平，创造新的教学模式，养成学习、研究、思考的良好习惯，帮助教师向研究型、专家型教师迈进。在培养期内，我们加强对学员们主持或参与课题研究的指导和帮助，取得了明显的效果：我市第二批青年名师培养对象共主持或参与县级或以上的课题共162个，在县级或以上刊物发表论文104篇，获县级或以上奖励论文152篇，主编或参与编写校本教材40本，参与编写著作14本。学员们已经成长为我市教育教学实践和研究中的佼佼者。

四、送课下乡，示范引领

青年名师和骨干教师送课下乡，对推进区域交流、推动我市教育均衡和教育创现，有很大的意义。一方面，充分发挥了青年名师和骨干教师示范引领、传帮带作用；另一方面，通过教学实践与交流，进一步提升了该项目培训的质量与功效。还体现了教师继续教育的反哺与回馈，最大限度发挥了教师继续教育的技术效益和社会效益。正如有山村老师评论说，这是个很好的活动，要多送课。名师和骨干教师可以到全国各地学习好的教学方法和先进的教学理论。而广大乡村普通的教师是没有这样的机会的，这样的送课下乡可以使更多的乡村教师从中受益。

我们根据学员们涵盖各学段各学科的特点，设计的示范课和同课异构覆盖各年级各学科，以此将教研活动精准到年级备课组。每一次送课下乡活动，都给当地带来一场教研教改的风暴和热潮。我们组织名师、骨干教师送课下乡到信宜市合水镇的时候，就吸引了信宜市教研东片区的所有学校参加，规模之大、影响之深，超出我们的估计。小学学段每个小组的送课活动，都引来全镇小学骨干教师的参与。县区教育局领导，乡镇校长、教师们高度评价了该项活动，认为活动有效促进基层学校教学教研水平的提升，为乡镇教育创现工作注入了新动力，希望组织更多的骨干名师送课到基层。

我们在这个培养项目中设计了送课下乡这个环节。先是集体送课，再到小组送课。

（一）集体送课

1. 送课下乡到电白区霞洞镇

2019年10月16日，茂名市第二批青年名师培养对象在茂名市教师继续教育中心的组织下，到电白区第三中学，电白区霞洞镇中心小学、中心幼儿园，茂名市第一职业技术学校，开展第一次集体送课下乡活动。茂名市教育局、电白区教育局有关科室负责同志，以及来自我市各地的青年名师培养对象，电白区学科教研员、学科骨干教师共计600多人参加了活动。

本次送课下乡活动，主题直奔课堂教学，精准到各年级各学科备课组。学员们与对方备课组教师一起，共开设了41节公开课和2个讲座，参与学生2000多人。双方围绕"积极探索信息技术与课堂教学的融合，创建高效课堂"的宗旨，积极开展课堂教学示范展示和教学比武，深入沟通与交流，共谋创建现代化高效课堂大计。

2. 送课下乡到信宜市池洞镇、白石镇

2019年11月20日，茂名市第二批青年名师培养对象在茂名市教师继续教育中心的组织下，到信宜市白石中学，信宜市池洞中学、池洞镇中心小学、池洞镇中心幼儿园、池洞镇扶参小学开展第二次集体送课下乡活动。茂名市教育局、信宜市教育局有关科室负责同志，以及来自我市各地的青年名师培养对象，信宜市教研员、学科骨干教师近500人参加了活动。

青年名师们与对方备课组教师一起，共开设了59节公开课（示范课或同课异构）和4个讲座。活动参与学生有2700多人。活动开设的课程涵盖所有学段的大部分学科，双方围绕"积极探索信息技术与课堂教学的融合，创建高效课堂"的宗旨，积极开展课堂教学示范展示和教学比武，深入沟通与交流，城乡携手，共谋创建现代化高效课堂大计。

（二）小组送课

盛夏送课忙，城乡共成长。2020年7月13—24日，茂名市第二批青年名师培养对象在茂名市教师继续教育中心的组织下，分成25个小组，开展小组送课下乡活动。

青年名师培养对象用两个星期的时间，行程近3000公里，足迹遍布我市25所乡镇中小学、幼儿园。全市共1168名教师、4301名学生参与活动。本次送课下乡活动，主题直奔课堂教学，精准到各年级各学科备课组。青年名师们与对方备课组教师一起，共开设了120多节公开课（示范课或同课异构）和讲座。

整个送课下乡活动，以示范课、同课异构和讲座的形式，围绕"积极探索信息技术与课堂教学的融合，创建高效课堂"的主题，精准到年级备课组，积极开展课堂教学示范展示和教学比武，深入沟通与交流，共商现代化高效课堂策略。

总而言之，组织学员们送课下乡活动是本培训项目最后一个环节，而送课下乡环节作为压轴戏，是一种行之有效的培养培训方式。这种集体和小组开展的送课下乡活动，旨在搭建城乡沟通的桥梁，推动区域教育均衡发展。在教育现代化建设的新征程中，骨干们纷纷表示要充分发挥示范引领作用，为我市教育的改革发展再立新功！

现在，送课下乡已经成为我市市级培训课程的最重要和最具特色的一环，既是学习，又是反哺，更是推动区域交流、教育均衡，城乡搭建沟通桥梁共同发展的重要渠道。这个活动，在我市教育发展的康庄大道上，必将发挥更加重要的作用和焕发蓬勃的生机。

五、孜孜以求，硕果累累

三年来，全市遴选出来的100名培养对象，参加了市内集中学习、省内集中学习、省外集中学习、跟岗学习、校本研修（教学示范、课题研究等）、送课下乡等环节的培养培训和实践创新，经历了淬炼和蜕变，获得了长足的进步。

学员们寻访名校名家的游学足迹遍布我市数十位名师、名校（园）长的工作室，内容涵盖师德师风、先进理念、课堂课改、传统文化、专业知识、管理技能等，形式有专家讲座、实地教学、听课交流、探讨交流等。

学员们开展了读书活动、教学示范和课题研究等校本研修活动：培养期内，我市第二批青年名师培养对象共承担校级公开课（示范课、讲座）404节（场），镇级公开课（示范课、讲座）98（场），县级或以上公开课（示范课、讲座）223节（场）；听课节数达到5000多节；获得县级或以上奖励的课例有211个；主持或参与县级或以上的课题共162个；在县级或以上刊物发表论文104篇；获县级或以上奖励论文152篇；主编或参与编写校本教材40本；参与编写其他著作14本。

学员们积极发挥示范引领作用，开展送课下乡活动，推动城乡教育均衡发展。培养期内集体送课下乡到电白区第三中学，霞洞镇中心小学、中心幼儿园，信宜市白石中学、信宜市池洞中学、池洞镇中心小学、池洞镇中心幼儿园、池洞镇扶参小学。共开设示范课、同课异构100节，讲座6个；参与学生4700人，参与教师1135人。100名学员随后又分为25个小组，用一个月的时间开展小组送课下乡活动。学员们迎着晨曦出发、踏着星光返程，行程近3000公里，足迹遍布我市25所乡镇中小学、幼儿园。小组送课下乡活动开设了120多节公开课（示范课或同课异构）和讲座；参与的乡村教师1168名、乡村学生4301名。整个送课下乡活动，以示范课、同课异构和专题讲座的形式，围绕"积极探索信息技术与课堂教学的融合，创建高效课堂"的主题，精准到年级备课组，积极开展课堂教学示范展示和教学比武，深入沟通与交流，共商现代化高效课堂策略。

截至结业考核时,学员们获得县级以上个人荣誉共108项;晋升副高职称30人;成长为科组长、级长48人;成长为中层干部26人,成长为副校长、校长8人;建立茂名市级名师工作室2个。高山仰止,景行行止。不忘初心、砥砺前行。心向往而努力不懈,行必至。第二批青年名师培养对象们奋斗在各自的岗位上,正朝着争当新时代高素质专业化创新型青年名师的目标奋进,全力争当我市教育教学实践的先锋模范,努力为我市教育改革发展做出贡献。

在教师发展中心指导下县（市、区）教师培训实践研究

高州市教师发展中心　朱　雪

摘要：近两年，中国的教育发生了很大的变化，新高考改革的实施、新课标新教材的使用、新的评估体制的出台，对我们教师的素养与能力提出新的要求，各地市、县（市、区）教师发展中心的建立，为我们教师的专业成长提供了更好的平台。本文将通过笔者在县级教师发展中心工作探索中的所悟所闻以及我们的实践，浅析县级教师发展中心领导下培训体系的建体及未来发展的一些想法及做法。

关键词：县级教师发展中心；培训体系建立；实践研究；教师专业成长

习近平总书记说："教师是人类灵魂的工程师，是人类文明的传承者，承载着传播知识、传播思想、传播真理的神圣职责，承载着塑造灵魂、塑造生命、塑造新人的时代重任。""要给学生一碗水，教师必须拥有一桶水。"要当一位合格的老师，必须要促使自己不断成长，提升专业素养，往专业化方向发展。教师的专业成长指教师个体不断更新知识、增长专业能力的过程。它包含三个方面的内容：知识结构、专业工作水平和专业情感态度。因此，学习应是教师的终身必修课。在信息化改革的时代，只有不断地学习，才能适应时代的发展而不至于落伍。促进老师专业化成长的途径很多，老师们可以利用空余时间进行专业创作，加强专业技能；学校利用学生教育教学实践活动来提升教师素养。作为广东省委、省政府、省教育厅倡导成立的教师发展中心，则更要利用好自己职能，构建一个完整的培训体系，助力我们教师专业化成长。对此问题，个人的观点详述如下。

一、新时代教师专业成长（培训工作开展）的背景

（一）省、地级市、县（市、区）各级教师发展中心的成立，为教师培训的开展提供了强有力的保障

为贯彻落实国家、省教育规划纲要和教育发展"十三五"规划，全面推进教育规划，根据《广东省教育厅　广东省机构编制委员会办公室　广东省人才资源和社会保障厅　广东省财政厅关于推进县级教师发展中心建设的意见》（粤教继函〔2017〕58号）（以下简称《意见》）的文件精神，从2018年开始，广东省各地级市及县区等各地区要求建立教师发展中心，2018年完成30%，到2020年原则上全省县（市、区）均需要建成教师发展中心并达到省制定的建设标准。《意见》中还指出，支持县（市、区）整合教师进修学校和教研、科研、电教部门相关职能和资源建设县级教师发展中心。在教育行政部门的领导下，承担各地区教师及校长的培训开展和教育科学成果的推介，促进教师专业发展，推动教师信息化建设，提供教育决策服务。我们认为，县级教师发展中心的建立，是以教学科研为引领，提升教师专业发展水平，加快推进教育现代化的重大决策，为建设一支师德高尚、业务精湛、结构合理、充满活力的教师队伍提供了一个很好的平台和强有力的保障。茂名市教师发展中心成立于2019年9月，茂名市管辖的四县一区，已经有化州、茂南区、信宜的教师发展中心通过了认定，高州虽然暂时没有通过认定，但也早于2020年5月8日成立了教师发展中心。

（二）教育部、省教育厅等教育行政部门下达的文件，为教师培训提供了政策支持

近几年来，为了促进教师专业发展和提升教育质量水平，适应基础教育教学改革的需要，国务院签发了《国务院关于加强教师队伍建设的意见》（国发〔2012〕41号）；教育部、发改委、财政部颁发了《教育部　国家发展改革委员会　财政部关于深化教师教育改革的意见》（教师〔2012〕13号）；广东省人民政府发布了《广东省人民政府关于统筹推进县域内城乡义务教育一体化改革发展的实施意见》（粤府〔2017〕48号）、《中共广东省委　广东省人民政府关于全面深化新时代教师队伍建设改革的实施意见》（粤发〔2018〕25号），还有《教育部关于深化中小学教师培训模式改革全面提升培训质量的指导意见》（教师〔2013〕6号）。这些文件明确指出：要

进一步加强县级教师培训机构的建设，重视教师的继续教育，提升教师专业发展水平。这一系列文件的出台，为我们培训管理部门大力推动教师培训的开展提供了政策方面的支持。

（三）广东省委对继续教育经费来源及使用的规定，为教师培训提供了充足的资金

广东省人民政府令（第53号）《广东省中小学教师继续教育规定》明确指出：从1999年10月1日开始实施，凡是取得中小学教师资格的教师都有参加继续教育的义务和权利，参加继续教育，提高思想政治觉悟和教育专业水平是中小学教师应尽的义务。各级人民政府应保证中小学教师继续教育经费的投入，具体经费来源包括每年从教育事业费中按不低于中小学教师工资总额的2%和教育费附加中不低于5%的比例安排。2019年省教育厅又补充出台了一份文件《广东省教育厅关于明确教师继续教育经费评价指标统计口径的通知》。文件指出，从2019年起按年度公用经费预算总额的10%的比例标准核查评价中小学教师培训经费的安排情况。从这两份文件规定来看，每个地区每一年都有充足的资金用于教师继续教育。关键是如何合理使用好这些资金，使培训达到最大的效益。

（四）国家以及省新一轮的教育改革，使教师培训成为一项迫切的工作

2019年4月23日，广东省政府发布《广东省深化普通高校考试招生制度改革实施方案》（粤府〔2019〕42号），从2018年秋季入学的高中一年级开始实施，2021年高考按照新高考模式进行考试和招生录取。方案的内容包括：一年两考，分春季和夏季高考；开展普通高中学生的综合素质评价；本科高校招生考试科目按照3+1+2的模式设置；招生专业选考科目按需求招考等。这些改革的变化，除了给学生带来新的考验和挑战，也对我们教师团队提出了更高的要求。除了专业知识需要更加精准外，还涉及了对学生进行人生规划教育，学生各方面综合素质的培养和提升。这说明教师团队专业化方面的标准变得更高，要求也变得更严格。接着教育部出台了《关于在部分高校开展基础学科招生、改革试点工作的意见》（也就是我们所说的"强基计划"），还颁发了《关于做好普通高中新课程新教材实施工作的指导意见》（教基〔2018〕15号），2020年10月，中共中央、国务院又印发了《深化新时代教育评价总体改革方案》。伴随着一系列改革力度如此大的文件出台，老师们无论在思想意识、教学水平还是专业知识等方

面都必须跟上改革的步伐，否则我们将无法贯彻国家的教育改革意图，也无法深入推进教育改革。

（五）各地方、各学校、各科目教师教学水平及素质的差异，让教师培训成为一个常态化工作

第一，从地域开始分析，由于各个地区经济水平参差不齐，导致了政府对于教育投入力度的不同，还有各地区人们的教育理念的不一致。经济发达地区教师的整体水平比经济欠发达地区要高。就广东地区而言，珠三角地区的教师水平普遍比粤东、粤西、粤北的要高。第二，从年龄方面来说，尤其是在信息技术这一领域，年轻教师对于信息技术的运用以及熟练程度要比年纪相对比较大的老师要好。第三，就学科而言，部分学校的某些科目，由于集中了部分比较拔尖的教师，这些学科的老师们相对容易得到优秀教师的引领，成长的速度也比较快，所以这些学科便成了学校里的王牌科目。而某些学科由于受重视程度不够或者师资力量的分配不均，则很容易成为部分学校里的短板。第四，从学校的角度来分析，幼儿园老师的整体水平会比中小学的教师水平要低。幼儿园民办性质的比重大，薪资水平比较低，很难吸引到高学历、高水平、资历深的教师。综上所述，不同地区不同科目甚至是不同学校的老师，都需要有针对性地进行素养和水平的提升，对老师进行多渠道多方面的培训已经成了一个常态化的工作。

二、县（市、区）教师发展中心领导下教师培训体系建立实践研究

从2018年开始，茂名市委、市政府和教育局高度重视教师发展中心的建设工作，将其列为茂名市教育发展规划的重要内容。茂名市教师发展中心率先建立，并于2019年9月成功召开了县级教师发展中心建设现场会议，茂南区、信宜、化州通过认定。高州市教师发展中心成立于2020年5月8日，目前在职在编的职工共70名，内设4个机构，一正三副的班子、一正两副的中层干部配备完善，各个部门已经正常开展相关业务，在教学科研、教师专业成长、信息技术水平的提升等方面都取得了一定的成效，尤其是在教师培训方面，借助教师发展中心这个领导机构，依靠教师继续教育部，根据我们高州市将近16000名教师的实际需求，在工作中不断地探索研究，逐步形成了高州市教师培训的完整体系。

（一）培训工作的宗旨

培训工作的宗旨主要有服务教师成长，引领课改方向，促进质量提升，助推内涵发展。

（二）培训工作的目标

通过大数据的管理，教师全体参与培训，教学质量提升及培训学习并举。从我们培训的项目来看，每年每个科目不同层次的培训有很多，由国培、省培到市培，再到县培，最后到学校的培训。随着信息技术的发展，我们借助大数据这个平台，对每年每次的培训进行数据的收集和分析，争取在五年内让每一位教师（特别是乡村教师）都有机会去了解一下发达地区的教育情况，开阔视野。同时，把各学校派出人员培训学习的情况跟学校学科的教学质量挂钩，让培训价值最大化。

（三）培训工作的原则

培训工作的原则主要有系统性、针对性、实效性、专业性。

1. 系统性

系统性是指本县的所有培训都要制订详细的计划（有短期的，有长期的），且要根据实际情况，通盘考虑。

2. 针对性

针对性是指组织的每一次培训都要以解决某个具体问题为目标。

3. 实效性

实效性是指从我们的每一次培训、每一笔资金的投入，到过程中的管理，到学员的学习效果都要达到效益的最大化。

4. 专业性

专业性是指在整个培训的方案制订、实施过程、评估结果等环节都需要高度专业，让教师个体得到定制式培训，而不是走过场。

（四）培训工作开展的模式

该模式主要为双轨并举阶梯式的培训模式。教师专业成长"双轨并举"阶梯模式是从教学水平、管理水平两方面设置教师成长阶梯，形成一个教师及校长（园长）的成长体系。其中，教学水平从低到高按"新手—初任—骨干—精英—名教师—特级教师"设置成长阶梯，管理水平从低到高按"班主任—团支书（中队辅导员）—中层干部—校长—精英校长—名校长"

设置成长阶梯。高州市发展中心继续教育部根据这个培养模式，创设培养渠道，通过自我成长、学校栽培、发展中心提升等环节，让教师得到阶段性的成长，从而成为一位名师、名校长，再通过工作室的建立，覆盖和带动全市的教师和校长水平的提升。

（五）培训工作开展的渠道

作为一名教师，要成长、要提升、要有所作为，除了需要长时间的工作实践，以及经验的积累外，还需要不断地学习和接受培训。我们认为，教师专业成长可以有多样化的途径，可以概括为以下几个方面。

（1）国家、省以及地级市组织的各种各样的线上和线下的培训。

（2）县级教师发展中心利用地方财政配套教师强工程款组织的线上和线下的更有针对性的培训。

（3）每年规定的网络继续教育专业科目42学时的培训，各地可以根据本地区实际需要和已经遴选的培训机构协商，设计更有价值和更高效的课时内容。

（4）根据省教育厅的文件要求，推进校本研修这一块的建设，创新校本研修模式，形成具有特色的"一校一案""一科一策"校本研修新模式。通过校本研修提升帮扶学校教师教育教学能力和学校整体发展水平。为此，高州市教师发展中心专门制订了《2021年高州市中小学、幼儿园（含民办）教师校本研修（选修课）学时认定工作方案》，通过考核促进学校对校本研修工作的重视和落实。

（六）培训工作成果的考核

无论通过什么渠道，开展什么种类的培训，最终追求的目标都是有效果。作为教师发展中心，必须要对各类培训进行成果的考核和跟踪。高州教师发展中心准备利用大数据，把每次培训派出的人员与学校教学教育成果挂钩，简单理解就是把每年每个学校每个科目派出培训的教师人数与本学校本学科在教育主管组织的质量监测中成绩的排位挂钩，通过数据的分析来检验派出培训人员学习的效果。

三、县（市、区）教师培训未来发展的思考以及做法

高州市教师发展中心于2020年5月8日成立至今，已经过去了两年多。在这段摸爬滚打的日子里，我们既累积了县级教师发展中心建设的经验，

也发现了一些问题，更遇到了不少困难和困惑，让我们这些管理者不得不认真思考，如何走好下一步。

（一）广东省教育厅出台的两份文件造成的困惑

2017年12月，一室三厅联合发布的《广东省教育厅 广东省机构编制委员办公室 广东省人力资源和社会保障厅 广东省财政厅关于推进县级教师发展建设的意见》明确指出，各地根据教育改革发展和教师队伍建设的需要因地制宜设置县级教师发展中心，需整合教师进修学校、教研科研和电教部门等相关职能资源。接着2020年5月，省教育厅又颁发了《广东省教育厅建立健全新时代基础教育教研体系的实施意见》，指出，地级以上及有条件的县区要独立设置教研机构，暂不具备条件的县（市、区）应在相对统一的教育事业单位内独立设置。这两份文件显然是有矛盾点的，给我们的工作带来了困难。尽管我们茂名教师发展中心在开始成立之初就有非常明确的工作定位：以教育科研为核心，以培训为平台，以信息技术为支撑，教研、培训、信息化三者相结合，互相配合，共同提升当地教育质量。但在实际操作的过程中，教研培训如何更好地糅合，依然是一个需要解决的问题。考研科研是教师发展中心其中一个内设机构，还是从教师发展中心中分离出来的一个独立机构——教育研究院，仍然是我们教师发展中心教研科研人员心中的困惑。

（二）后勤保障有待提高

按粤教继函〔2017〕58号文件精神，各地要切实保障县级教师发展中心正常运作经费并列入年度财政预算予以保障。我们地方财政已经把教师发展中心运作经费纳入预算，但批复资金不足，正常的日常开支，如下乡视导、送培下乡、送课下乡等活动的车辆开支，以及差旅补贴等存在困难。为了更好地让县级教师发展中心开展工作，建议财政部门将工作所需经费一并纳入本年度财政年度预算安排，保证教研评训一体化资金的投入，确保教育教学研究项目、常规教研项目活动、教研员和培训教师游学进修、教学质量监测、成果总结推广等工作的正常有效的开展。

（三）开展区域之间教师发展中心的交流与合作

茂名地区教师发展中心有六个，各个县（市、区）都有自己雄厚的研究和培训力量，我们可以大力开展区域之间的合作和交流。在教学科研方面，可以把地区最具特色的和最有成效的教研成果进行互学互通。在培训方面，把各自好的培训模式互学互通，还可以把各自优秀的培训教师（名师、名校长、班主任等）互派，实现资源优化组合和效益的最大化。为此，茂名教师发展中心在吕达艺主任的支持下，开展了"区域交流研训助力教师专业成长"省级课题的研究，现在已经进入了中期阶段。我个人认为应在区域交流合作方面加大力度，出台专门的实施方案，并提供一定的资金作为运作保障，各县（市、区）的教师发展中心要积极响应和配合，共同努力，让教师发展中心做大做强，向着"小实体，多功能，大服务，高效率"的目标迈进。

立德立言立形象，共创共享共成长

——广东省夏承志名教师工作室培训实践与研究

(2021年8月19日)

广东省夏承志名教师工作室是2017年11月经过遴选评定的广东省中小学新一轮（2018—2020）名教师工作室，在2018年4月10日广东省教育厅举办了全省的启动仪式后，茂名市教育局根据省教育厅的安排开始遴选工作室的学员并报省教育厅审批、确定了工作室助手及相应配套人员等，工作室于2018年10月11日举行了开训仪式。经过三年的努力，取得一定的业绩，也形成了自己的品牌及比较明显的特色。现将实践情况整理如下。

一、背景与问题

（一）现状与问题

名师工作室最早发轫于20世纪90年代，在英美等国兴起，极大地促进了基础教育教师的成长，成为知识经济背景下一种新的教师专业成长模式。进入21世纪的我国基础教育，名师不再是学校独有的"部门资源"，而成为区域乃至社会共享的"公众资源"。近年来，名师工作室在全国呈遍地开花之势，各地方相继建立了不同层次和不同类型的名师工作室。这一个个活跃在全国各地的专业学习共同体，正成为培育骨干教师的"特种部队"、教学改革的"试验田"和区域教育均衡的"催化剂"。从全国范围来看，大多数名教师工作室已经成为其他组织机构不可替代的教师专业发展的平台或途径，不仅培养了大量优质的教师资源，还为区域发展带来了品牌效应。

名师工作室在实际运行中，需要解决的问题也不少。如在运行过程中出现"经费下拨不及时、经费使用表述不明、报销手续烦琐""工作任务化、程式化，考核数量化、平庸化""非官非民的尴尬处境、教育行政部门归口管理不明确，使得工作室成了'不知是谁家的孩子'"等机制问题；此外，工作室最大的问题就是人员的差异。

（二）目标与设想

面对共同的机制性的问题，工作室是无法改变的。针对本工作室入室学员大部分是农村高中语文教师，他们接触前沿教育理念机会相对少，缺乏开展教学研究、积累教学业绩的经验等问题，工作室提出"立德立言立形象、共创共享共成长"的理念，以"优秀教师的集聚地、未来名师的孵化地、教学良方的生产地、经验成果的创享地、师德正气的激发地"为培养目标。设想通过三年为周期的培养计划的实施，有效推动培养对象的专业成长，使成员和学员的教育教学水平上一个新台阶，成为所在学校学科带头人，成为当地骨干教师，最终成就一批新的名师。

二、方法与策略

（一）抓好基本建设，树立品牌高度

为使工作室成长为有高度的共同体，让这支教师专业成长的"特种部队"展开拳脚，孵化出更多的名师，成为优化教育生态和区域环境的示范性力量，必须抓好团队、文化及硬件等方面的建设。

1. 团队建设

主持人夏承志是广东省特级教师、高中语文正高级教师、广东省百千万人才工程培养对象、广东省名教师工作室主持人、茂名市名教师，在省内有较高的知名度和影响力。聘请华南师范大学职业教育学院宋春燕博士为高校专家、茂名市教育局教研室莫尧道（高中语文正高级教师）副主任为实践导师、高州二中朱和锋（研究生毕业）老师为工作室助手、高州一中办公室卢钦（华南师范大学计算机本科毕业）主任为技术专家、广东高州中学刘小凤老师和高州二中何丽老师为工作室成员，学员中有4位茂名市第二批青年名师培养对象。工作室的高校专家及实践导师均是省内基础教育领域的顶尖专家，助手成员学历高，入室学员都是茂名地区青年名师培养对象或省级骨干教师。

2. 文化建设

经过征集专家意见，确定徽标（图1）是以广东省教育厅该项目启动仪式徽标（图2）为基础构思，由"夏承志"的拼音首字母"xcz"构成一个汉字"名"和一个腾飞的凤凰。寓意：工作室学员均成为名教师，像展翅

的凤凰飞向远方；结合行动口号"共创共享共成长"，以《在路上》《情同手足》《放心去飞》为行动主题歌，同时开通工作室微信公众号（图3），完成了一整套工作室的文化形象建设。

图1　工作室logo　　图2　省厅项目启动微标　　图3　工作室微信公众号二维码

3. 硬件建设

工作室以"节约资源、整合运用"为原则，与本人的办公室融合使用，只增加工作室相关资料上墙，不搞其他任何装修，节约资金以开展学员专业培训活动。此外，工作室还购买了200多册专业图书来建立一个小小的图书角以供学员及本校教师借阅，还鼓励学员们流通书籍，增加阅读量。目前，这个图书角的图书流转和各方面运作正常，这是本工作室的一大特点。

（二）突出特色培训，拓展品牌宽度

工作室在做好常规工作的同时，坚决走特色培训之路，突出"立德坚定信念""读书提升境界""立言提炼思想""课堂展示本领""科研助力发展""访学增长见识""业绩丰满形象"的特点，让学员在综合素质方面有较大的提升，达到"共创共享共成长"的目标。

1. 立德坚定信念

为人师表首先要有高尚的道德情操，工作室以实际行动培养学员们的师德，如捐资帮助的贵州省册亨县困难学生谢军于2019年考上北京外国语大学，现在继续跟进资助；以坚定的信念去做好专业发展规划，通过"SWOT"分析，制定出科学而具体的个人成长规划，包括确定自己的成长目标与采取的具体措施。

2. 读书提升境界

工作室注重夯实学员的理论基础，充分发挥图书角的作用，要求学员每年必须阅读3本教育教学理论专著，并撰写读书笔记与读后体会，还通过学员间的书籍互借流通阅读等方式增大学员们的阅读量。在阅读之中，学员的理论素养得到有力提升。

3. 立言提炼思想

工作室要求学员要多写教学反思、多写教学案例、多写个人见解，每个学员每年至少撰写一篇有价值、有水平的教育科研论文，在县级以上获奖或地市级以上刊物发表。为鼓励学员们大胆立言，工作室负责学员所有发表的论文版面费，使学员们提炼的个人教学思想得以传播出去，同时也积累了教学业绩。三年来，所有学员都有2篇或以上的论文发表在省级以上的专业期刊。

4. 课堂展示本领

课堂是教师的主阵地，工作室要求学员们一定要在课堂上锤炼出过硬的本领。具体通过集体备课、双向听课、说课评课、案例分析、课例开发、课题研究等形式，引导成员专业提升。学员一年要听评课不少于60节，每年必须上1次校级以上的公开课。此外，还要积极参加各级各类比赛，以增长见识、练就本领、扬名教坛。每个学员均在不同的场合作了课堂展示或专题讲座，所到之处，均得到专家、领导的认同和赞许。现在，学员们均可独当一面，并可带领和培养一两个年轻教师了。

5. 科研助力发展

工作室要求学员选课题要有实效性、针对性、可操作性，使课题研究有序、规范、实效，更好地助力专业发展。目前，学员们申报并已立项或参与研究的省级课题3个、地市级课题3个、县区级课题一批，实现了学员课题研究全覆盖。其中，李培林老师的省级课题"欠发达地区中学语文'少教多学'教学模式策略研究"、黄翠杏老师的省级课题"教育现代化背景下高效课堂建构的研究"、陈贤芳老师的省级课题"高中语文教学中以思想内化为核心的国学课堂教学探究"起着示范引领的作用。

6. 访学增长见识

工作室争取机会让学员优先参与各级研讨会、报告会、名师论坛、公开教学、送教下乡、现场指导等形式的活动，充分发挥名师的带头、示范、辐射作用，从而形成名优群体效应，实现优质教育资源的共享。工作室通过博客或微信公众号及时传递工作动态、工作室成员的学习成果，交流工作室研究成果，以互动的形式面向广大教师和学生。三年来，工作室带领学员开展了20多次的活动，可谓走南闯北东西行。如"江浙研修"让学员们把握当下教改信息和学科教学动态，一睹国内顶层专家对教学焦点问题的深度思考和积极探索；"送教南宁"让大家感受八桂教师的别样风采，聆听了教学成果提炼及申报的实用知识……每一次活动，学员们都感到犹如醍醐灌顶，研讨交流兴奋不已，意犹未尽。

7. 业绩丰满形象

业绩最能体现教师的形象，工作室要求所有学员均要以最优的业绩来丰满自身的师者形象，这样向外才有辐射力。三年来，工作室业绩满满：工作室目前的 20 次活动中有 5 次跟岗学习、3 次区域工作室联动、2 次线上培训、3 次省外研修、8 次学员展示；学员们发表论文 36 篇，其中 15 篇获县级以上奖励；学员们申报并已立项或参与研究的省级课题 3 个、地市级课题 3 个、县区级课题 12 个（达到了学员课题研究全覆盖的目标），县区级以上优秀课例 8 个；主持人出版专著 2 部（《语文课堂教学的优化与创新》《高中语文核心素养教学探究》），工作室学员合编教材 2 本（《新编高中作文系统训练教程》《最新高考语文必备知识汇编》）；网络学员刘锦也将课题研究成果《做思想型班主任，建学习型班集体》结集出版（学员吴海荣参编）。学员个人业绩也出类拔萃：截至 2019 年，已有 8 位学员通过评审获得高中语文高级教师职称，学员们获得县级以上荣誉 9 人次，其中学员彭杰于 2018 年被评为"南粤优秀教师"，学员刘小凤于 2019 年在广东省中青年教师教学技能大赛中获茂名赛区一等奖，在茂名市高中语文教师命题大赛、现场说题大赛和班主任技能大赛中均获第一名，学员何桂文于 2019 年被提拔为高州市新垌中学副校长，还有卢钦、黎万辉、张勇庆、李培林、吴伊娜、彭杰等 6 位学员晋升为学校中层干部……

（三）关注前沿动态，打出品牌厚度

通过三年的专业打造，工作室"共创、共享"了一批教学成果，也"共成长"了一批教学骨干，在各自岗位发光发热，为区域教育发展注入强劲的动力，形成了区域教育的一个鲜亮的品牌！当前，广东省在 2020 年秋季正式使用统编版教材，我们的学员必须顺应时代潮流，关注最前沿的教学动态，打破以往纯技术语文、技能训练式语文中闭塞、保守、停滞的所谓"课堂热闹"，工作室要求学员结业后要在没有工作室督促的状态下，发挥专业自觉性，继续保持潜心培育语文学科核心素养的教学品质，沉着稳健的教学状态，追求"以文化人"的教学境界，在新课改新高考征程中打造出工作室品牌的厚度。

搭建工作室平台，助力教师专业成长
——以广东省曾德统名教师工作室为例

茂名市光华小学　曾德统

摘要：工作室平台在新时代教育大背景下对助力教师专业成长发挥着重要的作用。广东省曾德统名教师工作室以课题带动，以"培养数学应用意识，提高关键能力"为导向，倡导"大应用"数学教学观，追寻智慧生长的小数课堂，争取人人有成长，个个能担当，构建一个有温度、有情怀、有智慧的学习共同体。通过"凝聚一种精神、形成一种习惯、聚焦一个专题"，达到"凝聚一股力量、编织七彩梦想"，聚焦师生共长，服务师生家校，取得良好效果。

关键词：工作室；平台；教师；专业成长

一、背景与问题

中共中央、国务院于2018年1月20日正式颁布的《关于全面深化新时代教师队伍建设改革的意见》（以下简称《意见》）指出，到2035年，教师综合素质、专业化水平和创新能力大幅提升，培养造就数以百万计的骨干教师、数以十万计的卓越教师、数以万计的教育家型教师。[1]名教师工作室平台在新时代教育大背景下对助力教师专业成长发挥着重要的作用。名师工作室的建构与运营，符合《意见》的精神及教师培养的要求，是引领新时期教师专业发展的重要平台，也理应可以作为我国新方位、新征程、新使命的时代背景下教师教育的一项重要举措。[2]但名师工作室也存在不够与时俱进的经验式培训，忽视个体差异的指令式培训，整合力度不够的单一式培训。[3]我市地处粤西，近年的小学数学教学一直在追赶兄弟市的路上，有效发挥名师工作室的作用对我市小学数学教师专业成长有着十分重要的意义。广东省曾德统名教师工作室于2018年4月由广东省教育厅正式授牌，设在茂名市光华小学，取名广东省明德数学工作室。工作室以课题带动，以"培养数学应用意识,提高关键能力"为导向,倡导"大应用"数学教学观,追寻智慧生长的小数课堂,争取人人有成长,个个能担当,构建一个有温度、有情怀、有智慧的学习共同体。近三年,在引领教师专业成长之路上做出了如下探索,收到良好效果。

二、方法与策略

(一)凝聚一种精神

工作室确立了"立德、共好、专注"的发展理念,每一位成员、学员都认同这个理念,团结互助,诚待工作,专注研习,形成一种共同精神,产生一种合力。我们把团队精神融入工作室 logo 设计(如图 1 所示)。以主持人的名字"曾德统"姓名首字母"ZDT"构成,配以红、黄色,简洁明快,热情似火。造型像一艘遨游太空的飞船,左边"∑"是求和符号,寓意工作室是大家专业学习的共同体,整个图标又形似直径符号"φ",体现数学学科性质。图标"LD"即立德,"MD"即明德,体现工作室"立德、共好、专注"的理念。

图 1　工作室 logo

(二)形成一种习惯

1. 集中学,主动参与

工作室坚持每学期组织 3 次以上的业务学习,研究工作和学习,交流经验和体会,从而实现共同发展。每次的学习都有一个中心话题,并由工作室成员轮流主持、主讲,其他成员参与讨论、互相启发,并在成熟的时候对来自工作室以外的教师开放,使工作室真正成为教师研究小学数学教育、专业成长发展的"家园"。

2. 勤阅读,增厚底蕴

读书可以让我们站在伟人的肩膀上。加强学习,不断提高理论修养,始终占领工作室工作的"制高点"。工作室不定期地向全体成员推荐阅读书目和文章，开展读书交流活动。如上学期重点推荐读华应龙老师的《我就是数学》和皮连生的《教育心理学》，工作室还提供其他方面的书籍供学员取阅。我们要求学员撰写读书心得，定期开展读书交流，每人一年上交2篇教育随笔或读书心得。

3. 学名家，取长补短

与名师为伍，让自己变得更优秀。工作室积极创造条件，为成员提供展示与交流的舞台。让名师与名师、名师与学员之间互相交流、取长补短、共同进步。三年来，工作室组织开展系列线下培训研讨活动10多次，先后邀请了高校专家、省教育研究院专家、省内名师等到工作室作讲座。通过有计划的专家引领，提升工作室成员的自主发展意识，激发专业成长的热情，筑牢专业思想。

（三）聚焦一个专题

工作室有集体的工作目标，个体的工作任务，共同研究的愿望，对等的研究话题，这些是建立工作室专业学习共同体的前提条件。在学习共同体中，每位学员都有自己的工作任务和研究的问题，集体研究的共同要求，每位学员对问题研究的深度在小组活动中不断加深，再到小组会上进行集体研究，在修炼中互补、互哺、共生、共长；通过团队的协作研究，提升学员对学科建设的实施能力，以广阔的视野对自己的专业结构及认识水平进行重构和优化。

工作室以广东省教育科研"十三五"规划项目"新课程背景下小学生数学应用意识培养的研究"为专题，聚焦数学应用，提高关键能力，在探究小学生数学应用意识培养研究中，培训教师，推动发展。课题研究在课程目标定位、课程内容设置、教学设计、课堂教学、课后作业、学习评价等数学教育诸环节开展相关的实践研究，探究学生数学应用意识提高对学生学习兴趣和解决实际数学问题能力的积极影响。开展"知识背景—知识形成—揭示联系"的过程实验和"问题情境—建立模型—求解验证"的过程实验，提高学生发现和提出问题的能力、分析和解决问题的能力。利用生活素材进行教学，引导学生寻找数学问题。充分挖掘教材的潜力，增加数学的趣味性，扩大对数学应用意识培养常态化的教学评价的研究。目前为止，每个学员都承担了一项课题研究。在透视课堂、案例诊断、专题调研三个方面边研究边提高，并通过送课下乡等形式进行成果推广。

三、成效与评估

（一）凝聚一股力量

2020年春，新冠肺炎疫情严重影响了我们正常开学的时间。在延时开学期间，明德工作室应时推出了"开心应用微数学"学习专栏，给师生学习数学参考选用。抗疫期间，大家都全力付出，凝聚一股力，克服多种困难，撸起袖子埋头干。在非常时期，工作室展示了自己的价值和作为！工作室全体人员参与组织和开发线上课程资源，精心制作课件、微课、学习资源包等。同时通过工作室微信公众号，每天推送相关课程的配套教学资源以及学习资料，满足师生在家学习的需求。从2月17日推出第1期线上预习课程，到4月初，已经先后推出131节原创公开课程和其他学习资源共320多篇，涵盖小学一到六年级课程、数学阅读等。公众号关注人数达21000人，其中茂名地区关注人数12800多人，梅州、惠州等地关注超过1500人，广州、湛江、深圳等地关注超过500人，覆盖全国154个地区。课程阅读点击量最高一周达228937人次，最高一天有102692人次。在抗疫关键时期，工作室起到了较好的引领作用，得到师生家长和上级的肯定。工作室第一期课程资源共72节收录在广东名师工作室联盟公众号，有132节课转载在"茂名人人通"，供全市师生选学。

1. 主动承担，未雨绸缪

2020年2月7日晚上9点，工作室收到了茂名市教育局教研室的通知，根据省教育厅的通知，停课不停学，要求利用双休日设计出本学期第1周的网络课程，后续争取承担更多的网络教学任务，发挥名教师工作室的作用。通知一发出，大家都跃跃欲试，既兴奋又感到压力重大。在疫情严重、在家不能上学的时期，大家都很迷茫。毕竟开展网上教学还没尝试过，有些学员担心技术不过关，也不明确究竟怎么做，直播压力很大。不过，大家都坚定地说，只要明确任务，我们一定能干好。

2. 编制课程，分工落实

说干就干，大家积极行动起来。我作为主持人做好了分工，将工作室成员学员分成三组对口落实。按照省教育厅的通知要求，2月底之前不能讲新课，开学要按零起点进行授课，我们精心梳理了数学一至六年级上学期的重点内容，拟定了"开心应用微数学"的专题，围绕专题设计，统一要求课程内容要有一定的连贯性、系统性、生活性，难度不要太大。课程侧重系统复习旧知识，把学到的数学知识应用到生活当中去，在生活应用当中提高数学素养。大家制定好课程具体方案，分工协作。本着学以致用、提升综合数学能力的思想，工作室以公众号为平台，按"微数学、微闯关、开心做"三个环节进行组织学习，推送形式以微课加资源包的方式，采用最平民化的微信公众平台向学生推送学习材料。

3. 克服困难，鼓劲共长

（1）克服技术上的困难。学员在线上互相学习制作微课工具的使用，大家资源共享，从"喀秋莎"，到"动画大师"，到"优芽"，大家边做边学，线上视频，分享交流，常常是半夜还在相互学习某项技术的操作。在工作室中，莫老师的视频动画制作技术比较好，她总能毫无保留地教大家。

（2）克服资源的困难。因为放寒假，大家都待在家里不出门，家里没有教学参考书和教材。大家就在网上找相应的资料，有好资料大家就共享。推送平台选择也很重要，我们在广东省教育资源公共服务平台上传了课程资源，同时着力对微信公众号的使用进行研究推广，大家边做边摸索。工作室助手龚老师，从生手逐渐变成了行家。现在工作室里面，大家都学会了管理公众号。

（3）克服生活上的困难。由于承担了小学一到六年级的全部数学课程，每个年级每天都推出对应的学习资源，因此分到每个人身上的任务就非常重，既要写文案，又要录微课，还要保证质量，常常做到凌晨。学员柯丽老师负责二年级的课程，在家里她要管买菜，管孩子的学习生活，还要去医院照顾住院的老人，丈夫又是医生，经常加班。她还笑自己是微课"初哥"。最终，她还是克服了这些困难，常利用深夜备课录课。为了录好一节课，有时候，她动员家长，让孩子做学生角色，参与录课，课程很受欢迎。张梅老师去年代表茂名市参加省青年教师教学能力大赛获得一等奖，她主动担起组长责任，完成任务。因为孩子很小，只能是晚上深夜开工。她的课程很受欢迎，一天的点击量常有 6000 多次。还有我和组长吴阳、吴英，由于学校方面的工作较多，却总能尽力以大哥大姐的实干，带动大家前行。

（二）编织七彩梦想

制订共同体的学习研究目标，诊断工作、发现问题、集体研究、调整行为、形成机制。这样的工作方法，正好适应了名教师工作室的基本特点。工作室满载大家的梦想启航，我们聚像一团火，散像满天星。学员主动学习，克服困难，每次活动出勤率均达 100%，在跟其他工作室联合活动时深得同行赞赏。三年来，工作室活动扎实推进，学员也取得了良好的成绩。

1. 送教下乡，扩大影响

工作室自 2018 年启动以来，对外送课 7 次，先后到了茂南区山阁镇、电白滨海新区、高州市马贵镇、信宜怀乡镇、市直属博雅南校区等地送教，得到学校教师的热烈欢迎。比如 2019 年 10 月 18 日，工作室成员学员驱车近百公里前往高州市马贵镇朗练小学开展送教下乡活动，全镇数学教师参加。活动内容有上示范课、作专题讲座、议课和教学诊断交流等。学员们在送课的过程中体会到成功和肯定，积累了经验。

2. 外出交流，拓宽视野

工作室组织工作室学员到珠三角东莞市、广州等地，与松山湖第一小学、东莞外国语学校、广州天河区长湴小学等名校交流学习，领略了发达地区的办学风采，走进了他们的课堂一线，跟岗听课，获益匪浅。如在 2019 年 11 月 17 日至 23 日，工作室为进一步提高学员的信息化素养，提升信息技术与学科教育教学深度融合能力和应用实践水平，在中国教育信息化产业技术创新联盟培训基地与来自广东省中山市和茂名市的四个工作室的成员一起参加广东省名教师工作室信息技术与学科教育教学融合专题研修。学员吴英在学习总结中说道："作为大数据时代的教师，除了集中的培训学习，更要学会利用信息技术，通过更多的途径进行学习，产生更多的共鸣，从而优化自己的教学方式方法，形成自己的教学思想和风格，做一个有情怀、有思想、有方向的老师；更要把本次培训的成果变成我们的行动力，既要仰望星空，也要脚踏实地，找准自己的定位，不断探索和研究，追求真实有效的课堂，走出属于自己的融创之路！"

3. 共同成长，硕果累累

三年来，工作室成员学员取得了骄人的成绩。主持人曾德统被评为全国模范教师、广东省特级教师，张梅老师被评为广东省特级教师、南粤优秀教师、广东省"百千万人才培养工程"小学名教师培养对象，吴英老师被评为茂名市名教师，崔文浩老师被评为茂名市小学数学骨干教师，叶永利老师被评为直属学校优秀教坛新秀，莫少艳老师被评为茂名市师德标兵，崔文浩老师被评为高州市优秀教研员。此外，吴英老师在 2020 年被评为茂名市名教师工作室主持人。三年来，工作室获全国奖项 11 项，获省级奖励 21 项，市级以上 137 项，在省级刊物发表论文共 26 篇，立项县级以上课题 11 项，其中国家级 1 项，省级 4 项。张梅老师在 2019 年 12 月参加第二届广东省中小学青年教师教学能力大赛决赛，在工作室全体成员帮助和她个人的拼搏下，一路过关斩将，以茂名市第一名的成绩代表茂名市参加广东省决赛，最终获得广东省一等奖（第四名），是茂名地区小学数学近年最好的成绩之一。

四、经验与展望

三年来，我们注重充分调动起每一位教师的专业发展主观能动性，践行"立德、共好、专注"的发展理念。工作室围绕一个共同目标组建团队，凝聚一种精神、形成一种习惯、聚焦一个专题，达到"凝聚一股力量、编织七彩梦想"的"名师共同体"。[4]我们深知，暂时取得的成绩既是动力也是压力。在新时代教育大发展的背景下，要更好地立足教学岗位，以学生为中心，为师生服务，做好引领，为更多教师的专业成长贡献自己的力量！未来的活动，我们计划继续到省内其他工作室交流、学习，继续开展同课异构、送教下乡活动，以课题研究为中心，进行课程开发、特色创建、有效课堂教学研究等，争取把工作室每位学员培养成省、市名师，与学员编织七彩梦想，为地方教育做出应有贡献。

参考文献：

[1] 中共中央、国务院关于全面深化新时代教师队伍建设改革的意见. [EB/OL]［2018-01-31］http://www.gov.cn/zhengce/2018-01/31/content_5262659.htm.

[2] 尹艳秋，季银. 名师工作室：引领教师专业成长的智慧平台［J］. 江苏教育，2018（46）：20-24.

[3][4] 叶燕芬. 从"名师工作室"到"名师共同体"：新时代教师专业成长机制探索［J］. 教学管理与教育研究，2020（2）：117-119.

建设特色品牌，助推教师成长

——广东省赖海波名师工作室品牌建设策略

茂名市祥和中学　赖海波

摘要：教师教育是提升教育质量的动力之源，名师工作室是教师教育培训和学习的优质学习共同体团队。品牌定位，直接决定了名师工作室建设的方向与高度。广东省赖海波名师工作室以文化立魂，以规章立形，以主题立本，以辐射立道，以"生长教育"为核心理念，以史润心，坚持在特色凝练、品牌建设的道路上，唱出"历史生长教育"的独特之声。

关键词：品牌建设；特色凝练；生长教育

名师工作室是以教学、科研、培训为核心，融科学性、实践性、研究性于一体的研修团队，旨在孵化出高水平、有特色的卓越教师。以名师工作室为引领，就是以平等的姿态参与研究、学习、实践，促进教师在共同体学习中主动发展。

名师工作室的研究、引领、辐射之路不仅需要有智慧的主持人，需要科学的研究精神与深沉的教育情怀，更需要凝练特色，建立完善的品牌建设文化。

一、品牌的高度：文化立魂

工作室建设，应首先以文化为魂，以其"润物细无声"的力量，做工作室发展的"导航灯"和"助推器"。

（一）一个有深度的名字

古语云："有其名必有其实。"名字是工作室的品牌符号，既要符合学科特点，又要反映名师的教学个性与教学特色，体现工作室的核心理念。

作为一个历史教师，我常常思考：教育的本质是什么？历史教学的本质又是什么？随着多年来教育教学实践的开拓、培训和研修的不断深入，我的教育思想得以逐步凝练。我秉承"我们为孩子所做的一切，都将开花结果，不仅影响孩子的一生，也决定他的一生"（蒙台梭利）的教学理念，以"培养学生的历史核心素养、促进学生的全面健康发展"为教育目标，以"生长教育"为育人理念，潜心教学教研，守望生命麦田，在三尺讲坛且行、且思、且探索，以史润心，立德铸魂。所以，我把本工作室定名为"赖海波生长教育历史工作室"，并确立"生长教育，以史润心"的理念，秉承"以生为本，情智共生，促使学生生命的健康成长"的教育思想，主要着力于"四修炼、四坚持"，不断探索，不断践行，不断完善历史教育之道，践行有温度、有效度、有深度、有宽度的教育。

（二）一个有辨识度的徽标

一个优秀的团队首先是团队文化的优秀；而良好的团队文化要在制度建设基础上形成，并逐渐内化为每个成员发自内心的一种自觉行为。品牌徽标是一种视觉语言，能创造品牌认知和引发品牌联想。因此，设计一个具有辨识度的徽标，并赋予它鲜活的思想、深刻的内涵，是品牌创建的第二步。

成立之初，本工作室首先精心设计室标（logo）。logo 中心图案以甲骨文的"史"字为主图案，以土黄色为主色调，以中国风为主风格，具有学科特色，体现历史的厚重感。甲骨文是中国古老的一种文字，蕴含着中华历史的传承，体现了中华文明的源远流长。

"史"——《说文解字》云："记事者也，从又持中，中，正也，凡史之属皆从史。"工作室秉承"守正出新、行以致远"的理念，以建设"教师成长的共同体，魅力课堂的策源地；学习交流的家园，精神慰藉的栖息地"为宗旨，要求学员身正为范，守师德之正；善于探索，创教学之新；实事求是，实践求真，团结共进，追求教育理想。拥有"守正"之心，拥有教育情怀、仁爱之心是赖海波名教师工作室对学员思想理念上的最基本要求。

（三）一个有温度的愿景

工作室的理念定位和发展目标是工作室成立之初就必须明确的问题，它影响着工作室未来的发展基调和高度。本工作室秉承"以史润心、立德铸魂、守正出新、行以致远"的理念，恪守"教师成长的共同体，魅力课堂的策源地，学习交流的家乐园，精神慰藉的栖息地"的宗旨，紧紧围绕"促进教师专业成长"的核心，以"专业引领、同伴互助、交流研讨、共同发展"为目标，以课堂教学为主阵地，以课题研究为抓手，通过课题研究、阅读交流、观摩研讨、思考写作、外出研修、建设网站等方式，旨在建设一个初中历史学科教师学习与研究的共同体。

基于多年名师工作室的实践经验，工作室主持人和成员们共同制订出以下几点工作室愿景：第一，聚力基础建设，以工作室为基点打造创新高地；第二，聚焦课题研究，以工作室为引领彰显创新能力；第三，聚集团队能量，以工作室为摇篮打造创新人才；第四，聚合信息优势，以工作室为平台扩大创新效应。以上四点愿景结合了基础建设、课题研究、团队学习和信息优势四个维度，有利于名师主持人和成员凝聚成有效的学习共同体，使名师工作室成为研究的平台、成长的阶梯、辐射的中心、师生的益友，形成立足于欠发达地区实际的、有粤西特色的、研培一体的教育科研团队，为有自我发展需求的教师提供成长的空间，促进工作室学员课堂教学能力和教育科研能力的快速提升。

二、品牌的效度：规章立形

（一）稳定模式

工作室的运行机制直接关系到研修成效，只有稳定的运行模式才能帮助工作室成员保持研修的常态化，继而形成良性循环。工作室逐渐形成一套较为完善的规章制度，有完善的学习制度、会议制度、考核评价制度等，有年度总结要求、网站建设要求、论文撰写要求、调研报告书写要求等。这些制度和要求是工作室步入规范化、科学化建设轨道的基础。简而言之，就是要完成"五个一"任务——带好一支团队，抓好一个研究，做好一次展示，建好一个网站，出好一批成果，紧扣初中历史教学、教研和教改，搭建平台、营造氛围、聚焦课堂、打造课例、研究课题、推出成果。

"让行动成为自觉，让成长成为必然"，体现工作室学员对在工作室探索、成长发自内心的认同。三年来，工作室秉承"追求卓越、提升自我、区域辐射"的工作理念，以"研究、成长、辐射、做有历史责任感的教育领跑者"为核心理念，以"主动、严谨、创新"为工作要求，形成了工作室独特的文化制度模式。

（二）创新形式

创新活动机制是工作室常葆活力的保障。我们通过以下方式创新活动机制。

1. 因人定制，内外兼修

青年教师是本工作室的主力军。为了促进工作室青年教师的专业成长，我们坚持"内外兼修"的培养策略和"走出去、请进来相结合"的培养方法，帮助他们且思且行，不断进步。

（1）计划落实，目标明确，成长稳扎稳打。工作室要求学员每学年都撰写年度计划，设定年度目标；强调阅读，为老师准备相关书籍，坚持与好书为伴，鼓励老师们把阅读作为一种生活习惯。

（2）调动潜能，互学互助，倡导能者为师。工作室充分挖掘和调动成员的潜能，让有特长的学员给其他学员培训。如阮爱钧老师以"微课表情包制作"教会大家制作表情包，吴宗淦老师以"硬笔书法培训"教会大家掌握"力度"写字，邱健老师主持"初中历史复习专题研讨会"，教会大家找准课堂复习的关键处。

（3）分组学习，专家把脉，快速站稳讲台。本工作室先后联合彭明光、郑晓霞、张洪平、陈昔安等名师工作室，进行历史、语文、政治等不同学科不同课型的课堂教学教研活动，守好课堂教学研究主阵地，快速提升教学水平。

本工作室要求全体学员以不断的深入学习，寻求内涵式发展，为青年的教师成长提供"三年出师，五年成匠"的沃土，年轻教师快速站稳讲台，成熟教师逐渐形成特色。在培养周期里，许多学员都得到职级的上升，2019年第六批名教师、学科带头人、骨干教师等评选中有13人次获评相关荣誉称号。

2. 阅读成长，助力前行

苏霍姆林斯基在《论教师的教育素养》中指出："读书、读书、再读书——教师的教育素养正取决于此。"本工作室要把读书当成教师的第一精神需要，引导学员读书。工作室制定读书计划，精选教育专著和历史教学方面的理论书籍提供给学员，通过个人阅读，集体研讨、举办读书沙龙等多种形式开展广泛的阅读活动，工作室每学期举行1次读书报告会；每年为每位成员推荐2本以上教育书籍，要求每位成员征订2份专业期刊，要求每位成员每学期至少读1本专业理论书籍，撰写2篇以上的读书心得体会，并将读书资料上传至微信公众号，提高自身理论修养，丰富学员的内心，积累学员的底蕴。

同时，工作室定期组织读书辅导、读书沙龙、读书报告会、专题讨论会等读书活动，以此提升每个成员的阅读品位，让更多的教师在读书中成长。六年来，工作室学员在导师与主持人带领下研读了赵亚夫、聂幼犁、黄牧航、王继平、魏恤民、姬秉新、李惠军等著名专家学者关于历史教育的相关文章，以高度自觉的主体意识和认识视野，对中学历史教育以及教师专业发展等方面教育本质进行探究、思辨，逐渐建构中学历史教育创新体系。

3. 请进外出，区域研修

（1）请进名师，当面求教，促进快速成长。工作室建立了名师工作室的交流机制，借助专家力量来引领工作室成员的成长。工作室聘请华南师范大学历史系王继平教授、岭南师范学院历史系主任于卫青教授、广东省教学研究院历史研究员陈家运老师、广东省"百千万人才培养工程"教师培养对象郑晓霞老师、正高级教师张洪平老师等20多名专家先后莅临工作室开设培训讲座和进行专业指导。

（2）外出学习，博采众长，开阔教育视野。在"请进来"的同时，工作室也"走出去"参加活动，先后5次承办了茂名市骨干教师培训、4次参与了广东省名师共同体关于新课程改革的研讨工作，3次参与了广东省彭小波、夏承志名师工作室的教学创新研讨，聆听了正高级教师林文良、景东升教授和易良斌教授等的专题讲座。

六年来，工作室所有学员都曾外出学习先进教育教学理念，远至陕西、浙江、北京、江苏，近则深圳、湛江等地多所学校。老师们学习后主动撰写心得体会，分享学习经验，从而取得一人学习、人人获益的效果。

专家引领有助于成员拓宽研究视野，提高理论素质，增加实践机会，也为中青年教师尽早形成自己的教学风格、教学特色创造了条件。

三、品牌的厚度：主题立本

一个具有品牌效应的工作室，应有明确的学科教学主张，即研究主题，让每个学员都明白研修方向与内容，即"往哪里去"和"做什么"。但研究主题不是虚无缥缈的空中楼阁，而是脚踏实地的积累沉淀，是工作室建设之本。

工作室充分发挥主持人名教师的示范、引领和辐射作用，以生为本，以质为核，在"生长教育"教育理念的引领下，积极推进教学改革，坚持

"一朵云推动另一朵云,一个灵魂唤醒另一个灵魂"的多元互动探究,将校本课程、翻转课堂融入课堂教学,(双主:以学生为学习成长的主体,以教师为学生学习的主导;四段:问题驱动—自主探究—感悟释疑—迁移运用)的教学模式。

从2015年以来,本工作室以生为本,以质为核,在"生长教育"理念的统领下,将校本课程、翻转课堂融入课堂教学,开展以历史动态生成为核心的"生长教育"课堂教学改革,经历了建模—定点—提质—盘活四个阶段,探索以"家国情怀""情智共生"为主题的生长教育,建构"双主四段"的教学模式。

工作室团队首先建构独具特色的课堂教学基本课型,探索新授课、复习课、讲评课、实践课、二轮专题课等课型,系统构建具有工作室特色的课堂教学模式,确定了规范的操作策略:问题驱动—自主探究—感悟释疑—迁移运用。其次是基于质量的提升,推动不同课型教学模式有序展开,即按照提高教学准备、学案设计、课堂教学过程、课后辅导等环节有效性的要求,正确处理教与学、讲与练的关系,开始进行"教师学情分析与反馈行动研究",尝试案例回顾—反思改进—刷新提升的"三段式"反思模式,对课堂教学进行深度解剖,强化学情生成意识,重在提升"探究"的思维品质,加速教师反思、执教能力的大面积提升。现在,该教学模式已在茂名地区部分学校历史学科进行了推广、运用。

四、品牌的广度:辐射立道

(一)纵向引领,传授之路:示范—共享—指导

主持人对工作室有核心引领作用,是工作室成员的垂直参照、模仿学习的榜样。作为工作室的主持人,我尽力做到言传身教,率先示范。我始终坚守在教学第一线,我的课堂是公开的,老师们可以不打招呼随时云听。我的教案、课件放在工作室网络上公用,学员们都可以下载。除此之外,我经常对学员的教案进行点评,在网络上对学员的录像课进行评课议课,诊断课堂。

(二)横向带动,辐射之道:名师—团队—区域

1. 学科沙龙系列化,让名师网络工作室成为研究之家

(1)专题沙龙。专题沙龙形式在工作室教研活动中最常见,也最容易

组织。参与研讨和辩论的过程本身就是专题学习的有效方式，是反思型的学习方式。工作室根据教学实际的需求，设置系列化的专题，采用主题跟帖的形式，前有车后有辙，阶段性地围绕一个共同的话题进行深入研讨，不受时空限制，交流便捷，节约人力成本。

（2）课例研讨。工作室利用网络视频或文本形式将自己执教的课例拿来供大家研讨点评，有助于改变当前教研活动套话多、批评意见少、主题偏离的现象，网络发言众说允许纷纭，褒贬可以互见，在网络平台上展示，实现资源共享。

2. 资源库共建共享，让名师网络工作室成为资源之源

本工作室除了组织网络活动以外，还建立历史学科资源库，吸引教师提供各类教学资源，建立学科资源库，利用名师网络工作室平台，对一校或者一地区的学科教学资源进行集中建设。教师不仅是资源库的建设者，也是这些资源的享受者。

3. 组织挖掘集体智慧，让工作室网络成为智慧之源

一个名师工作室，不是只有一位名师在活动，而是在名师带领下众多教师参与的活动室；名师工作室需要挖掘智慧，绝不是挖掘名师一个人的智慧，而是开发众多参与者的智慧和潜力。每位教师都有教学智慧，很多教学智慧也是在教学研讨过程中碰撞产生的。无论是专题研讨、问题探究，还是课例研讨，都是众人智慧碰撞相生的过程。从这个意义上说，挖掘教学智慧是名师和参与者共同的使命和追求。

4. 运用师徒成长案例，让名师网络工作室成为名师摇篮

培养名师和创立名师工作室的目的不仅在于宣传名师，还在于培养名师，让名师产生名师效应，培养更多的名师。鲜活的案例最有说服力、示范性和启发性。如果能够经常提供一些指导教师成长和教师专业成长历程的案例，对于明晰教师专业发展路径，促进教师专业成长都是十分有益的。名师指导能出高徒，高徒同时也塑造了名师，教学相长，师徒共进。每位名师都是从普通教师成长起来的，青年教师沿着名师成长之路行走，也会成长为新一代名师。名师网络工作室可以成为名师成长的摇篮。

5. 开发便捷、强大的功能，让名师网络工作室便捷如家

网上名师工作室姓"网"，便捷和强大功能是网络的最大优势，是其他任何形式不可比拟的。如果网络工作室在使用过程中不能做到快捷、方便、功能强大，很快就会失去魅力。只要做到登录便捷、检索方便、上传畅通、分类科学、互动便捷，再加上美观的页面个性化的设置等，网络名师工作室就会成为最受欢迎的研修平台，成为研修之家。

教育要有一份情怀。名教师工作室是一份荣誉,更是责任和义务。任重道远,厚积而薄发。本工作室始终以"成人达己"为己任,以"生长教育,以史润心"为理念,立足岗位,仰望星空,守正出新,行以致远,把握安身立命的根本,立足学员各自的岗位,服务学生的生命成长,学习、反思、践行,学思不懈,斗志永存,在探索中成长,在成长中探索!

推进新任教师培训提质增效的实践和思考

——以茂名市教育局直属学校2019年度新任教师培训为例

茂名市教师发展中心　伍云昌

教会新任教师如何以积极的心态面对新工作、新环境、新同事、新岗位、新挑战；如何走上幸福教育路成为快乐的人民教师，如何与家长、学生交流，如何与领导、同事相处，如何上好一堂课、如何反思教学……如何让新任教师们，快速从学生到教师的转变，不断成长起来……这些便是我们作为教师培训者肩负的责任和任务。这里以茂名市教育局直属学校2019年度新任教师培训实践为例，探索和总结一下。

一、集中培训

集中培训不少于两次，在教育法律法规、师德师风建设、教育教学理念、教育现代化、高效课堂、教研能力、体育美育等方面，接受名师、专家、教授的直接指导；同时，通过军事训练、应急救援、消防演练、文艺演出、入职宣誓等团队训练和小组协调等，提升新任教师的综合能力和素质。

（一）岗前集中学习

2019年8月23日—31日，我们开始了岗前集中培训。本次集中培训共9天，以专家讲座、军训活动、团队建设、交流互动、跟岗实践等形式，在师德师风建设、班主任工作、学科指导、信息技术、校园安全等方面对新任教师作一次全面的培训和提升，旨在推动新任教师迅速成长为一名称职的教师。

本次培训活动，聘请了我市名班主任工作室主持人梁静云、何军健和刘小梅老师作为本培训班班主任。在开班仪式上，梁静云作为班主任代表发言。梁老师提了三点建议，与新教师们共勉：严守纪律，听从指挥；虚心学习，提高自我；互相帮助，团结友爱。希望与新教师们一起，不负时代使命，在教书育人的路上尽情挥洒青春的汗水，在成就学生成长的同时遇见更美好的自己。

活动邀请了市内外名师、名班主任给大家讲课，为新任教师们指点迷津、引领发展：例如，名校长蔡小红的"以德立教，做合格的人民教师"，继教专家库成员陈杰文的"新时代中小学教师的职业道德修养"，名班主任吴春明的"德育教育与班级管理"，吴远美的"家校合作、师生同进"，陈泽光的"在班主任工作中锻炼成长"。

本次培训有新突破：军训环节的队列操练、应急救援、消防演练，内容紧紧结合校园安全教育、纪律教育、班主任工作，虽然是仅仅一天的时间，但是效果显著，训出了老师们的意气风发，练出了老师们的精神面貌；本次培训动员了教研室全部学科教研员，按照学段学科分成19个小组，对教师们进行精准的学科辅导和专业指导；几天时间内，准备了一台精彩的文艺晚会，充分展现了新任教师的才华、凝聚力和良好的精神面貌。

（二）第二次集中学习

本次集中学习是继去年9月上岗前为期7天的第一次集中学习后的又一次活动，是市教育局直属学校新任教师培训培养方案的一个环节。经过一个学期的教育教学实践，新任教师们再次聚首，有很多体会与感受要交流，有很大困惑与疑难要解决。学员们都说本次集中犹如及时雨，早就热切盼望再次与名师面对面。如果说岗前集中培训是入职定位铸魂，那么期内集中学习则是析疑解惑提升。第二次的集中学习，我们征求了新任教师的需求，同时也让他们整理好在新岗位上遇到的困难和需要解决的问题等，在集中学习中与导师、学员交流。本次集中学习将分学段分时段进行：高中组（含中职、特教）、初中组、小学组（含幼儿园）三个学段学员，分三个时段利用周六、周日进行。

高中组在2020年5月30日—31日进行学习，内容为做有特色的"心"老师、信息技术与学科教学的融合、教师专业化发展因素与途径探析、教师如何提升教育科研能力、家校合作共创文明班。力求在新任教师成长的路上再送一程。

市继教中心主任吕达艺的师德师风专题讲座"教育理想与教育实践：我对教育职业的理解与实践体会"，从教育理想是什么、国家情怀和保持做人底线这三个维度阐述自己的观点,同时也分享了近30年的教学经验。言传身教,情真意切,专注专业从教路,吕主任的精彩演讲赢得全场阵阵掌声。

茂名市心理健康教育名教师工作室主持人、正高级教师程戈鹏以"做有特色的'心'教师"为题,从青少年学生复学期间可能存在的应激反应、心理危机的识别与预防、心理危机的基本干预方式作了详细的阐释和针对性的辅导,并辅以视频、图表、游戏进行分析讲解,讲授心理危机干预的方法和实操经验。3个多小时的课程让新任教师们意犹未尽,受益匪浅,纷纷表示"干货"很足,授课内容紧贴学校当前复课工作实际,不仅提高了自身做好青少年学生心理疏导、危机干预的技能,还在心理危机的识别与预防、青少年心理健康宣传教育、科学有效实施心理干预等方面激发了思考,拓宽了工作思路,对做好青少年学生心理危机预防、识别和干预有了底气。

茂名市督学、茂名市名教师、茂名市历史教研员伍尚康做了"以科研引领,促专业成长"的专题报告。伍尚康就课题研究的现状、意义、研究过程中的协作互助意识成果意识等做了讲解,他认为,课题研究是教师专业化发展的需要,是提升自己理论水平的主要途径,在研究中大家通力合作,团结互助,解决研究中存在的困难,在研究中注意成果收集,要有成果意识。教育研究是教师的必备素养,也是教师成长的有效的载体和手段,更是教师自我发展和自我实现的有效途径。本次培训工作会让教师们进一步明晰了课题研究的思路和步骤,增强了做好课题研究的信心。

市学科带头人杨敏老师以"信息技术在教育教学中的应用"为主题的课程培训,详细分享了信息技术运用于优化课堂展示手段,同时也应用于课后个性学习、班级管理、线上远程教学以及大数据的收集反馈;详细讲解了一些常用的教学软件,如美篇、扫描全能王、剪映等,并辅以微课小视频及小游戏进行互动与分析讲解。最后,他分享了自己的一些微视频,鼓励新任教师们善于记录,做有情怀的教育者。在教育信息化遍地开花的时代,信息技术作为工具、媒介和方法融入课堂教学的各个层面,使学习内容的组合更加合理、清晰,课堂教学结构的设计更加优化。本次课程互动良好,"干货"多多,让新任教师们意犹未尽,受益匪浅。培训大大激发了老师们深入学习信息技术应用能力的热情,相信在今后的教学中,新任教师们定会将培训所学的知识运用于日常教学中,为传统课堂的教学注入新的活力。

广东省名班主任梁静云老师以"扬帆起航,走班主任专业教育发展道路"为题,从成长自觉、素养提升、专业发展以及发展动力四个方面进行阐述。她引导新任教师轮流读杭州建兰中学班主任郭简写给学生的一封信,并以打造有特色的班级为例,享受与学生一起成长的幸福。她希望新任教师们坚定相信教育的力量,勇敢承担起作为专业的教育者的教育责任,做一个有情怀和担当的教育者,传递教育正能量。

初中组在 2020 年 6 月 13 日—14 日进行学习。学习内容丰富多彩:一是关于教研之路的启示。教研专题讲座提醒新任教师们教学不只是单纯教书,一名优秀的教师还应对学科进行研究。工作中很多问题都值得去深究,从而不断提升自己的业务水平。二是关于对学生不良行为的引导。心理健康教育专题讲座,让新任教师愈发深受启发:想让学生喜欢自己,自己先要了解学生。教师们从培训中学到了很多适用于初中生的心理知识,这些知识可以帮助他们更好地发现学生的不良行为,同时用恰当的方式去处理问题。学生的许多问题如果能够处理得当,很可能改变他们的一生!这是任重道远的事情,大家认为要尽自己最大的努力,去补充相关的心理知识,去完善引导学生的策略,为青春期迷茫的学生们引路。三是关于班主任工作的开展。班主任专题教会了大家更加注意自己的言辞和管班方式,既保护师威,也注意不能成为学生口中的"母老虎"。努力做学生爱戴的班主任,努力做对学生成长有积极影响的老师。四是关于信息化技术。在培训中,学员们学习了如何使用微软听听文档、微软 AI 识图和微信做笔记等非常便利的工具,还有 101 教育 PPT 等教学软件。更重要的是,新任教师们更关注用信息化手段去服务日常教学。这种思维上的改变,是宝贵的!

小学组在 2020 年 6 月 26 日—27 日进行学习。第一节课是由茂名市教育局继续教育专家库的祝叶老师为学员们带来的"用爱滋润,做教育的有心人"的专题讲座。人美心善的祝老师一开始便和我们分享了她从教 37 年来一些宝贵的人生经历和教学经验,台下的老师们听得是惊叹声不断、掌声连连。接着,祝老师从虚心、爱心、热心、诚心、尽心这五大方面为学员们阐述了她对教育事业的深刻理解,并鼓励我们要永远积极向上、乐观进取、用微笑去面对一切。不仅如此,祝老师还从多个角度跟我们分享了新教师该如何选择一个课题和如何做好一个课题。讲座最后,祝叶老师带领着全班同学一起唱起了一首大家耳熟能详的歌——《奉献》。新任教师们深深被祝老师特有的人格魅力所感染,不由得惊叹:"努力学习、乐观向上、坚持不懈是祝老师永葆青春的秘诀!"

茂名市继续教育专家成员陈杰文老师给学员们带来的"如何做好小课题研究"的专题讲座。首先,陈杰文老师解释了何为"课题",说明了做课题的相关注意事项，这对新教师来说真是了不起的"干货"呀！然后陈杰文老师再从业务上、思想上、态度上阐释了教育科研是教师必经成长之路，叮嘱大家一定要参与到做课题当中去。人想要改变自己，什么时候开始行动都不晚。若人不想做一件事，会找到许多种借口；若想做一件事，会找到许多种方法。新任教师们收获匪浅。

广东省教育技术中心信息化专家赖洪亮老师带来的"信息化让课堂更出彩"专题讲座，给大家介绍了当下的网络大环境，在信息技术与教育的融合创新的大时代下，年轻教师必须要学会一定的信息教育技术，使课堂信息化、现代化。赖洪亮老师简单介绍了茂名的"三通两平台"以及一些实用的教学资源，例如：茂名网络大课堂、茂名人人通、101教育PPT等，这些都是一些非常实用的"干货"，老师们如获至宝。

茂名市信息化领军人才张远珍老师带来的"教育信息化2.0时代的教学实践与探索"讲座，结合自己这12年来的学习经历和时代变化，阐述了现代教师为什么要学习信息技术，以及如何学习信息技术。张老师展示了人工智能的魅力，从大数据下分析，在不久的未来，教师会不会被人工智能取代。这引起了在座所有老师的深思。张远珍老师还教会学员们"搜索"的本领，即如何进行资源整合，善于利用别人优秀的资源，对其进行利用、创新，使之为己用。

新任教师们盛赞第一次集中学习又一次搭建了如此难得的学习平台。盛夏再聚首，扬帆启新航！新任教师们表示，要储存力量，心存感恩，在今后的教师生涯中越走越好！

总而言之，集中培训课程设置科学，有师德专题、教科研专题、信息技术专题、家校合作专题等，每个讲座和交流都是急新任教师之所急，都是切中要害的。所以说，中期的集中学习让每一位新任教师都收获满满，感悟也是深刻的。新任教师们将在名师专家的引领下，仰首阔步，走在教书育人的康庄大道上。只争朝夕勤学早，不负韶华创业忙。学员们纷纷表示，作为新任教师，会以更强的责任感，走在时代前沿，勇于创新和探索，努力争当新时代高素质专业化创新型教师。

二、校本研修

学校负责安排校内骨干教师与新任教师师徒结对子，在班主任工作、课堂教学、教学研究等方面进行帮扶。新任教师第一学年至少要上一节汇报课。

（1）新任教师每周听师傅的课1～2节，全学期听课（含听其他老师的课）不少于30节。每次听课后要记好听课笔记，写好听课后记，并在师傅的指导下，不断提高听课评课的能力。师傅听徒弟的课不少于10节，并及时对徒弟的课加以点拨和提高。在命题、论文写作、基本功比赛等方面，师傅对徒弟也要加强指导。班主任工作也相应开展师徒结对。

（2）新任教师学年内至少阅读一本教育名著，并写好不少于1000字的读书笔记。

（3）新任教师组织学生开展至少一次的学习探究活动，要求有详尽的记录。

（4）要求学校要定期组织和开展青年教师基本功检测。

三、跟岗学习

为充分发挥我市省市级名师、名校（园）长、名班主任示范引领作用，同时也让我们的新任教师成长站在高起点，我们组织了跟岗学习活动。

（一）具体做法

组织新任教师根据个人实际情况，自行联系我市省级或市级工作室主持人，选择跟岗工作室（每人限选一个工作室）。其在学校管理、班主任工作、教育科研、高效课堂等方面，在我市省市级名师、名校（园）长、名班主任的指引和辅导下，获得成长。跟岗时间内，学员需要完成以下任务：聆听工作室主持人或成员的示范课（或讲座）不少于5节（个）；上示范课（讲座）至少1节（个），完成教学反思1份；完成跟岗学习总结。

教师发展中心按指导青年教师人数每人300元计算，支付课酬给工作室主持人。经费从新任教师培养项目专项资金列支。其间参与每次跟岗活动的人员往返差旅费回单位报销。

名师工作室作为教师成长的高端平台，可以引领教师树立坚定的教育教学信仰，锤炼高尚的师德，不断提升专业素养，不断提高理论水平和教学水平，把课堂作为主阵地，显著提高教学效果。我们的新任教师们在跟岗学习活动中，走进工作室走近名师，以名师为榜样，在一种专注专业的氛围中健康成长。

（二）点滴记录

1. 名师工作室关注提升工程2.0的校本研修活动，让学员们更深入更完整地感受教科研魅力

名校长工作室主持人郑校长在活动中热情洋溢地欢迎结对帮扶的校长们和老师们，特别是跟岗学习的老师们，表达了希望通过结对帮扶，一起研修、共谋发展的殷切期待。郑校长还希望借助广东省校本研修示范学校的平台，充分发挥示范校的引领辐射作用，有效促进教师的专业化成长，以教师专业发展与校本研修融为一体，落实研修示范校"一校一案""一科一策""一师一题"，把校本研修工作做好做实，带动兄弟学校、区域学校的协同发展，实现示范校与受援校共进共荣共发展。在"如何建立校本研修的长效机制"的校本研修讲座中，郑校长结合实际，从引领机制、动力机制、实施机制和保障机制四个方面展开分析。郑校长分享了我校在实践中的几点有效做法，把解决学校实际问题作为研修的引领机制，把促进教师专业化成长作为研修的动力机制，把点面结合作为校本研修的实施机制，把考核奖励作为研修的保障机制。他强调，教师要激发自身成长的内动力；学校要积极搭建教师专业化成长的舞台，为教师发展铺路。活动的第三个环节是评课与重构。没有反思的教学是难以提高的，老师在评课之前，首先陈述课堂设计理念，并主动对自己的课堂教学进行反思，抓住亮点，反思错误。然后各兄弟学校学科代表进行点评，在点评环节里充分肯定授课老师的亮点，并中肯提出的修改建议。最后老师们一起对本节课进行重构。活动的第四个环节是分学科开展研讨。各学科老师畅所欲言，建言献策。语文研讨主要内容包括如何提高学生的写作速度，怎样开展名著阅读教学，现代文最后一个文段的提分方法；数学研讨主要内容包括如何解决学生粗心马虎的习惯，当前如何开展"小组探究性教学"；英语研讨主要内容包括如何对课本内容进行深度整合，怎样进行整体单元教学，如何提高学困生的阅读理解能力，在考试中提高短文填空和阅读回答问题的得分；物理研讨主要内容包括"双减"政策下如何提高学生的学习效率，如何让学生学过的知识牢固记忆，如何培养学生良好的实验操作能力；化学研讨主要内容包括在双减政策下如何提高学生的成绩；政治研讨主要内容包括如何提高学生对知识点的识记效率，如何提高主观题答题能力；历史研讨主要内容包括如何提高后进生学习历史的兴趣，如何让学生熟记历史知识点；生物研讨主要内容包括如何激发学习积极性并引起重视，如何开展互动，有哪些可行的措施，实验操作的教与学分别有哪些内容；地理研讨主要内容

包括怎样让学生把握好经纬线、等高线、世界气候分布等知识，如何培养学生读图、用图的习惯，如何提高学生的空间概念、综合判断及分析能力。活动的第五个环节是开展中考备考研讨座谈，各校老师畅谈中考备考经验，研究中考新动态，明确表示要构建共商共智共享的学习共同体。

2. 名师工作室关注信息技术与课堂教学的融合创新，让学员们走在高效课堂改革创新的最前沿

老师们怀着"空杯"的学习态度，跟着名师团队一起学习、交流、研讨、提高。茂名市江辉工作室学员蔡颖诗老师围绕"信息技术在幼儿园教学活动的应用"这一主题，做了专题讲座。在讲座中，蔡老师从走进希沃白板、希沃白板界面简介、多媒体素材运用、交互性课堂活动制作、其他功能及学习途径五大内容，进行了详细的讲解和示范。通过理论学习和实践操作，老师们感受到了希沃白板功能的多样性，课件设计的灵活性和趣味性，掌握了运用希沃白板制作课件的技巧。

3. 名师工作室关注"双减"下的教育教学，让学员把握时代脉搏，与教育新时代同呼吸共命运

工作室成员每到一个学校都会和所在学校对应学科的教师围绕"双减"之后的主要做法和突出亮点、教学中的困惑以及下一步打算进行了全方位的交流，每次交流气氛都是相当的热烈，大家畅所欲言，为"双减"落地，积极献策。此次工作室研修活动，聚焦"减负增效"课堂，为教学提质减负拓宽渠道，真正为课堂赋能，为学生成长赋能，为促进学校的可持续发展，助推"双减"落地而不懈努力。

知性优雅的教育城小学张永兰主任带来了指导性的讲座"如何编写语文园地练习题"，张主任以统编版教材为例，教老师们如何在"双减"政策背景下，编写语文园地的练习题，其独到的方法经验，令在座的老师们如沐春风，深深地启迪着每一人。本次研修活动还分别在3所学校开展多个教师展示课活动，意在"双减"，志在高效课堂。教学展示活动异彩纷呈，不仅展示了教师驾驭课堂的能力，更注重用精彩的教学设计和生动有趣的课堂实施来实现高效课堂，让学员们收获颇丰。在交流探讨活动中，主持人分享了题为"践行而成 循道而长——新时代背景下优秀教师成长的路径"的讲座，与参会者共同探讨新时代背景下，如何成为优秀教师的路径及策略；然后工作室学员谢锦洪和李丹就在"双减"大环境下，老师们如何教书育人、如何落实课堂教学的有效性进行了深入的交流。

一花独放不是春，百花齐放春满园。在参与名师工作室活动中，学员们纷纷表示受益匪浅，既有观念上的洗礼，也有理论上的提高，既有知识上的积淀，也有教学技艺的增长。

（三）跟岗体会

每一次活动都是一场高质量的知识盛宴，大家在共研共修中一同成长，学员们下定决心必将继续以学习为己任，以创新为动力，紧跟工作室的步伐，不遗余力、砥砺前行，努力为茂名教育的发展贡献自己的力量！

教师们的每一次学习都会有新的收获，每一次学习都会让自己更加清晰地意识到与优秀的距离，但也让自己的定位更加准确，目标更加清楚，奋斗更有意义。路漫漫其修远兮，吾将上下而求索。

新任教师们已经有了从未有过的体验：教育的本质是一棵树摇动另一棵树，一朵云推动另一朵云，一个灵魂唤醒另一个灵魂。通过本次教研活动，在互相观摩学习中，大家得到了一种启蒙，一种唤醒，一种打开，一种点燃，一种开悟，一种得道……相信各成员、学员在往后的班主任工作生涯中坚守"躬耕美行"，终将"成己达人"。广东省名班主任工作室主持人曹铭珍老师主讲"爱的诠释"专题讲座中，用朴实的语言讲解了爱的含义，她认为第一要学会爱自己，储备更多的能量；第二要学会爱家庭，恰当处理好工作与家庭的关系；第三要学会爱学生，懂得艺术性经营班级。曹老师倾情讲述了自己在班级管理中的许多故事，为大家打开了智慧管理班级的大门。她最后寄语老师们：只要把自己开成花，就永远走在春天里。

四、考核评价

培训周期内，各类各项培训活动缺勤累计不能超过 5 次；完成"培训内容"的具体任务；培训结束要提交一篇不少于 1000 字题为《积极探索信息技术与课堂教学的融合，创建高效课堂》的文章。考核合格者，颁发结业证书并登记学时。2020 年 6 月，我们组织了本届新任教师结业展示交流活动。围绕"争当新时代高素质专业化创新型教师"的主题，开展示范课（同课异构）、名师名班主任讲坛、才艺展示和专题讲座等活动，积极沟通交流，共同发展。学员优质课展示或同课异构有：高中 16 节、初中 14 节、小学（幼儿园）12 节。分别在市第十六中学、市田家炳中学、市祥和中学、福华小学、市二幼同时开展。邀请名师名班主任开设"名师名班主任讲坛"与教师们展开深入的交流与探讨。结业典礼上还进行了成果展示、诗朗诵和宣誓仪式。学员代表发言表达了感恩之情和争当新时代教师的决心："感谢这一年来为我们提供帮助的所有领导和老师们，我们一路上的成长因为这次培训而变得与众不同,我们定会博采众长,成为一名优秀的人民教师,这也将是我们终身的追求。"本次培训的班主任葛凤兰老师、梁静云老师在发言中满怀深情地回顾了一年来共同走过的日子,勉励老师们在未来的日子,仰望星空带着梦想前行、脚踏实地奋力拼搏,要坚守初心、勤练内功、争当名师,要在茂名教育这片沃土上收获自己的幸福人生!结业典礼在大家齐声歌唱《我和我的祖国》中结束。嘹亮的歌声和鲜艳的五星红旗激动着每一位在场者的心,激扬着年轻教师们的豪情:我们以青春的名字庄严地宣誓,要让生命的花朵,盛开在茂名教育的最前线,盛开在茂名最需要我们的地方,盛开在"好心茂名"的伟大征途上。

一年一度的新任教师培训已经结束,一年一度的新任教师培训即将开始。过去一年的我们已经扶上马送一程,即将有新一批的向我们走来。在新任教师培训培养这个既是任务也是课题中,作为教师培训者,我们在不懈地努力实践、学习、探索、思考和提升。

发挥名师示范引领作用，
助推教师专业成长（一）

化州市第一小学　唐飞燕

摘要： 自2013年起，教育行政管理部门针对我国目前教育存在的薄弱环节和发展瓶颈，自上而下倡导并推进"名师工作室"的建设工程。从无到有，从分散到系统化，从个体到整体，如今的"名师工作室"发展规模更为庞大，发展种类更为丰富，且为提高教师的专业素养奠定了坚实的基础，为一线的教育工作者提供了未来发展的方向。因此，在本文中，以目前名师工作室的发展现状为背景，分析研究如何发挥名师示范引领作用，助推教师专业成长。

关键词： 名师；示范；方向；成长

一、名师工作室的发展现状

（一）国家政策支持

随着社会经济的发展，国民教育，特别是教师的师资水平亦更为大家重视。早在2002年，教育部发布的《中小学教师队伍建设"十五"计划》中就明确提出，教师队伍建设的目标之一就是培养和造就教育名师，充分发挥其典型示范和辐射作用，推广其研究成果及成功经验，带动中小学教师队伍整体素质的提高。2010年《国家中长期教育改革和发展规划纲要（2010—2020年）》再次指出："要完善教师培养培训体系，优化队伍结构，提高教师专业水平和教学能力；通过研修培训、学术交流、项目资助等方式，培养教育教学骨干，造就一批教学名师和学科领军人才。"2014年，教育部又启动了"卓越教师培养计划"，印发了《关于实施卓越教师培养计划的意见》，明确提出"分类推进卓越教师培养模式改革，全面提升教师培养质量"的建议。因而，以前辈带动后辈，以优秀经验丰富教师带领年轻教师，以培养优秀一线教师为主要任务的名师工作室便是顺应了教育的发展潮流。

（二）发展较为成熟

在近年来，得到国家政策大力支持的名师工作室，其发展速度更是空前的。根据以往的研究结果显示，目前的名师工作室发展现状主要包括以下四大特点：一是名师工作室的种类繁多。从幼儿园、小学、中学到高中，各学段均有所设立。根据资料显示，以茂名市化州市为例，近年来已成立了中学语文、中学物理等多所不同学科类型的多样化工作室，在该基础上，有助于不同学科的一线教师提高自身的专业素养。二是名师工作室的数量日益增多。目前我国的名师工作室涵盖面广，不但不同学科的工作室均有所设立，而且相同学科的名师工作室亦不是唯一的，这从侧面表明，这恰巧会利于同学科的名师工作室进行多维较量，促进其兼学质量的飞跃。三是成效明显。根据对茂名市所存在的名师工作室进行的调查显示，其从成立至今，不仅提高了一线教师的专业素养，并亦培养了一批青年名教师。四是工作室质量有了质的飞跃。经过多年的积累与沉淀，名师工作室的质量从刚开始的良莠不齐到现在得到了质的飞跃，不仅在设立的要求上有所提高，而且名师的质量上亦大有改善，其在引领新一代教师的水平上大有提高。

二、研究过程

（一）名师助力，资源开发

以茂名市某市的小学英语工作室为例，其主要的培训理念均是通过共享教学资源，增强该地区英语教师的专业性，并将学习到的内容真正反馈到现实中的教学课堂中，有效提高学生的英语素养。其培训资源主要是以校本研修为主，外出进修为辅。工作室的成员均为该市各地区小学的优秀英语教师，得以将其中优秀英语教学资源进行交流分享，包括但不仅限于教学手段、教学方法、教学形式等，与此同时，亦将其作为工作室的培训资源的重要组成部分。另外，名师工作室中的主要负责人大多是经验丰富、深究小学英语教学的名师，故其会在该资源上，深挖其中有价值的教学内容，利用工作室自身的人力、物力资源等优势，进行系统化、理论化、整体化的整合和研究，从而开发出新的教学资源。

（二）名师引领，培训专业

众所周知，名师工作室是一个专业学习共同体。首先在该体系里面，由名师引领进行专业的培训活动，通过共同学习，进行互评，互相交流，让新型教师在培训中获得对专业学科的不同见解与认识。其次，在遍地开花的名师工作室中，不可缺少的是其不同于普通学校的培训管理与模式。在普通学校的管理中，更多的是强调班级学生的整体成绩，极少关注教师自身的教学素养发展，因此难免会有部分教师浑水摸鱼，不思进取；而在名师工作室中，教师作为其中的研究主体，其个人的研究水平和教学素养是直接呈现的，这种直接的管理模式显而易见会极大地促进教师的专业发展。此外，在名师工作室中，经验丰富的优秀教师作为领头羊，其相对于学校而言，在面对教师所呈现的课堂效果时，能给予更具专业性的评价，让教师能真正地学有所思、学有所成。

（三）名师评价，教师转化

名师工作室不可缺少的功能之一便是名牌教师对一线教师呈现的课堂进行适当的评价，教师从中转化为自己的教学优势。如2018年，以吴晓菁名教师工作室为例，工作室成员唐老师以轻松幽默的口吻开展了一节以春节为主题的课堂活动"My favorite festival"，其中以简短的问答贯穿活动，引导学生进行探讨和思考。在课程结束后，不同于普通的课堂呈现，工作室领头人吴老师在教师自评和互评环节后，及时地给予唐老师三条建议：第一，注意整体和个体的关系；第二，注意粗耕与精耕的关系，要循循善诱，要因材施教；第三，要注意新知与旧知的关系，注意两者的关联迁移，避免生硬套用。而工作室中的另外一位名师陈导师则更是强调了教师的说与学生的说的平衡，这让唐老师受益匪浅，且在往后的教学生活中，更加注重教与学的比例，注重学生的基础水平，及时地调整了以往的教学手段与模式，教学效果亦更为明显。在2019年中，以颜少佳英语工作室为例，成员唐老师在以往工作室的基础上，开展了四年级Module 4 Unit 1 "Will you take your kite?"，不仅注重教与学，还结合了现代信息根据，将WeChat（微信）融进课堂，激起了学生的兴趣。随后工作室的颜老师对其评课，强调了评价学生时要有针对性，如good pronunciation，read fluently等。由上可见，在这两次名师工作室对教师的评课中，强调的侧重点有所不同，但是对工作室成员唐老师而言，其从教与学、教师与学生、教师评价、教学内容等方面都有所收获，在自身的转化过程中极大地促进了自身专业素养的提高。

三、方法与策略

（一）校本式主题研修

"十一五"教师教育的核心理念在于研训问题化、问题课题化、课题课程化。换句话而言，即是校本式主题研修，将课堂中出现的某问题形成一个课题，最后完成研训活动。同时，校本式主题研修实则亦是名师工作室中关键的教学资源，因此，名师工作室对最后环节的研训活动起到了至关重要的作用。那么在工作室中如何开展校本式主题研修呢？第一是共同讨论研修主题，如在教学活动中存在的难以解决的共性问题，以小学英语的"教师与学生阅读"为例。第二是制定计划，包括前期准备工作、中期简单总结工作、后期汇总工作、分配人员任务等。第三是实施计划，其中包括备课、说课、上课、评课四大步骤，名师工作室则以主持人的身份负责研究过程的有效性和持续性，帮助成员教师完成研训活动，以反馈到学校的课堂活动中。

（二）名师引领

为更好地发挥教学名师在教育教学中的示范、引领和辐射作用，利用课堂教学平台，增进教师之间交流与学习，促进青年教师成长，应从以下三大方面进行名师引领：一是组织名师公开示范课。名师的课堂教学往往是他们教学理念的体现、教学经验的凝结和教学智慧的展示。对普通教师最为明显的思想冲击便是对名师公开课堂进行观摩，让其感受其中的课堂魅力，从中思考，如何让自身亦具此魅力。此外，还可直接明了地看到其中的课堂教学手段、教学侧重点，与自身的常用课堂模式进行多维度对比，取其精华，为自身所用。二是培养骨干教师。为了更好地发挥名师的辐射作用，培养优秀的骨干教师，让其在常年的积累中成为新一代名师，由上而下、由个体到多体，多层次地发挥名师工作室的作用。三是评价多元化。名师工作室不定时组织成员开展即兴的课堂呈现，并及时地指出其中的优劣。此举不仅会让成员时刻处于不松懈的学习状态，还会及时让成员了解自身的长处与短处，在现实的课堂活动中能够扬长避短。

（三）分享交流

分享与交流不仅是导师对成员教师进行一定的评价，还包括成员教师之间的互评。在成员教师完成工作室的公开课堂活动呈现后,导师会及时地对课堂环节进行指导,而成员教师亦可在此机会中反思总结,再实践,再反思总结,不断地"磨课",以达到一个螺旋式上升的提高自身的过程。另外,由于工作室成员来自各地,且均有不同的教学经验与教学模式,在互相评课的过程中,成员教师得以优劣互补,以个人辐射到原学校整体的教学课堂中。此外,在分享与交流中,成员教师之间的思想得以碰撞,在工作室多样化的专业环境中,推动了自身素养的发展。

四、结语

由上所述,名师工作室以名师为引领,以学科为纽带,以先进的教育思想为指导,旨在搭建促进中青年教师专业成长以及名师自我提升的发展平台,打造一支学校教育领域中有成就、有影响的高层次教师团队。发挥工作室中的名师引领示范作用,助推成员教师的专业成长,以小点辐射大点,由点及面,共同促进中国基础教育的发展。

参考文献:

[1] 游孙瑛,陈华忠. 有效发挥名师工作室的功效 [J]. 四川教育,2021 (Z4):29-30.

[2] 梁金玲. 名师工作室促进教师专业发展的策略:以梁金玲名师工作室为例 [J]. 广西教育,2021 (24):32-33.

[3] 郭俊奇. 新时期我国名师工作室建设:经验、问题、对策 [J]. 教师教育论坛,2021,34 (5):76-81.

[4] 刘娜. 名师工作室促进教师专业发展的策略 [J]. 文理导航(中旬),2021 (5):83-84.

[5] 童富勇,李东欣,杜燕萍. 名师工作室与教师专业成长实证研究:基于225个名师工作室的调查与访谈 [J]. 宁波大学学报(教育科学版),2021,43 (3):66-73.

[6] 张玮. 以校本课程开发为载体,推进教师专业发展 [J]. 天津教育,2021 (13):35-36.

[7] 申玉琦,丁玉海. 让教师由"优秀"走向"卓越":名师工作室建设的思考 [J]. 教师,2021 (10):113-114.

青年名师示范引领,助力乡村教师成长

化州市官桥中学 彭湛英

内容摘要：习近平总书记在今年党的十九大教育工作概要报告中再次明确提出,要"推进教育公平""努力让每个孩子都能享有公平而有质量的教育"。目前,我国城乡教育之间还仍然存在很大的差距,这已经变成了我国制约其城乡教育公平的主要社会影响力和因素。要努力缩小农村和城市的教育质量水平之间的差距,首先要提高乡村教师的专业能力。乡村教师专业能力的提高,需要根据当地实际情况,结合国家教育政策方针,得出行而有效的方法。

关键词：青年名师；培训；下乡；示范引领；专业成长

近年来,国家为促进农村和城乡地区高等教育均衡发展,大力完善农村地区学校的软硬件建设,全面提高其办学水平和教育课程的教学质量。要想让农村的孩子能够得到更好的教育,必须要提高乡村教师的专业能力。但是我们目前面临的最大困难是,如何才能更有效地提高乡村教师的专业能力？

一、乡村教师专业成长面临的问题

(一) 待遇环境较差

与大城市的学校相比,农村地区的学校生活环境艰苦,教学条件也较差,工作的压力也更大。然而,农村地区教师们的薪酬补贴、福利待遇却远远低于城市。对于农村地区的教师而言,职称的评定非常困难,论文的发表等硬性技术要求也非常难以实现。经过统计分析,农村学校教师在工作中可能会面临的挑战,排名前三位的是教师们的工作量大、待遇和教学质量不能够形成正比、难以适应新的课堂教法及授课。这就说明,农村地区的教师普遍的工作量增加及其所处的工作环境不好已经成为许多乡村学校普遍面临的问题。

（二）我国乡镇地区的教师职业综合素质水平相对偏低，骨干教师人才流失严重，合格的师资人才缺口较大

城乡之间的教师教育培养结构严重失衡已经使得越来越多的乡村学校出现"工作—成长—成熟—外流"的循环现象，许多刚开始培养成熟并且已经进入农村骨干教师培养行列的教师被经济、教育条件较好的城市学校以高薪聘走，一个骨干教师带走一个班级、一群学生的外流现象不在少数。骨干教师外流，缺乏辐射带动作用，青年教师的培养成长缓慢，中老年骨干教师的基础知识陈旧，由此也就形成了恶性循环：教师教学质量不好，家长不一定满意，社会也不能够认可，生源也大量地流失。这严重地不利于促进我国农村贫困地区专业课堂的课程教学质量和教育水平持续地稳步提高，妨碍了当前我国农村学校专业师资培养团队走向专业化和健康成长快速发展的道路。

（三）由于受到地域与软硬件的限制，我国农村中小学教师的专业化发展缺乏必要的经费扶持，也很难共享到优质的培训资源

当前，一些贫困乡镇和其他偏远地区的政府财政收入并不景气，给一些农村学校的教学资金和科研经费资源投放非常有限。这样一来，学校所有教职人员用于生存的社会资金和教育经费变得紧张拮据，也就更加谈不上关于教师的再继续学习、进修和专业能力成长等的经费。

（四）缺乏名师专家指导

与其他城市相比，乡村的地域广袤，学校的位置分散，再加上交通不便，学校用于培养和提升师生综合素质的经费和资金也相对较少，因此，邀请一些名师和专家前来进行指导无疑是一件困难的事情。通过问卷调查，只有17.92%的农村中小学教师认为自己现有的课堂教学知识与技能主要得益于和国内外的名师或者专家之间的互动。

（五）教学资源较少

我国农村地区的教育资源在分配上一直处于不均衡状态，而且农村地区的学校也具有封闭化、边缘化、落后化的特征。信息闭塞，数据库相关资料较少，可供参照的教学资料相对较少，缺乏优质的教育信息资源，农村地区的教师往往不会或很少利用互联网查阅数据，也不太会使用课堂教

学辅助软件。导致乡村学校教学资源严重匮乏的根本原因，主要表现为两个方面。从学校的角度来看，学校的经费投入严重不足，且对于教师的发展不够重视。从教师本身的角度来看，学校并没有为教师提供最佳的资源，老师们只能亲手去进行搜索，但是农村地区教师的信息技术素养相对偏低，往往难以找到自己所需要的资源。

（六）教学交流较少

农村地区教师的教育文化交流存在的问题主要表现为两个重要的方面，一是本校教师之间的教学交流比较少，二是与校外的专家或者其他优秀学校的教师交流比较少。

1. 校内交流较少

农村贫困地区的专业教师因为其所在专业环境的高度封闭性，与外界的教师沟通比较少，养成了以自我独立反思、独立研究、自主学习等多种方式为主的特殊综合专业能力发展教育习惯。

2. 缺少与校外相关专家、优秀老师的沟通

城乡学校教师之间的互动主要是为了促进优秀教育资源、课堂设计理念、课堂教学手段、课堂管理方法等流入乡村，以改善农村学校的教学思想，从而提高农村学校的教学水平。现有的农村学校和城乡学校之间的交流形式基本上都是通过选派一定数量的农村和城市中的优秀老师到农村支教，同时还会选派少数乡村老师到城市优秀学校学习和交流。城乡之间的互动性交流虽然在一定程度上为农村教师专业成长和发展产生了推动作用，但同时也产生了当前城市选派的农村教师人才选拔标准较低、未能按照农村中小学校的需求选派、农村教师未能充分发挥作用等诸多问题。

为了解决这些问题，助力乡村教师专业成长，我们茂名地区就以市教师发展中心为首，通过推动一系列有效措施的实施来解决这个问题。其中有一项有效措施就是：青年名师培养对象助力乡村教师成长。

二、以点带面，辐射引领

（一）成立青年名师培养对象团队，引领乡村教师专业成长

农村地区对教师的培训工作是一项浩大的工程，我们应该始终立足于以点带面，努力帮助第一批参与培训的农村地区教师尽快发展成长为农村学校的骨干专家和教师，发挥骨干专家的引导和辐射功能，以确保这项培

训工程积极地向前推进，确保培训工作的可持续发展。2015年，茂名市组织部、教育局评选了100名首届青年名师对象，这是一批来自全市各中小学的优秀骨干教师。他们来自各城镇、各乡村，有中学，有小学，覆盖各学科。当年笔者也有幸加入这个团队，当时我们的培养任务和目的是个人提高和辐射引领，大家都来自全市各层次学校和各个学科，充满学习热情和工作激情，非常有助于乡村教师专业成长。

（二）培训促进青年名师培养对象专业全面发展

培训可以分为集中性的培训与跟岗式的培训。

1. 集中性培训

为了使我们青年名师培养对象的专业水平得到全面的发展和更好的锻炼，市教师发展中心吕达艺主任以其缜密明确的管理思路，精心组织，统筹安排，设置了形式多样的省内外和市内培训，先后安排我们到华中师范大学、浙江大学等学校参加培训。

2. 跟岗式培训

我们分别按照阶段、学科加入了我们茂名地区的名师工作室，直接跟名师学习教育教学理念和思想。

在培训中，我们不但学习到了先进的教育教学理念，还培养了争做名师，辐射乡村的思想。在2017年茂名市教育系统的"三名"（名校长、名教师、名班主任）评选中，我们这一批青年名师培养对象当中就有很多老师评上了"三名"，成了真正的名师。笔者也在自身的努力下评上了茂名名班主任，向名师看齐，向名师靠拢。

三、组建青年名师培养对象送下乡团队，送课送培下乡，相互成长

（一）送课送培下乡活动的具体要求方法

（1）切实明确开展这一项目的具体意义和要求，认真地做好全过程的管理，切忌盲目地走过场、搞形式主义。

（2）明确送教任务。送教的是青年名师对培养对象的授课、演示，与学科教师、学校领导及教研人员等相关专业技术人员进行点对面的评课、分析。

（3）落实新课程，宣传新的课改，为推动我校乡镇地区的教育走进新

课程起到了引领与促进的作用。

（4）在送教下乡的同时，就地利用这一机会趁势组织召开教学工作者研讨会，开展了新课程大家座谈会等活动，营造了研究者座谈的氛围，促进了教学变化，提升了教师的思想政治和教学能力。

（5）锻炼青年教师。通过讲授、上课、评讲、同班异构等探究性的研讨课程，锻炼和培训青年教师，让所有的上课者和听讲的人都能够从中受益，共同进步。

（6）通过与来自城乡各地的全体教师代表进行一次零距离接触沟通，融洽了教师情感，增强了教师服务工作意识，从而有效促进了今年我校全体教师团结在一起、昂扬积极向上的良性发展态势。

（7）为教师们提供了一个相互沟通的平台，促进了教师们更快乐地生活和成长。学习了新理念、新思维、新方法，通过开展示范课、特色专题点评、互动式点评，引导广大教师在实际活动中认真学习，在自我反思中创造性进步，不断提升教育课堂的教学质量。

（8）广泛应用多种培训方式，深入开展课堂教学研讨。

（9）下乡服务学校的选择——边远山区学校、师资力量薄弱学校、贫困地方学校等，例如信宜的西江学校、高州的马贵中学等。这些地区的学校急需帮扶，下乡服务有利于实现巩固脱贫成果振兴乡村教育。

（二）送下乡，成名归

送课送培下乡不但可以使我们农村地区的优秀教师领悟到优秀教师们高超精湛的教学水平和感受到新课程改革给他们的课堂教学所带来的蓬勃生机，也是对我们今后进行课堂教学最直接的一次培训。同时这种活动也把培训搭建成了我们教师间沟通交流的最佳平台，引发我们内心深处的感受与律动，并对之产生持续而又坚定的反响。因为我们将通过在一起分析交流自己课改后的教学经验与教学模式，交流自己的教育思想与理念及育人手段，取长补短，求得更多城乡之间的资源共享与互补。这样才有利于充分发挥良好的示范引导和辐射带动的作用，建立健全城乡教育相互之间的联动与促进机制，帮助农村地区的乡镇学校教师提高教育和科研工作能力及管理水平，促进城乡教师交流，打造"教育联合体"，为持续助力乡村教育发展建立起长效的沟通和帮扶机制。

该活动不仅能够促进乡村教师专业成长，同时也让优秀的教师处于"被学习"状态，让他们走出舒适区，总结提炼好的经验，突破发展瓶颈，从而达到双赢的目的。通过送课送培下乡活动，我们首届青年名师培养对象中有许多教师评上了高级教师、特级教师，而且还有许多教师评上了茂名市教育系统的"三名"。

我们有理由坚信，随着此次活动的经常性开展并在实践中得到了不断的改进，我国农村地区学校教育课程科研必将更好地走出纵横、跨越式的拓展，日渐形成携手合作、优势相互促进，上下结合、资源相互共享，城乡学校教育课程质量得到全面改革和提升的可喜局面。

长此以往，多渠道齐头并进，乡村教师的专业能力一定能够不断提升。相信越来越多的乡村教师在党和国家政策的正确指导下，将成为名师、优师、特师，通过自身的示范引领和辐射带动，在乡村这一块沃土上，带动其他乡村教师共同进步，推动乡村地区教育的可持续发展。

发挥名师示范引领作用，助推教师专业成长（二）

化州市第二小学 李 卫

摘要：教师的专业成长与学生是有直接的关系的，所以我们要看重小学教师在专业方面的成长。名师示范的作用是教师们不可小觑的，它是具有重要指导与示范的作用的。目前学校的教育教学已经进入了一个快速发展的阶段，在这一阶段，学生们的不断发展也对小学教师提出了新的要求，要求教师们在自身的专业方面要不断地有更新和突破。那么，如何才能帮助教师们尽快地摆脱专业成长的束缚，以及如何才能让教师们在专业发展方面更有前进的动力呢？这就是接下来我们将要探讨的话题。

关键词：名师作用；示范引领；助推专业；教师成长

要助推教师的专业成长，发挥名师的示范作用是必不可少的。首先教师们要树立积极乐观的学习理念，可以在平时多读读书籍，尽情地陶冶自己的情操，提升自身的道德修养，同时扩大自己的专业知识面；教师还可以多与名师进行讨论研究，提升自己对教育的理念认识；教师还可以利用业余时间进行论文的撰写，以这种方式来分享自己的教育心得与个人经验等，以达到相互借鉴学习的目的。

一、对教师自身的发展要求

（一）教师对自己的职业要有高度的信心

首先，教师一定要热爱自己的职业，对小学的教育教学工作要有执着的追求以及积极进取的心态。其次，教师要有高度的职业自信，这样才能有助于自身专业的终身发展，教师要想做到这一点，一定要做到心中爱学生，眼里有学生。

(二) 教师要具备丰富的文化底蕴和内涵

作为一名教师，一定要具备丰富的文化底蕴和内涵，这样才能为学生更好地传道授业解惑。一个教师的文化积累程度，完全决定着其课堂教学的厚度。

(三) 教师要具备深刻的自我反省能力

自省能力是每一个教师应该具备的，不论是刚刚从业的教师还是有一定资质的教师，自省能力都是教师职业生涯当中必不可少的一个环节。

二、鉴于名师的示范指导作用，助力教师的专业成长

一个人的精神内涵与精神世界的含金量取决于这个人的阅读水平，同样一个国家和民族的精神境界更取决于这个民族的阅读能力与水平。优秀教师陈红艳是湖南邵阳大祥区教育局教研室的一名小学语文教研员，她不仅是高级语文教师，而且也是湖南省教育委员会的理事，更是市内优秀的教研员。在她担任语文教师期间，其课堂教学曾经多次获得区一等奖，并三次荣获市一等奖，在湖南省内也曾获得过二等奖。自打陈红艳教师担任教研员以来，由她主持的小语会在2010年荣获全国小语会的先进单位，由她所写的论文以及教学设计已有12篇被发布在《湖南教育》《小学语文新课程优秀教案》等期刊上。在她的指导下，学校的校本教材也取得了全市第一名的优秀成绩，并且六次市级的参赛课均获得了一等奖。不仅如此，她还入选"国培计划"，并被评为农村小学的资深授课专家。

语文教学对于这位优秀的教师而言，就像是一门艺术，更是她一生都要去努力奋斗的事业。陈红艳不仅仅经常给年轻的教师们上课，并且还经常深入教育教学的第一线，为当地的一线基础教师们讲自己的深刻体会。因此她的优秀事迹被刊登在《邵阳日报》上，题目为《陈红艳："接地气"才能做好教研》。在2020年年初，陈红艳教师成了大祥区工作室的一名主持人，她经常定期带着工作室的教师们，研究如何更好地开展课堂教学，并且她善于利用好语文教材中的例子来做课堂的研究；另外，她还积极主动地专研课题，致力于将工作室的教师们培养成为"专家型"的优秀教师。

广东省的杨昌彪也是当地优秀的教师之一，他的工作室成立于2018年。杨昌彪是一名小学正高级教师，同时也是广东省特级教师、广东省基础教

育系统"百千万人才工程"中的重点培养对象之一。他不仅是湛江市数学教学专业委员会秘书长，而且还是岭南师范学院的兼职教授、岭南师范学院广东省中小学教师发展中心的兼职教师、广东石油化工学院继续教育学院主讲教师。该工作室聘请岭南师范学院莫杰雄教授为指导专家，湛江市教育局教研室负责人、中学物理教研员陈小平主任为顾问，是以湛江市教学一线省市级骨干教师麦建华、黎招准、谭德烽、袁燕青等10多位教师为主要成员的工作室团队。工作室的宗旨是"专家引领，深度教研，促进教师专业成长；搭建平台，培育团队，发挥示范辐射作用"。三年来，在主持人的引领下，工作室立足湛江，辐射全省，为打造南方教育高地贡献力量。工作室开展了系列教学科研活动，目标是打造一个团队、带动一片区域、研磨一批成果，发挥工作室的示范引领作用。为此，工作室通过开展课堂教学展示研讨，提升教师课堂教学能力；通过对新一轮课程改革下教学设计模式的积极探索，提升教师学科核心素养教育能力；设计并开展了系列研修课程，包括学员展示课研讨、课题研究、送课下乡、专家讲座等活动，组织成员到广西都安高中、湖南长沙一中、湖南株洲市第二中学等名校交流学习；即使是在疫情期间，也不会让学生停课，杨昌彪老师反复叮嘱在此期间更要加强线上的教育教学工作，充分做到停课不停教。在此基础上，教育局决定积极地组织市级的骨干力量，为学生的健康成长搭建了一个最为有力的平台机制。在杨昌彪老师工作室的一致努力下，教师们的教学科研水平不断提升。杨昌彪老师在近三年来一直致力于省市课题的研究工作，并主持了广东省教育科研"十三五"规划项目，于2019年发表了重点课题"核心素养导向的小学数学'三主线两环节'教学设计模式实践研究"。在大家齐心协力的奋斗之下，杨昌彪老师的工作室得到了突飞猛进的发展，他的工作室成了教师们教育教学研究的平台，很多优秀教师都是这个工作室培养出来的，这不仅是教师们成长的摇篮，更是优秀教师们成长的阶梯。杨老师所撰写的研究论文共有16篇，其中有8篇为国家级论文，并在省级刊物发表；工作室成员在实验操作与创新技能竞赛活动中荣获高中物理市级一等奖、省级二等奖，教学设计获广东省首届中小学幼儿园特色课堂精品课例一等奖等，多名成员课题获市教育科学规划课题立项。

教师在专业成长的过程中，也会面临着这样或者那样的曲折和困境。社会各界都对教师寄予厚望，希望广大教师能够对自身的教育工作拥有细致的感性的体验，希望教师们能够热爱教育事业并享受教育工作，认识到自己在教育教学过程中的不足，并要保持着终身学习的心态去面对自己的教育事业。以上模范教师的职业经历，让我们看到了优秀教师的模范作用，希望广大的教育教学工作者能够向其好的方面多多学习与借鉴。

参考文献:

[1] 王红丽. 激发教师专业激情 促进教师专业成长: 以上海市虹口区为例 [J]. 中小学心理健康教育, 2021 (17): 62-63, 66.

[2] 赵寅芬. 指向青年教师专业成长的教学督导实践与思考: 以海亮教育集团的实践为例 [J]. 教学月刊·中学版 (教学管理), 2021 (6): 19-22.

[3] 陈先锋. 从新秀到优秀: 参与教育科研如何影响青年教师专业成长 [J]. 教育视界, 2021 (16): 53-56.

[4] 杨晓燕. 教师专业成长的觉醒 [J]. 陕西教育 (教学版), 2021 (6): 23.

[5] 郭莉萍. 基于教师专业成长, 落实中小学英语教师培训 [J]. 学周刊, 2021 (19): 191-192.

送教下乡促进农村幼儿园教师专业发展的途径

茂名市第二幼儿园　陈洪樱

摘要：幼儿园名师工作室送教下乡作为一种深入走进农村幼儿园的短期培训，能为农村幼儿园教师专业发展发挥重要作用。本文分析了农村幼儿园教师的现状以及名师工作室送教下乡的意义，并从名师工作室如何做好训前调研、制订适宜的培训方案，如何联合各方凝聚培训力量，如何以丰富灵活的方式开展活动提出了自己的看法。还阐述了在训后如何做好跟踪指导，以及送教下乡促进农村幼儿园教师专业发展的途径。

关键词：送教下乡；农村；幼儿教师；专业发展

广东省从2009年开始建设首批名教师、名校（园）长工作室，至今全省有超过1000个名师工作室成为"名师引领、团队合作、全员提高、资源共享、均衡互补"的教师专业发展战略的创新型教师团体。陈洪樱幼儿园名教师工作室作为广东省名教师工作室（2008—2021）的一员，在过去三年通过以师带徒的培养形式，为茂名市培育了一批中青年骨干教师，又以送教下乡培训的形式为农村幼儿园提供了教学示范和专业知识培训，为促进农村幼儿教师专业发展进行了大胆的探索和有益的尝试。

一、农村幼儿园教师专业发展的现状

（一）农村幼儿教师整体素质偏低

近年来，随着国家对学前教育的重视，随着农村生活水平的提高，农村幼儿园数量有了较大的增加，但农村幼儿园的缺乏专业师资，师资学历参差不齐，教师教育理念落后，专业知识和专业技能欠缺，导致农村幼儿教育整体教学质量与科研水平低下。

农村幼儿教师很少有外出学习和接受专业培训的机会。近年来，虽然有了国培、省培与市培项目，但相对于农村幼儿教师群体来说参培名额少，因此农村幼儿教师很少有外出学习的机会。而且农村幼儿园教育经费有限，导致幼儿园教师数量少，往往一人包一班或者三人包两班，教师的教学任务重，幼儿园的教研活动也很少，地区幼儿教师之间进行交流学习的机会也是少之又少，教师缺乏专业知识和教学技能的引领。

（二）农村幼儿教师个人专业成长的动力不足

多数农村幼儿教师工作只是为了一份相对稳定的收入，缺乏专业发展的动力，缺乏创新意识。很多农村幼儿园一个教师负责一个班或者两人负责一个班，教师要承担班里所有的保教工作，很少有继续学习的时间和精力。而且农村文化落后，信息闭塞，图书资料少，教师很难通过业余学习提升自己的专业水平。

要改变农村幼教师资队伍的现状，促进农村幼儿教师专业发展，必须做到开展农村教师全员培训，探索城乡交流和农村教师专业化，但农村幼儿园因为教师数量不足，园长怕耽误教学工作，为了保证稳定和维护正常的教学秩序，不太愿意把自己的教师送出去培训，更希望让教师参加送教下乡、送培到园这种家门口式的培训。

二、名师工作室送教下乡的意义

名师工作室送教下乡能促进学前教育均衡发展。幼儿园名师工作室送教下乡活动，能把科学的育儿理念、思想和方法带下去，辐射到每个农村幼儿园，实行城乡幼儿园优质培训资源共享，缩小办园水平的差距，促进学前教育均衡发展，提高乡镇学前教育整体的办园水平。

（一）名师工作室送教下乡能促进教师专业发展

送教下乡活动为农村幼儿园送去的是新的教学理念和教学模式、科学的教学方法和教学技巧，送教的教师与学习的教师在相互交流学习的过程中共同提高。送教下乡通过名师示范课实现优质教育资源的共享，让农村教师领略到城区优秀教师的教学方法和教学技艺，给农村幼儿园教学带来勃勃生机。送教下乡同时也搭建了城乡幼儿教师交流的最好平台，引发城乡教师一起交流素质教育理念和教学模式，交流幼儿园办园理念和运营方式，取长补短实现城乡资源的共享和互补。

(二）名师工作室送教下乡有利于工作室成员的专业成长

送教下乡充分发挥了名师骨干教师学科带头人的专业引领作用，让这些实践专家现身说法，激发了教师参与教研的积极性，促进了教师之间的沟通，使优秀教师、骨干教师在学习名教师的教学方法、教学技巧、教学语言的同时，及时地更新自身的教育教学观念和专业知识结构，努力转变和改进教学行为，以促进自身的专业成长。

三、送教下乡成为促进农村幼儿园教师专业发展的有效途径

名师工作室送教下乡为期1～3天，一般是工作室团队面向农村，到幼儿园里，到教学活动中，了解农村幼儿教师在教育教学中存在的问题，充分利用各种教育资源，发挥名教师的示范辐射作用，解决农村幼儿教师工作中的困惑，为农村幼儿园教师提供的适宜的短期培训。送教下乡要成为促进农村幼儿园教师专业发展的有效途径要做到以下几点。

（一）做好训前需求调研，制订适宜的培训方案

训前需求调研是有针对性设置培训课程的重要前提。训前需求调研主要基于一线教师自身的教学实践产生的教学困惑和当前教育改革的实际需求，有条件的工作室要深入地区农村幼儿园教师的教育教学活动，观察其教学实践，了解教师的专业认知能力，了解他们的教育教学计划、组织与评价反思能力，充分掌握农村教师的教学水平。对于不方便实地调研的地区，可通过微信或QQ群发放培训需求调查问卷，了解受训教师对培训专题的理解与困惑，收集老师们的培训意愿，对调查数据进行分析整理，基本了解受训教师的培训需求。

根据训前调研收集的培训需求选择培训课程、制订适宜的培训方案是保证送教下乡培训质量的关键。例如陈洪樱名师工作室实践积累的送教下乡培训课程就包括了：针对农村广大一线教师需要提升设计和组织教育活动、游戏活动，需要环境创设、家园共育工作等专业能力的普及式培训，内容包括去小学化的五大领域教学活动的设计与实施、幼儿园保教并重的一日活动组织与实施、家园共育、区角创设、户外自主游戏区域活动材料的制作与投放等；针对乡镇中心幼儿园骨干教师的参与式专题培训，内容涉及游戏化教学的设计与实施、生活中的数学、奥尔夫音乐、信息技术在

幼儿园教育教学中的应用等；还有针对不同幼儿园的入园指导式培训，名师工作室主持人等培训导师针对入园观察到的问题，与园长、教师交流，提出改进建议，共同探讨幼儿园的发展策略，与幼儿园一线教师面对面座谈，为老师们答疑解惑。

（二）打造优秀的培训团队，凝聚培训合力

送教下乡培训项目参训的教师多是常年在农村任教的幼儿园教师，他们通常缺少学前教育专业的系统训练，又没有有经验的导师指导；很多农村幼儿园没有充足的材料开展区角游戏活动，很少开展游戏化教学。农村幼儿教师教育创新与改革能力有限，他们最需要的是接地气的、能立即迁移应用的教学技能。名师工作室以主持人名师为核心，联合省市幼儿园名教师、青年优秀教师组建成一支适宜下乡的优秀培训团队。培训团队既有能在教育理念和教育内涵上引领农村幼儿教师的名师，又有实践能力上与农村教师差距不是很大的青年骨干教师，各方力量凝聚在一起形成了送教下乡培训团队的合力，使培训方案得以保质保量地实施。

（三）丰富培训模式，提高送教下乡培训实效

名师工作室送教下乡培训活动基于培训内容构建立体、丰富的培训模式，能很好地提高送教下乡培训实效。农村幼儿园教师的特点与培训内容决定了培训模式的不同，通常是讲授式和参与式结合，线下实地培训与网络跟进式培训结合。送教下乡课程内容根据培训需求，每次都确定一个主题。培训形式围绕主题进行设计，可以是专家讲座、示范教学、同课异构、交流讨论、培训团队点评、学员成果展示等形式。例如，要更新农村教师的教育理念，让他们了解学前教育的新趋势、幼儿教育课程改革新动向等，就可采用讲授式培训；要让农村教师学习掌握幼儿教育的技能技巧，最好是开展线下面对面的实地培训，如名师观摩课、同课异构、参与式学习、情境式研讨等；示范教学是送教下乡的重要形式，在示范教学环节采取培训团队成员与学员同课异构、学员分组讨论、小组选派代表汇报分享小组讨论情况、团队成员点评等方式，进行多层面全方位的培训学习，切实提升参训教师的课堂教学能力和水平。

在线下实地培训以外，为了破解时空及经费等条件制约，还可以建立QQ群、微信群等，搭建起参训学员交流平台，通过网络交流方式为农村幼儿教师的持续学习提供资源和帮助。

（四）做好训后跟踪评估，助力农村教师学以致用

做好训后跟踪评估有利于提高送教下乡活动的实效。跟踪评估在培训活动中可以通过参训教师的情绪、注意力、动作表情等的观察对培训效果做初步的评估，培训结束后通过问卷测评受训教师学习或掌握了哪些知识，让受训教师对培训效果做出评价，这些都可作为改进培训计划与培训实践的重要依据。

为了让受训教师学以致用，培训团队在培训结束后，对受训的农村幼儿教师进行跟踪服务，充分利用电话、微信、QQ等交流方式对受训教师的学习情况进行指导、督促和检查，最好能与受训教师所在的幼儿园联合对教师的学习与工作实践进行跟踪指导，引导农村教师将所学的专业知识技能充分吸收，内化运用到自己的教育教学工作中。

幼儿园名师工作室送教下乡作为一种深入走进农村幼儿园的短期培训，如果能根据受训教师需求做好适宜的培训方案，联合各方凝聚培训力量，以丰富灵活的方式开展活动，并在训后做好跟踪指导，就能为农村幼儿园教师专业发展发挥重要作用。

参考文献：

[1] 鲍赫. 基于乡村教师专业成长视阈下的"送教下乡"培训模式构建[J]. 吉林省教育学院学报, 2019 (8).

[2] 彭胡雄. 送教下乡农村教师队伍建设的有效路径[J]. 教师, 2020 (9).

校本研修,助力教师专业成长

茂名市愉园小学 吴 平

摘要:校本研修在推进教学工作改革的过程中扮演了重要的角色,有助于教师在良好的环境氛围中认识到自己的不足,从而在先进的教育理念、方法的带动下改进工作、完善自我。本文在研究中突出了校本研修的价值,并提出教师应该通过阅读量的提升、自我反思、深度教研等活动的开展,积极融入校本研修之中,实现自身的专业化成长。

关键词:校本研修;小学语文;专业成长

校本研修通常是指校本培训工作,其是以学校为单位,面向教师开展的活动。这一活动的开展有助于教师实现专业化的成长,在教学思想、行为、方法等多个方面都得到改善,达到业务水平、教育能力的拔高。校本研修不能仅通过集体培训这一种方式,而是在形成专业成长氛围的前提下,带动每一位教师利用好时间与机会,在沟通交流、互相学习中发展自我,实现研修力量的综合整合。

一、海量阅读,进行深层鉴赏

教师自身的成长发展需要外部资源的不断启发与刺激,尤其是在新理念与新标准的促进下,教师不能拘泥于传统的传道、授业、解惑的身份,而要通过研修提高自身的素养,从而真正成为学生学习的促进者、研究者。对于小学语文教师而言,应该加强阅读储备。这是因为小学语文教师面向的是6～12岁的孩子,他们的认知多保持在感性的层面,教师应该多阅读相关的资料、文本,在海量阅读的同时提高语言、语文、感知的驾驭能力,这样不仅能够提升深层鉴赏水平,还能体现教师的多元化角色。在日常生活、工作中,教师就应该多接触不同类型的文本、书籍等各类材料,开展深层次的鉴赏活动。

语文教师可以将自己的业余时间进行合理的安排,多参与学校开展的读书活动，将与时俱进的思想发展与个人的语文修养紧密结合在一起；不仅如此，小学语文教师不能局限于学校的安排，还可以从文学宝库中汲取养分，时时刻刻牢记自己教师的身份，加以学习、勤于思考。为了推动深层次鉴赏活动的开展，实现与学生的共同成长，教师可以与学生一起搜集阅读的材料，共同开展阅读学习活动，养成书写阅读笔记、开展阅读经验共享的良好习惯，为后续发展自我、自身的研修打下稳定的基础。

二、自我追问，形成反思习惯

小学语文教师的自我发展、教学活动的深入改革是一个复杂而漫长的过程，需要教师在领悟教学真谛的前提下，不断进行总结反思，这样才能实现在原有教学的基础上突破创新、完善自我。结合实际情况来看，目前很多教师缺乏自我反思的习惯与能力，处于一种因循守旧的状态。对此首先就要使教师不断地进行自我追问，归纳出自己在教学中存在的一系列问题。例如在实际教学中，教师虽然能够做到问题上的引导，但却没有关注学生语言能力、思维能力、想象能力与创造能力的发散与发展，从而不利于教学活动的高效开展；或者是教学活动中，教师虽然知道问题所在，但由于自身的能力、素养有待提高，不能对这些问题进行改善，这些都是自我追问与发展中存在的不足。

要想形成良好的反思习惯，教师必须要端正自己的反思意识，在校本研修中以研究者的眼光审视、反思、分析和解决教学实践中遇到的问题，从而不断更新教学观念、改善教学行为、提升教学水平。另外，教师应该找到反思的具体内容，通常需要对自己的教学理念、采取的教学行为、实际的教学效果进行反思，尤其是在教学效果的反思上，教师应该学会用缺憾的眼光看待成果、用辩证的眼光看待失误，对自己的教学行为进行进一步的优化。除此之外，为了形成良好的习惯，教师可以通过日记、录像、档案袋以及交流沟通等不同方式推动反思，实现漫长且有延续性的研修。

三、深度教研，深化教学思想

教研活动的开展有助于小学语文教师更新现有教学思想，学习先进的教学方法。结合当前小学语文教师教研活动的开展来看，很多教师不能认识到教研活动的重要性，因此缺乏参与热情；加上学校也缺乏有力的支持、教师未将教研的成果积极利用到教学活动之中，造成教研的效果并不理想。

无论是学校还是小学语文教师自身，都应该将教研活动看作学校教学的日常性工作之一，以这类活动来学习更多的教学思想，避免出现教研活动流于表象等诸多方面的问题。

为了推进、改善教研活动的开展，学校首先应该为教师提供优质的服务，多开展集体备课活动、教材教法的培训、典型的教师展示课等，将这些校本的教研活动作为重要支持，为小学语文教师提供科学的、有效的、扎实的教学策略；另外，还应该在校内共建良好的教研氛围，引导教师共同进步成长，多开展不同类型的教研活动，提高教师的专业技能。在此过程中，可以积极鼓励小学语文教师将一些具有创新价值与研讨意义的教学思想、教学理论引入课堂，为校内语文教学活动的开展注入更多的活力。

四、支持分享，展示合作能力

校本研修的目标是在学校的范围内实现所有教师的共同成长，其特别注重教师的集体作用，突出教师之间的专业切磋、协调合作、相互学习、彼此支持，因此教师应该学会沟通交流，在经验共享的基础上实现共同发展。学校、教师应该认识到，专业化的合作是教师专业发展最为实际有效的途径之一，教师需要摆脱职业上的孤独感，适应基础教育改革的发展。教师之间的合作内容、合作形式具有多样化的特点，教师需要在建立合作发展观念的同时，有效推动共同发展。

对此，教师首先应该以合作的方式开发课程资源，在新课标的指引下，小学语文教学不能拘泥于课本内容，需要教师突破书本与课堂的局限，对各类资源进行开发利用。教师在此过程中既可以争取学校、社区、社会的支持，还应该就某一个方面的资源进行共享，做到集体配合，共同开拓；另外，在集体化的活动中，教师同样可以通过交流，分享自己在教学上的成功经验、存在的误区与不足，实现自身在教学思想、方法等多个方面的互通，以此来提高教学能力，保证校本训练得到持续有效的开展，形成良好的合作精神。

总而言之，随着新课改工作的不断推进，社会对小学语文教师教学等相关工作的开展提出了更高的要求，校本研修也得到了进一步的发展。校本研修无论在推进新课改还是提高教师教学水平的过程中都发挥了关键作用，小学语文教师应该积极利用校本研修的机会，借助更多的平台来得到自身的发展成长，为教学活动的高效开展提供支持。

参考文献：

[1] 孟永锋.拓展校本研修思路 深化品质课堂改革［N］.中国教师报，2020-11-11（13）.

[2] 张亚芹.浅析校本研修工作存在的问题及解决策略［J］.天天爱科学（教育前沿），2020（10）：158.

第二部分 美理论探索

课题研究助推教师专业成长的实践探索

——以"基于核心素养的地图能力培养的研究"为例

广东高州中学　何　杰

摘要：在新课程新高考背景下，开展务实的课题研究，是促进教师专业成长的有效途径。文章以省级课题作为案例，将省级课题的研究融入校本教研活动中，通过直面课堂精选课题—组建教研成长共同体—课题理论研修—合理分工任务驱动—依托课例实践研究—积极转化推广成果等途径，有效促进教师专业成长。

关键词：课题研究；专业成长；实践

课题研究是教师专业发展的重要平台和成长方式。笔者从2013年作为成员参与程志老师主持的省级课题，掌握了课题研究的基本技能；到2016年主持广东省教育技术专项课题，获全国教育创新科研成果大赛一等奖；再到2019年主持广东省教育科学课题"以基于核心素养地图能力提高的实践研究"，研究成果的2篇论文发表在全国中文核心期刊上。本人从普通中学普通班教师转变重点中学创新班教师，享受着教科研一体化发展思路带来的巨大幸福。实践证明，课题研究能促进教师广泛学习并养成自觉的习惯，深度思考并形成系统思维，提升教育科研能力并提高教育教学业务水平。那如何通过课题研究促进教师专业成长，下面笔者将谈谈自己的实践与思考。

一、直面教学课堂，精准选题明方向

"基于核心素养的地理地图能力培养的研究"课题选题，是在新课程新高考深入开展之际，结合近年高考试卷分析来看，读图分析题型所占分值比重很大，可谓"无图不成题"，侧重考查学生获取和解读地理信息的能力。当前高中生有图不用、用图不明的现象比较普遍，一方面主要是没有良好的用图习惯，另一方面主要是没有掌握正确的用图方法。因此，我们须借新一轮新高考评价体系改革的契机，加强核心素养下的地图教学研究，丰富校本课程的内容，促进课堂改革，提升课堂效率。地理核心素养赋予地图教学新的内涵，地图教学不再是简单的教师板图教学，而是教师板图与学生绘图充分融合的体验式学习过程。因此，我们设置了"为高一学生构建识图与析图技能提升策略""为高二学生构建绘图与用图技能提升策略""为高三学生构建核心素养与地图能力提升充分融合策略"三个子课题，针对性与实践性较强。在本课题的引领下，地图教学法、思维导图教学法、新课程挂图教学法等新型教学法现身课堂教学，地图教学已成为我校地理科组的教学特色，2020年我校高考成绩地理单科平均分居茂名市第一名，3人排茂名市前十名，为我校取得2020年茂名市高考突出贡献奖做出了巨大贡献。

因此，一线教师抵触课题研究，认为课题研究是"假大空"的东西，究其原因就是选题不佳，我们理应直面教学课堂，精准选题，实现教学与教研相长。"课题"即"问题"，教学课题研究即对教学理论或实践中碰到的问题的研究，在课题研究选题时，组员先共同梳理教学实践中存在的问题，主要围绕课堂教学进行，这样更接地气，取材更广，门槛更低，投入更少，更容易及时发现并解决问题，增强问题的创新性与针对性，提高教师参与的热情，也为教师的专业成长确立方向。

二、聚焦研究课题，组建成长共同体

本课题团队的组建，基于课题研究高质量完成的需要，以及地理教师的课题技能和成长需求，构建异质性、互补型、多层次、有梯度的学习共同体和研究型组织。本课题组的成员中，年龄结构、职称结构、研究经验具有明显的分层性，且有2位主要成员来自外校，如表1所示。课题主持人为学校地理科组长，负责全面研究工作。正高级和高级等专家型教师负责理论培训与实践指导，中学一级教师作为中坚力量担负重要子课题研究，中学二级教师负责资料收集等相关工作，发挥所有组员的优势，利于课题研究的顺利实施，且新老教师搭配合理，助推新教师成长，利于学校的长远发展。

表1 课题组成长共同体成员情况

序号	姓名	职称	主要学术成果	分工
1	吴泽明	中学正高	发表论文12篇，著作1部，主持省级课题1项	调查分析，理论指导及技术培训
2	林裕秀（一中）	中学高级	发表论文5篇，获奖论文9篇，主持省级课题1项	调查分析，课题研究方法的培训
3	刘锋	中学高级	发表论文3篇，获奖论文7篇，主持省级课题1项	调查分析，数据材料的汇编培训
4	吴丹丹	中学一级	论文《地理挂图教学初探》获茂名市一等奖，参与课题1项	调查分析，负责子课题主研工作
5	钟晓红	中学一级	论文《学生读图能力培养》获高州市一等奖，参与课题1项	调查分析，负责子课题主研工作
6	张全勇（二中）	中学一级	论文《新高考地图能力培养》获高州一等奖，参与课题1项	调查分析，负责子课题主研工作
7	余培铖	中学二级	论文《地图能力考查形式及其教学策略》获高州市一等奖	调查分析，教学设计和成果推广
8	周丽燕	中学二级	论文《高中地理读图能力培养的研究》获高州市一等奖	调查分析，资料收集和成果推广

综上所述，课题组宜采取"学科教研组＋学段组合＋校际合作"学习共同体模式，学科组长是"教研组"的牵头人，带领整个学校同一学科的不同学段老师参与课题研究，从而将课题研究与校本教研融为一体。他们可根据在教育教学中面临的现实问题，选择课题的相关内容以形成子课题，然后以学期或学年为单位，设计校本教研活动的系列研究主题，开展课例研究。不同学校的教师按照学段组合成研究合作组，可以打破学校间的壁垒，打破思维定式，促进教师联系丰富多样、各有特色的教学实际对教育教学的本质问题进行多角度、多层面的思考，在协同合作中更好地从学科整体框架思考教育教学中存在的现实问题，促进学科专业素养的全面提升和发展。

三、科学指导研究，专业操作助成长

本课题组大部分成员没有参与地市级以上课题的经验与技能，其理论素养、课题研究、专业规范等都需要学习，需要专业理论引领。首先是借助书籍开展理论学习。课题组购买了大量书籍，成员必须围绕研究主题进行较系统的专业阅读，不仅可以借此了解相关的学术动态，开阔自己的研究视野，而且可以借此学习和掌握相关的地理教学论和地图学等相关知识，提高自己的理论修养。其次是专家指导引领。课题组邀请专家负责每学期一次线下集中理论培训，且每学期期末组织课题组成员对有代表性的典型案例、教学反思和课例研究报告、小结等进行交流、研讨，请专家进行具体指导，然后进行修改完善，形成各个子课题的阶段性研究成果。表2为本课题邀请专家具体情况。

表2 课题开题以来专家讲座开展情况一览

姓名	工作单位	职称（职务）	讲座主题
吴泽明	广东高州中学	中学正高级教师、广东省特级教师、地理科组长	如何开展课题研究
冯志锋	高州二中	中学高级教师、教研室副主任	和一线教师谈课题研究
李寒梅	高州市教研室	中学高级教师、地理教研员	新课程新高考与课题研究
李启云	茂名一中	中学高级教师、广东省特级教师、茂名一中副校长	课题成果的推广与反馈
曹铭珍	广东高州中学	中学正高级教师、政教处副主任	课题研究数据的处理

课题研究为教师提供大量理论书籍和专家讲座，搭建一个提升自我的平台。而教师专业成长是自主的，通过阅读专业书籍，涉猎专业知识，观察课堂教学，反思教学行为，成果提炼与总结不断自我提升，在学习中规范操作，在反思中提升专业素养。

四、合理分工合作，任务驱动明路径

我综合考虑组员的经验能力、任教学段、日常教研等因素，让课题研究与个人教育教学充分融合，既促进教师的专业成长，又使教科研工作真正落在实处，也给老师专业发展提供一个明确的路径。我以省级主课题研究为核心，设置4个县市级子课题，融合渗透个人校课题研究，全面统筹各项工作的做法。例如，我要求子课题研究主持人必须实现县市级课题立项，发表论文 1 篇，为课题积累第一手资料，促进教师提高研究的深度，避免了浅尝辄止。笔者常常对课题组成员说"有压力才有动力，有承担才有成长"，以此鼓励大家主动承担的积极性，让成员认识到：压担子、派任务是促进成员成长的有效途径，从而愉快有效地完成任务。课题组青年成员科研成果任务完成情况如表 3 所示。

表 3　课题组青年成员科研成果任务完成情况一览

姓名	分工	论文发表		论文获奖		课题研究		优秀课例设计	
何杰	主持人	基本任务	2 篇	基本任务	2 项	基本任务	参与2 项	基本任务	获奖2 项
		完成情况	4 篇	完成情况	5 项	完成情况	参与2 项	完成情况	获奖7 项
吴丹丹	子课题主持人	基本任务	1 篇	基本任务	1 项	基本任务	主持1 项	基本任务	获奖1 项
		完成情况	1 篇	完成情况	3 项	完成情况	主持1 项	完成情况	获奖5 项
钟晓红	子课题主持人	基本任务	1 篇	基本任务	1 项	基本任务	主持1 项	基本任务	获奖1 项
		完成情况	1 篇	完成情况	4 项	完成情况	主持1 项	完成情况	获奖3 项
张全勇	子课题主持人	基本任务	1 篇	基本任务	1 项	基本任务	主持1 项	基本任务	获奖1 项
		完成情况	1 篇	完成情况	2 项	完成情况	主持1 项	完成情况	获奖2 项
周丽燕	主研人员	基本任务	0 篇	基本任务	1 项	基本任务	参与1 项	基本任务	获奖1 项
		完成情况	1 篇	完成情况	5 项	完成情况	主持1 项	完成情况	获奖4 项
余培铖	主研人员	基本任务	0 篇	基本任务	1 项	基本任务	参与1 项	基本任务	获奖1 项
		完成情况	1 篇	完成情况	2 项	完成情况	参与1 项	完成情况	获奖2 项

可见，明确的分工与任务要求，让每一个团队成员在研究中都有所作为。任务是课题研究的一种驱动也是一种引领，明确的任务让课题组成员在研究中有目标，具体的方法让课题组成员在研究中有方向。这样不仅提高了课题研究的效率，而且还让课题组成员在完成任务的过程中学习研究方法，学会研究设计，也提高了成员开展研究的积极性，使成员的研究能够及时提炼出成果。

五、夯实研究过程，依托课例重实践

我注重课题研究的过程性管理，要质量、讲效率，关注教师的专业成长。例如，在申报阶段，我就课题研究中子课题的选定、研究方法的选择等方面给予教师指导和帮助；在研究实施过程中，我邀请专家定期对教师个人课题研究的进展状况进行检查、管理和指导，共同商讨研究过程中遇到的问题及解决方案。每月底，我要求教师就自己的个人课题研究撰写一篇教育反思或研究心得和体会。每学期，我要求教师撰写一篇论文，这有助于我们了解教师个人课题的研究进展状况及存在的问题，同时也为教师个人发展积累了过程性资料，为课题研究按计划开展提供了保证。课例研究是教学类课题研究的重点，以教学案例为研究主体，听课与评课贯穿课题研究全过程，从课题立项到结项，笔者累计听课评课83节，从中获取了大量的数据和提炼了丰富的有效信息。表4为课题组青年成员所上研讨课获奖情况。

表4 课题组青年成员所上研讨课获奖情况

研讨课课题	教师姓名	承担时间	主办单位	完成情况和效果
地理信息的获取与解读	何杰	2019年3月	高州市教育研究室	高州市优秀课例一等奖
地球与地球仪	何杰	2019年11月	茂名市教师继续教育中心	广东省名师工作室优秀课例
湖泊的水位与盐度变化	何杰	2020年3月	高州市教育研究室	高州市优秀课例一等奖
大气专题	何杰	2020年6月	茂名市教育局教研室	茂名市优秀课例
植被和土壤	张全勇	2019年11月	高州市教育研究室	高州市优秀课例一等奖

续表4

研讨课课题	教师姓名	承担时间	主办单位	完成情况和效果
水专题	吴丹丹	2020年6月	茂名市教育局教研室	茂名市优秀课例
热力环流	吴丹丹	2019年5月	高州市教育研究室	高州市优秀课例一等奖
湖泊的水文特征	吴丹丹	2020年6月	高州市教育研究室	高州市优秀课例一等奖
荒漠化的防治	周丽燕	2020年4月	高州市教育研究室	高州市优秀课例一等奖
影响气候的因素	钟晓红	2020年5月	高州市教育研究室	高州市优秀课例一等奖

课题组成员通过课例的研究，既完成了课题研究的基本任务，还收获了众多的荣誉与好评，大家研究热情高涨。因此，要避免"假大空"的课题，必须要有详尽的研究计划，夯实的研究过程，聚焦于课堂教学，开展课例研究，这样才能有效"反哺"教学。课题成长共同体小组围绕具体教学主题开展课例研究，一般步骤包括：基于学情设计课例—课堂教学与观察—课例评价与分析—课例的重新设计与实施—课例的重新评价与分析—形成课例研究档案。

六、转化推广成果，正面激励促发展

我们在稳抓课题研究的同时，还注重教师研究成果的转化与推广。我们鼓励教师将个人课题的研究成果转化为论文，激励教师积极参与各级各类优秀论文的评比活动，对于一些特别优秀的研究成果，在进行一定的指导和修改后，鼓励其向相关期刊投稿。

在课题研究成果转化的过程中，我们地理科组获得了内涵发展，在一定程度上提升了知名度。为了提高教师参与个人课题研究工作与课题研究成果撰写的积极性，课题组还通过名师工作室的平台，设立了教育科研成果奖励制度，每学期末对发表文章以及获奖论文的教师进行物质和精神奖励，从而使个人课题的研究工作不仅具有科研价值，还产生边际化的效益，同时也为教师日后的职业发展奠定了基础。通过这些措施，我校地理科组的个人课题研究工作和论文撰写不再是自上而下布置的任务，而是切实受到教师欢迎的、自下而上的研究行为,形成了一支研究型的教师团队,促进了教师队伍的专业成长。

参考文献:

[1] 严文琪.聚焦个人课题研究,促进教师专业成长[J].保育与教育,2020(10):57.

[2] 徐建华.用课题研究促进教师专业成长的实践与思考[J].新教育,2021(2):17-18.

[3] 蒋秀云.课题研究,教师专业发展的重要平台和成长方式[J].北京教育学院学报,2016(12):11-16.

多体联动，室校助力，专业成长

——高中教师培训现实困境分析与展望

茂名市第一中学　陈艳姝

摘要：现代高中教师培训体系存在宽泛性、服务供给随意性的问题。文章从完善教师培训供给体系着手，以育促培、以教促培、以考促培、多体联动，充分利用工作室与学校平台的助力，瞄准教师的多元发展需求，加强培训者师资队伍建设、走出现实困境，提升教师培训实效。

关键词：高中；教师培训；多体联动；室校助力

2018年1月31日，中共中央、国务院印发的《关于全面深化新时代教师队伍建设改革的意见》明确提出："大力振兴教师教育，不断提升教师专业素质能力。"高中教师培训的目标是"专业突出、底蕴深厚的研究生层次教师"[1]。《国家中长期教育改革和发展规划纲要（2010—2020年）》也明确提出"大力发展教育培训服务"。适逢国家对教师"立德树人"的育人要求越来越高，还有新高考、新课标改革下新教材的使用出现的教学痛点频出现象，促使现代高中教师培训改革热潮正酣，使培训成为刚需。但是，如何为我们教师培训做出进一步的创新与改革发展奠定坚实的基础呢？这需要热潮下的冷思考。

一、培训困境

当前，中小学教师培训已经基本形成国家示范、地方主导统筹、区县核心发力、各校积极支持、教师人人参与的局面。[2]大部分教师在此种背景下，还是非常愿意参加培训的，因为培训是提升教师专业能力和职业素养的必需途径。

但是，当时代的背景对教师培训的要求越来越高时，这种自上而下规模化的计划培训供给方式，带有强制性和指令性，割裂了培训项目供给侧和需求端之间的自然联系，教师很少甚至完全没有参与到培训项目的选择、设计、开发，只是被动地接受。[3]

第一，培训的内容越来越多，越来越空泛。其内容看似包罗万象，实际是漫无边际，不能解答当下教师的教育困惑，解决新课标中的教学痛点，没有"问诊"，不能科学"下药"。培训同质化，常常是以"理论讲授+课堂观摩+交流研讨"构成，参训教师大多缺乏话语权与选择机会，只能被动地按照供给方设计的培训方案进行学习，参训需求很难得到满足。

第二，培训者的师资力量薄弱。大多培训院校师资力量相对薄弱，导致培训课程体系结构单一，课程重复率高。培训者专业水平不高，存在"吃老本"现象，对教育教学改革不深入研究，理论与实践难"两全"。

第三，室校联动、送课下乡，看似热闹，实则形式。因基层学校忙于教学具体事务，对培训跟岗事务力不从心，只能匆匆走过场。走过场的形式是"送课下乡，热闹一番，研讨一次，重回寂静"。培训是流于形式的经验介绍、应付完成的短期任务。

在此种种困境下，学科背景、学历层次、不同阶段的教师对培训的需求变得多元化，需要有效掌握教师的需求，才能真正发挥培训的作用。结果表明，多数教师更倾心于那些具有情境性、操作性、开放性、实践性的培训方式。[4]

二、培训方式

（一）由指定式培训变成主题自选菜单式培训

因应教师多元化需求，构建教师校本主题自选菜单式培训机制。要进一步构建立体化、开放型的教师培训供给体系。在教育教学实践过程中，强调周期常规性的节点式培训。比如，新教师培训、高考培训、竞赛培训、德育培训、教学培训等。很多时候，教师培训总是被动地跟着上一级的指定式培训去完成任务。校本培训对于本校所面临的德育难题、教学痛点，没有深入研究与跟踪，进一步形成学科或德育培训基地。所以，要特别提倡建设好校本培训，针对主题选择培训内容。让校本培训成为中青年教师向老教师学习的课堂，促进中青年教师提升自我。

（二）由单一区域培训者变为综合型、打破区域和校际界限的理论专家和高中一线名师

培训者可以是国家级培训专家、省级教研员，也可以是区县级一线教

育教学名师，还可以是工作室主持人，室校联动，成员、学员进行智慧共享，生成培训成果。

（三）由单一式研讨主题向体验型、研究型、信息型、互动型、综合型的培训模式转变

以往的培训方式是集中主会场作线下培训。现在因疫情需要，可以采取线上线下两种形式的结合，或者直接进行线上听课、研讨，这都是常见的培训形式。可以采用智慧课堂教学软件，多端平台，全方位提升培训工作中的沟通和协同效率，使教师培训时长灵活变化，可实地也可异地交流等。具体情况可根据个人需求做出适当调整。

（四）由单方评价变为第三方评估

调整过去硬性分配任务式、指标式培训要求，转变为优质、有效、沟通良好的培训评估模式。比如参与培训的教师可根据自己的需求，学习相应内容，或根据个人学习轨迹，进行个性化学习，或分工合作，大家共同完成一个作品，相互评价，生成成果，供大家参观学习。

实行"精准培训"和"提质增效"目标的先决条件是优化培训设计，否则培训项目实施就会只见树木不见森林，失去目标方向和质量控制，步入"为培训而培训"的内卷化困境。[5]未来的教师培训将会更具教师需求特点，更有实践理论的张力，更经得起评估应用环节的考评。

三、培训案例

（一）成为一名优秀的培训者

培训成员作为茂名市名班主任工作室主持人，成立市级名班主任工作室，现有成员6人，学员18人，范围遍及全市。工作室主要发挥育人交流平台作用，倡导"和润教育"，主张以生涯规划、家校共赢、心理辅导三者合力，共同促进学生全面发展，成为新时代的君子。工作室现有心理咨询师3人，已完成学生心理咨询个案超过200例，社会反应良好。德育研究以主题班会为研讨载体、以德育问题为研讨方向，以多媒体网站、微信群、公众号等为学习宣传的形式，发挥对茂名教育的辐射影响，为培养更多符合现代理念的班主任优秀人才而努力。

培训成员作为备课组长带领高三语文备课组荣获2017年茂名市中小学

优秀备课组。备课组团结协作、研讨氛围浓厚，多位成员老师成为市、直属学校优秀教师，有 3 个省级课题立项，5 个校级课题立项，国家级优质微课 1 节，市级优秀微课 3 节，校级优秀微课 28 节。高考成绩优异，年级平均分保持在同类学校中领先的优势，有大量学科尖子涌现。学科竞赛氛围浓厚，先后组织年级学生参加多项国家级、省级作文比赛，并荣获"全国写作等级基地"称号。

（二）积极参与团队培训

2020 年 9 月，培训成员参加市继续教育中心及学校共同组织的湖南师范大学培训项目。该项目课程设置针对性强，培训者为一线名校长、名教师，他们从新高考备考讲座，从学校宏观管理、学校高考备考工作管理、学校高三年级管理、高三备课组管理、班级管理到备考心理健康教育及其疏导等方面设计培训课程，以育促培，以教促培，以考促培，涵盖了高考备考的全过程，系统性强，让参加培训的老师积极参与其中，在备考工作中查漏补缺。讲座对于高三教师高考备考工作来说是一面立体的镜子，还使参训者感受学习到湖南人敢为人先、心忧天下、实事求是、百折不挠、兼收并蓄的精神。培训结束后，这种精神还继续激励着参训老师们努力奔跑在备考的路上，为创造 2021 届新高考新辉煌奠定了良好的基础。

四、培训展望

时代在发展，国家与社会对教师的要求不断提升，教师培训也面临着更多的挑战。高中教师培训要求战略也从"抓骨干"的基础上转向"抓全员"，注重教师潜力与个性化需求的满足。以育促培、以教促培、以考促培，形成平台，多体联动，室校联动，全方位推动教师培训成长，让教师的综合素养能力得到提升。这是我国新时代教师常态化发展路径的时代需要。

参考文献：

[1] 中共中央国务院. 关于全面深化新时代教师队伍建设改革的意见 [Z]. 2018-01-20.

[2] 张春柳. 师训也要做好供给侧改革 [N]. 中国教师报，2016-11-23 (11).

[3] 蒋红星，肖宗娜，韩锡斌. 公共产品视域下教师培训供给机制重构

[J]. 学术论坛, 2016 (1): 168 - 171.

[4] 张甜. 基于教研共同体的教师培训创新路径研究 [J]. 科学咨询/教育科研, 2021 (28): 10 - 12.

[5] 余新. 教师培训一体化设计的模型建构与"国培"实践 [J] 中小学管理, 2021 (6): 56 - 58.

信宜高中化学课例研究助力教师专业成长的实践探索

信宜市教师发展中心　练小红

摘要：信宜高中化学课例研究，应用了"前移后续式教研"成果，经过多年的实践，形成了"观察问诊—备课试教—上课观课—评价反思—检查复诊"的信宜模式，走出了自己的特色，为区域教研及教师日常的培训积累了丰富的经验，助推了教师专业成长。

关键词：课例研究；区域教研；教师专业成长

课例研究以课堂教学为依托，以课堂观察为手段，以教学问题为对象、以互动对话为特征、以行为改变为目的教学研究。课例研究围绕如何上好一节课而展开，研究渗透或融入教学全过程，贯穿在备课、设计、上课、评课、教学反思等教学环节之中。这种镶嵌在课堂教学中的研究，在区域教研发挥了重要的作用，是一种长期、有效、易于操作的教师培训活动方式，促进了教师专业的成长，推动了新课程改革深入开展。

一、课例研究的含义

"课例研究起源于日本的授业研究，最早可追溯到明治时期，至今已有一百多年历史。课例研究是以学生学习和发展中出现的问题为研究对象，以教师为主导，通过集体合作确立主题、设计教案、上课和观课、评价和反思以及分享成果等促进教师专业发展，进而促进学生学习和发展的循环过程，其本质是一种行为研究。"[1]课例研究的过程是从教学实践中产生，再回到教学实践中去的过程，具有实践性和循环性的特征，课例研究一般包括确定主题、设计教案、上课和观课、评价和反思、成果分享五个基本的步骤。

二、课例研究的实践价值

基于学科教学问题解决的课例研究,可促进教师的教学反省,促进教师团队合作,促进教师专业水平的提高。例如,我们在听课调研中,发现讲授 Na_2CO_3 溶液中的三大守恒关系时,质子守恒是学生最难掌握的知识点,用电荷守恒和物料守恒去推导过程复杂而且容易出错。课后我们聚焦在"质子守恒"的教学难点突破,有老师提出用图1图示技巧轻松解决了 Na_2CO_3 溶液中的质子守恒,随后又有老师制作解题的模板图2发布到微信群,建构这样的认知模型能从化学学科本质来帮助学生认识电解质的质子守恒。老师们借鉴这个认知模型突破了学生学习的障碍,学生们运用模型来分析 $NaHCO_3$、NaH_2PO_4 等电解质溶液的质子守恒分析时总能迎刃而解。这个例子虽然简单,在教学中学习教学,在教学中研究教学,却能很好地体现的课例研究的要义。从课堂教学中发现问题,通过教师的互动合作解决问题,共享成功的经验,促进教师的共同发展,是融合在日常教学的教学培训的过程。

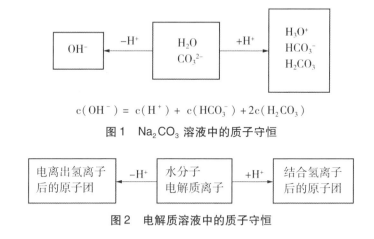

$$c(OH^-) = c(H^+) + c(HCO_3^-) + 2c(H_2CO_3)$$

图1 Na_2CO_3 溶液中的质子守恒

图2 电解质溶液中的质子守恒

三、当前课例研究存在的问题

教师日常最重要的工作就是备课和上课,学科教学研讨也往往围绕观课和评课而开展。对于备课、上课、听课和评课,我们老师都耳熟能详,但有时候这还算不上真正意义上的课例研究,下文将举例说明。

新学年开始,在某中学举办高一化学校际教研活动,某老师独立承担公开课,教学内容为"离子反应",课后教研员作公开课点评,研讨会结束,课例研究就结束了。

从这个例子可以看出,"离子反应"只是教学内容,如果没有进一步挖掘值得深入探讨的问题,那么这样的课例研究没有聚焦在研究的问题上,以致这样的研究空泛化,无实际的意义。事实上我们可以挖掘出很多有价值的问题来,比如:"如何促进学生高初中知识的衔接?""学生透过实验现象看本质的证据推理能力是怎样逐步培养的?"等等。

案例中,某老师独立承担公开课,教研员评课后,课例研讨就结束了。如果课例研究是这样,可以看出研究是严重缺失的。首先是参与研究的人员缺失,某老师和教研员一讲一评,众多的老师袖手旁观。其次是研究的步骤缺失,没有教学的反思,没有持续性的研究,没有效果反馈和也没有形成成果分享。

这样的课例研究随处可见,上课只是上课而已,观课只是观课而已,没有基于课例进行深入的研修,从课例取得借鉴,没有真正充分发挥课例研究的作用。

四、信宜高中化学课例研究的实践探索

信宜高中化学集体备课和教学研讨活动,应用了"前移后续式教研"[2]成果,经过多年的实践,形成了"观察问诊—备课试教—上课观课—评价反思—检查复诊"的信宜模式,走出了自己的特色,为区域教研及教师日常的培训积累了丰富的经验,助推了教师专业成长。(见图3)

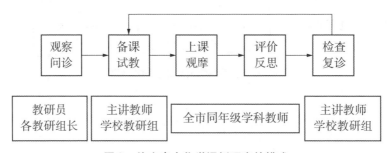

图3 信宜高中化学课例研究的模式

（一）理论支撑

信宜高中化学课例研究的模式，用缄默知识及 SECI（潜移默化、外部明示、汇总组合、内部升华）知识转化模型为指导，在教学实践中观察、感悟、思考、交流，实现教师教学理念的更新及教学能力的提高，是教师专业成长的有效途径。

英国物理化学家和思想家波兰尼将不能清晰地反思和陈述的知识称为"隐性知识"或"缄默知识"，将能够明确反思和陈述的知识称为"显性知识"。与缄默知识相对应的学习是感受性学习。缄默知识往往隐含于社会、生活实践之中，课堂教学中的缄默知识只能通过教学实践活动或具体教学案例分析在感受中习得，课例研究就是课堂教学感受性学习的过程。

SECI 知识转化模型[3]（见图4）的最初原型是野中郁次朗和竹内弘高提出的，SECI 模型存在一个基本的前提，即不管是人的学习成长，还是知识的创新，都是处在社会交往的群体与情境中来实现和完成的。正是社会的存在，才有文化的传承活动，任何人的成长、任何思想的创新都不可能脱离社会的群体、集体的智慧。"隐性知识"与"显性知识"相互转化 SECI 模型的分为"社会化、外化、融合、内化"过程，通过这几个环节就可以实现知识共享和知识创新的全过程。

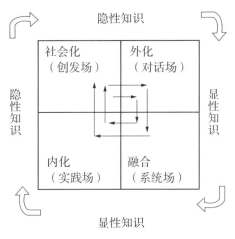

图 4　SECI 知识转化模型

社会化指的是个体隐性知识向群体隐性知识的转化，通过共享经历建立隐性知识的过程，获取隐性知识是通过观察、模仿和实践，而不是语言。课例研究中的公开课观摩就是在真实的课堂教学中进行的课堂教学培训，就是我们平常所讲的潜移默化的过程，通过教学行为的观察与模仿实现教学理念在个体和群体中的互相传递与转移。

外化指的是隐性知识向显性知识的转化，通过以书面表达和语言表达等方式使头脑中的隐性知识用明晰化的概念和语言表达出来。课例研究中的教学设计、课件制作将主讲老师的想法转化为概念、文字与图片或影片等视觉教育器材展示出来，评课和反思则建立在交谈或对话的基础上使隐性知识外显化。教师对教学理念的表达和阐释实现教学理念的传递。

融合指的是显性知识和显性知识的组合，是将各种显性概念系统化的过程。课例研究中的评课意见的汇总、教学反思的总结、课例研究成果的呈现等达成共识，是教师对教学理念的结构化和系统化提升形成教学理论的过程。

内化指的是群体的显性知识向个体隐性知识转化，是一个将显性知识形象化和具体化的过程。课例研究中达成的共识被教师吸收、消化，并升华成他们自己的隐性知识再通过课堂教学实践，转化为课堂教学的行为。

（二）团队合作

课例研究的主体是合作的教师团队，是集体智慧的结晶，着眼于教师专业水平提升。信宜高中化学课例研究的模式的工作方式强调团队的合作与集体的创作。把创造集体智慧的集体备课引入课例研究中收到了很好的效果。

首先，由教研员和各学校的集体备课组长在课堂观察的基础上，从教学实际出发，根据教学中出现的问题，经过多次的会谈确定研究的问题，聚焦在某个专题开展研究。近年来，我们围绕小组合作学习、翻转课堂、导学案、思维导图、说课、微课、学科情境创设、学科活动设计、高效课堂等专题进行了研究，为新课程改革作了有益的探索。

在备课与试教环节，由学校教研组进行集体备课，教研组成员各抒己见，出谋献策，围绕选定的专题进行教材分析和学生学情分析，再由主讲教师集中大家的意见进行教学设计、编写学案、制作课件，然后进行试教研讨和再修改。

在上课与观摩环节，由教研员带领，全市同年级的化学学科老师走进课堂听课学习。在评价与反思环节，评课小组先进行讨论，每个老师都能畅所欲言，发表自己的观点，再由各评课组长和教研员进行课堂教学的点评。这样的课堂观察会更加全面，意见更加中肯，可以解决课堂教学的问题，避免了教研员评课一言堂。

（三）课堂评价表优化选择

信宜高中化学课例研究特别重视课堂教学评价表对课堂教学的促进作用，课堂评价表为老师提供了课堂观察的维度，可提高课例研究的效率和效果。信宜的教研紧跟中学课程改革的步伐，进行了多次的课堂教学评价表优化选择。

课程标准实施前，依据《教学大纲》进行课例研究使用的课堂教学评价表，课堂观察的重点在教师的教和学生"双基"落实情况。2004 年实施课程标准以后，信宜市中小学课堂教学评价表中体现了课堂教学的改革，关注"三维目标"达成度，更关注学生学习参与度。2017 年高中化学课程标准修订后，凝练出化学学科核心素养，我们进行课例研究时选择使用了省教育研究院的中学化学深度学习课堂教学评价表，从"教、学、评"三个维度共 20 个要素对课堂教学进行评价，课堂评价表操作简易而高效，促进了课堂改革的深入发展。（见表 1）

表 1　中学化学深度学习课堂教学评价

课题			授课教师		周次	
学校		班级		日期	节次	
维度	要素	指标			赋分	
教	教学目标	教学目标明确，体现核心素养导向，指向全面育人			5	
	学情分析	基于学生年龄特征，充分联系已有认知			5	
	大概念设计	基于大单元，大概念的内容要求与学业要求，有利于认知结构化			5	
	学科理解	重视学科理解、体现与学科发展的关系			5	
	情景设置	问题情境真实有意义，能激发认知冲突和探索欲望，重视 STSE 教育			5	
	活动设计	设置进阶式活动群、问题链，有利于实现完整的问题解决			5	
	实验功能	重视实验教学，开展以实验为主的多种探究活动			5	
	难点突破	充分暴露了学生存在的认知障碍、突破难点			5	
	思维课堂	关注了课堂生成性资源，并引发了思维碰撞			5	

续表1

课题				授课教师		周次	
学校			班级	日期		节次	
维度	要素		指标			赋分	
学	学习资源		学习资源丰富、信息获取渠道畅通			5	
	学习氛围		教学氛围融洽,学生有充分思考与表达的空间与时间			5	
	学习方式		学生能通过自主、对话、合作等多样化方式学习			5	
	学习参与度		学生参与面广、全身心投入			5	
	个性化学习		学生个性化学习、差异化发展得到很好体现			5	
	学习效果		学生学习达到相应学业质量水平要求			5	
			学生发展了高阶思维、培养了迁移创新能力,获得自主解决问题的能力			5	
			学生形成正确的价值与评判,体现了学科育人价值			5	
评	评价目标		评价目标与教、学目标一致,教、学、评有机融合			5	
	评价方式		贯穿日常学习过程评价,方式多样			5	
	评价主体		实现生生、师生互评,引发学生自我评价与调控			5	
教学亮点及改进建议						总分	

说明:每项打分分为五级,A 为 5 分,B 为 4 分,C 为 3 分,D 为 2 分,E 为 1 分。

(四) 成果呈现

经过多年的实践探究,信宜高中化学教研从课例研究出发,由原来零散、间断、浅层化的状态,逐渐发展为连续系统深入的课题研究,从而增进了教师对化学学科理解,提升了课堂教学能力,促进教师水平专业发展。(见图5)

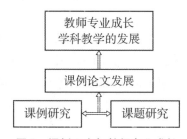

图5 课例研究与教师专业成长

近年来，信宜高中化学教学基于课例研究开展了各级的课题研究，并取得了一定的成果。化学教研员练小红老师的论文《导学案与小组合作学习课堂教学模式》曾荣获广东省中学化学课题成果评选一等奖，其现正主持广东省教育科学"十三五"规划2020年度"强师工程"项目课题"基于大概念理念的高中化学教学实践研究"。信宜中学的廖恒老师和信宜二中的胡南红老师分别主持茂名市科研课题"化学有效课堂教学的行动研究"和"化学核心素养教学中的实践研究"。砺儒中学的余海铭老师和信宜三中的张任丹老师分别主持信宜市教研课题"高中化学'导学案'课堂教学模式初探"和"信息技术与化学试卷讲评课整合研究"。老师们笔耕不断，信宜中学的张雄鹰老师撰写的论文《基于大概念的项目式教学——以"铜元素高三复习为例"》发表在《化学教与学》2020年12月下半月刊，陆雄玲老师撰写的论文《挖掘教材实验的延续性》发表在《茂名教育·教研版》。通过课例研究和课题研究，老师们驾驭课堂的能力不断提高，在教学技能比赛中崭露头角，信宜中学的黎银雯老师承担粤化学深度教研高中教学创新说播课"催化剂对化学反应的影响"获一等奖，信宜中学的陆雄玲老师和蔡富荣老师分别获2019年第二届广东省中小学青年教师教学能力大赛茂名初赛高中组一等奖获和茂名市高中化学教师核心素养教学比赛一等奖。

信宜高中化学课例研究取得一定的成果，结合当前的情况，利用信息技术推进课例研究和用课例研究推动化学实验教学是信宜高中化学教研的后续研究的重点。课例研究是老生常谈的话题，但要常谈常新，创新永远在路上。

参考文献：

[1] 王松，罗敏娜. 课例研究的概念、特征与实施步骤 [M] 北京：人民教育出版社，2011.

[2] 漆涛. "前移后续式教研"与传统教研的有效性比较 [J]. 教育科学论坛，2016（22）：12-14.

[3] 野中郁次郎，竹内弘高. 创造知识的企业：日美企业持续创新的动力 [M]. 李萌，高飞，译. 北京：知识产权出版社，2006.

在改变中构建教师培训新生态

高州市教师发展中心　周敏菲

摘要：教师在职培训越来越受到重视，但是目前在教师培训的实际操作中，有些人在对教师培训内涵的理解上，依然存在很多问题。本文从树立新的培训理念、明确培训目标、重视训前分析、加强培训专家资源开发、创新培训组织管理、重视培训跟踪评价等方面进行论述力求解决以上问题，构建我省教师培训新生态，扭转教师培训原来不受重视反遭诟病的局面。

关键词：改变；教师培训；新生态

随着教育的发展需要，教师在职培训越来越受到重视。特别是2010年开始贯彻落实《国家中长期教育改革和发展规划纲要（2010—2020）》及实施"中小学教师国家级培训计划"后，教师培训受到了自上而下的重视，全国多地呈现出具备自身特色的教师培训生态，在教师培训的道路上，辟出了新径。例如，上海市教师培训关注"两头"（新教师与卓越教师），带动中间形成了新教师（见习教师）、骨干教师、名教师的教师培训体系；浙江省以"以师为本自主选择、体系开放择优竞争、分层分类精准施训"为核心理念，建立了自主选择的教师培训制度。[1]

从"十二五"期间起，广东省开始实施"强师工程"，以加强教师队伍规模、结构、素质协调发展。与此同时，省教育厅相继公布《广东省教育厅关于公布广东省职业院校"双师型"名教师、名校长、培训专家工作室团队成员名单通知》（粤教继办函〔2018〕56号）和《广东省教育厅关于公布省中小学教师培训专家工作室入室学员培养名单的通知》（粤教继办函〔2019〕14号）等文件，旨在打造一支在培训需求调研、方案研制、过程管理、成果应用、宣传推广等方面具有较高水平的培训专家团队，生成一批适应教师培养培训需求指导教师专业发展的优质研修资源，为提升我省中小学教师培训管理者队伍整体水平提供有力支撑。以上举措从行政层面上迈出了我省改革教师培训体系的第一步。而对比上海市及浙江省的成果，我省呈现出职前培训与职后发展的不衔接，省级教师发展中心示范作用发挥需扩大化，市、县级教师专业发展机构功能未完善等问题。在教师培训的实际操作中，有些人在对教师培训的内涵理解上，依然存在很多问题。要解决以上问题，构建我省教师培训新生态，扭转教师培训原来不受重视反遭诟病的局面，应着实思考以下问题：为什么要改变、改变什么、如何改变。

一、为什么要改变

（一）培训理念滞后

目前的教师培训过程中较多地利用现成的思维惯性进行培训事项的运筹，具有线性特点，视线性的思维工具为培训开展的依托点，遵循固有的培训思维路径设计培训方案，容易形成照单全收的固化思维模式，不利于培训工作中创新性思维的形成，造成了培训看似便捷顺畅、可操作，实际模式僵化、效果不佳的局面。这样的理念已经违背了培训的初衷，因此培训的理念需要进行改革，要使培训有助于教师的工作，培训获取所需，培训具有吸引力。

（二）培训内容缺乏针对性

目前教师培训内容存在的问题主要包括：①课程设置陈旧。为减少工作量，同一种类的培训课程一经设定，便长时间使用，缺少层次性和时代性。②课程比例不合理。通识类课程比重高于学科教育教学专业类课程。③专题内容重理论轻实践。因时空的限制，专题内容中的理论学习远超出具体实践。④因人设专题、设内容。有时会因为种种因素，课程设计者会选择熟悉的主讲人，设置主讲人专长的专题及主讲人熟悉的内容，而不是从教师的培训需求出发来选择主讲人、专题和内容。

（三）培训方式陈旧

目前的培训方式局限于单一的讲授式，现场考察缺乏专业的引导和深层次的设计，学员参与度不够高、互动不积极造成培训的实效性不强。灌输式的培训方式依然不能满足教师们的需求。

二、改变什么

（一）培训理念

理念是人类以自己的语言形式来诠释现象时，所归纳或总结的思想、观念、概念与法则。培训理念则是人们关于培训的思想、观念、概念与法则。过去，关于教师培训不正确的观点有：①培训影响工作；②培训浪费时间；③培训学不到想学的；④培训是强迫而非自愿。这样的理念已经违背了培训的初衷，因此培训的理念需要进行改革，要使培训有助工作，培训获取所需，培训具有吸引力。

（二）培训内容

造成教师对培训形成的刻板印象其中一个重要的原因是培训内容的选择问题。国家对教师培训的重视一直未曾停止，过去国家对教师培训课程标准没有具体规定，地方教师培训由地方教育行政部门和教师培训机构进行设计。负责教师培训课程设计的人员从一线教师提拔上来，具有丰富的教学实践经验，但缺乏科学的课程理论知识，又未经过系统的培训。

培训的内容要成为教师所需要的东西，而不是成为想要让教师知道的东西。培训内容应根据项目培训目标的总体设定和具体要求，结合学员的参训需求和相关基础，体现新颖性、实用性特征，注重突出主线并结构合理，以课程设置与专题构成两个层次所呈现出的学习成分。

（三）培训方式

培训作为促进教师专业发展的重要手段，其方式要结合培训内容的特点，适应教学方式和学习方式的变化，体现参与性和实践性。面临教育改革的深化和新技术所带来的社会变革，教师对培训不再是传统意义上的"被动接受"或"照单全收"，而是普遍性呈现出对培训内容和方式变革的强烈要求。

三、如何构建教师培训新生态

（一）新的培训理念

焕发教师培训的生机，需要重塑科学的培训理念，满足需求与引领发展并重。培训的本质是让受训者通过习得知识、技能、理念等，从而促进工作态度、知识技能与观念的改变，以缩小受训者专业差距，满足自我成长需求，实现自我发展。因此，变"要我学"为"我要学"是促进培训提质的根本。

（二）明确培训目标

美国管理大师彼得·德鲁克（Peter Drucker）于1954年在名著《管理实践》中最先提出了目标管理的SMART原则。也就是，设立目标必须遵循S（Specific）明确的、M（Measurable）可测量、A（Achievable）可表达、R（Realistic）现实的、T（Time-tabled）有时间进度的五大原则。

教师培训目标的确立也要从过去的应然向遵循SMART原则的培训目标进行转变，充分发挥目标导向的培训作用，实现以目标为导向，以人为中心，以成果为标准的培训项目管理理想状态。

（三）重视训前需求分析

培训需求分析就是对学习者的学习需求进行识别和分析的过程。从科学概念角度来看，培训需求分析就是在规划与设计培训之前确定一个组织是否需要培训、谁需要培训及需要什么培训的一种活动。[2]培训需求分析的意义在于：①确认差距；②提供可供选择的问题解决方法；③决定培训的价值和成本；④准确识别学习者的培训需求；⑤为建立培训体系提供依据。

培训者应在培训前通过问卷法、访谈法、观察法、经验总结法、测量法、记录报告法、工作样本法、小组讨论法等研究方法对培训对象进行主题项目相关的需求进行研究，得出培训需求分析报告。

教师的获得感才是教师培训重新出发的起点。培训需求分析是确定培训目标、设计培训规划的前提，也是进行培训评估的基础；是实施培训活动的首要环节，也是增加教师培训获得感的必要环节。

（四）加强培训专家资源开发

"专家资源"指的是：根据培训目标、内容与方式的具体需求，结合培训所在地的优势特色，从专业化水准与实际培训效果两个角度考量，并保障大学教授、教科研人员与一线教师的合理结构所组成培训者群体。[3]

目前培训的专家资源存在的问题是：①项目的培训专家结构不合理；②培训师资不稳定；③培训者与培训对象沟通不充分。

要改变现状，加强专家资源开发，有以下策略：①加大本土培训专家的培养力度。如：从中青年骨干教师、中层干部、校长中系统培养一批有理想信念、道德情操、扎实学识、仁爱之心的优秀一线教育工作者成为培训专家。②建立专家信息库。及时了解省内外教育教学新动态，对相关方面的专家信息作详细了解和分析，并建立详细的专家信息库。详细的专家信息库需要包括基本的联系方式、专家基本简历，特别是发表过的论文、作过的报告等。如此一来，根据培训的需要选择专家会让培训内容更加符合教师的需要。③优化项目培训专家配置，如学术型、实践型，专职型、兼职型，本土、外地的专家按一定的比例合理配备。④及时将项目相关信息与培训专家沟通，培训实施过程中，随时会发生事先并未预料的情况，如培训时间、地点等的改变，需要及时与培训专家进行沟通。另外，要特别注意的是，在培训实施过程中，培训需求不是一成不变的，会发生培训需求改变的状况，这时更应该尽最快可能与培训专家进行沟通。⑤建立应急预案，在专家有特殊情况不能到达时，可以通过及时调整课程顺序、增加相关内容，妥善灵活处理。

（五）创新培训组织管理

随着科技的发展，互联网、人工智能等高科技逐渐进入教育行业，对中小学教育的影响越来越大。教师培训也应该将先进的教育理念和信息技术融合到日常的教育管理中，如问卷网在训前需求调研、训后评价上的运用、学员信息收集、学员结构的分析等，从而提高组织管理的便捷性、时效性。

（六）重视培训跟踪评价

培训的评价对培训项目的完善具有很重要的作用，根据以往培训评价出现的问题应该从以下几个方面进行改革：①建立科学的评价标准，引导学员做好自我考评，并作为参训的必修功课加以管理，增加对参训态度、学习成效等定性结果的关注和运用。编制定性与定量相结合，并切实可行的评价标准。②将评价融入过程，注重评价的过程性、主体性要求。③创新成果考评的有效对策和成果应用的保障机制。④积极探索培训考评与学分管理相衔接的操作方式。

培训者对培训有了新的思考，关于培训的思想理念得到更新、知识能力有更大的提升，方法技巧得到融通。作为教师培训者，在未来的教师培训路上，促进本土教师未来专业发展，需从理念、目标、需求分析、课程设置、专家选择、组织管理、跟踪评价每一个要素进行改变，把功夫做细做足，使培训者和受众都有所发展，才能由内而外焕发出教师培训的活力，构建出教师培训的新生态。

参考文献：

［1］许占权，张妙玲. 教师培训理论与实务［M］. 武汉：武汉大学出版社，2019：57－73.

［2］赵德成，梁永正. 培训需求分析：内涵、模式与推进［J］. 教师教育研究，2010（6）.

［3］张晓明. 培训项目创新设计的事理与实例［R］. 岭南师范学院2019年中小学校长培训者专题研修，2019.

以课题为抓手，实现教师专业成长

——基于高中学生历史实践活动的思考

茂名市田家炳中学　蔡　洁

摘要：青年教师参与集体课题研究，探索多样化适应教改的实操路径，有利于高中历史学科核心素养的落实；通过构建多层次学习共同体促使教师主动学习，有效提升教师综合素养；通过及时教学实践反思，迭代更新研究成果促进教师强化科研思维。

关键词：课题研究；学生历史实践活动；教师专业成长

说到课题研究，这是广大一线教师又爱又恨的话题。但不可否认的是，课题研究的确会给波澜不惊的教师生涯带来惊喜，虽有阵痛和挫折，但是对助推教师的专业成长有着巨大的作用。2017—2019年，我参与了广东省教育科学"十三五"规划项目"后现代历史学影响下的历史教学应对策略（项目批号：2017YQJK236）"。当时作为青年教师，能参与一个省级课题相当不容易。接下来的两年时间里，在各级领导的指导下，课题组认真工作，终于在2019年11月完成了课题研究，并顺利结题。这次课题参与对我收获很大，我也成功申请到了自己的课题项目。下面仅以省级课题中师生进行学生历史实践活动为例分享一些助推教师专业成长发展的策略。

一、通过课题研究与一线教学内容和生活实际密切联系，探索多样化适应教改的实操路径，有利于高中历史学科核心素养的落实

本课题的理论性较强，如何向师生解释什么是"后现代历史学"基本理论，从而将其与学生熟悉的认知结合起来，让师生理解并实操，这是课题组成员亟待解决的问题。经过讨论，我们从学生熟悉的人物切入，以兴趣为支点，制定了两个学生实践活动："我最喜欢的历史人物形象变迁调

查"和"我为亲人写传记"。前者针对后现代历史学注重史料的主观性,调查分析历史事件与人物形象受历史视角选择、语言构建与传播理解、历史想象、时代需要等因素影响而发生的变化。后者为适应后现代历史学影响下历史解释和书写权的下移以及口述史学、社会生活史兴起的趋势,为亲人写个人传记。为了让学生参与度更高,我们以一个人人皆知的民间传说《白蛇传》来作为热身讨论,首先我们分别向学生展示了最早版本《西湖三塔记》、明代作家冯梦龙的《白娘子永镇雷峰塔》和20世纪90年代台剧《新白娘子传奇》,让学生讨论思考主要人物形象的变化以及变化原因。学生的热情迅速被调动起来,经过热烈的讨论,师生共同总结其中主要人物形象经历了颠覆性变化:女主角白蛇由最初的吃人的恐怖蛇妖,逐渐加入了善良、贤惠等诸多人性色彩,固定为最后的"蛇仙""义妖"形象;男主角许宣(又名许仙)则从受害者慢慢演变为痴情郎;老对手法海,刚开始作为一个得道高僧的正义形象出现,慢慢被人塑造成假慈悲、公报私仇的拆散者;整个故事主旨由说教警告演变为歌颂赞美。我们发现随着时空的流转和述事者立场的改变,人物形象和故事主旨被精心塑造,以契合不同时代与社会的需求。接着,向学生引入了实践活动中几个指导原则:多元化、符合社会需求,强调每个人的解释都是有意义的。学生就很容易理解并操作了。

二、通过构建多层次学习共同体,促使教师主动学习,有效提升教师综合素养

(一) 对教师自身而言,在课堂控制和活动设计指导、本学科和跨学科知识和技能融合、创新应用、信息技术辅助等各方面都有一定要求,因此需要教师主动去学习提升

在省课题研究中,首先在课题主持人的带领下,我们阅读了大量理论著作。在历史学方面,课题组成员阅读了大量后现代主义和后现代历史学的理论著作,如山东大学出版社出版的人文前沿丛书、北京师范大学出版社出版的后现代历史哲学译丛系列丛书,并扩展阅读了与之相关联的学科知识,如诠释学、公众史学等,为课题研究下进行学生历史实践活动打下了历史学的理论基础。最后,阅读了大量后现代历史学与高中历史教学内容有关的具体研究成果,如《怀柔远人》《历史三调:作为事件、经历和神话的义和团》等,为将后现代历史学的研究成果运用到具体历史教学中奠

定基础。在教育学方面，课题组成员阅读了大量教育理论著作，如《后现代课程观》《生命化教育》《参与式教学》《教育解释学》《核心素养导向的课堂教学》《教育解释学》等，为课题研究适应教育改革趋势，采用先进教育理念和教育方法进行教学实践和研究奠定基础。在课题研究方面，课题组成员阅读了相关指导书籍，如《教师怎样做课题》等，提高课题研究能力。

其次，在具体的学生活动指导中，我们将整体化的必备知识结构与课题研究目标结合起来，精心设计活动流程，调动和发挥了学生历史学习的积极性、主动性和创造性，以问题为引领进行深入探究，营造平等、开放、自由的学习氛围，并注重设置学生实践活动评价体系，突出表现性评价，尽可能保证最终评价能科学呈现学生的历史学科核心素养发展水平。除此之外，及时反馈评价，以促进学生改善进步。

（二）不同层次间的课题组成员协调配合，优势互补，互促互学，构成一个多层次的学习共同体

由于不同的教师在专业水平、知识结构、思维方式、认知能力等方面存在着差异，因此在课题研究中难免会产生一些迷惑和分歧，在每次课题研讨会上，大家发言都很积极，说出自己的困惑，摆明自己的想法，对问题进行多角度的深入思考，交流读书心得，形成真正意义上的思维的碰撞、思想的交锋，推动课题研究一步步地走向纵深。

三、通过及时教学实践反思，迭代更新研究成果促进教师强化科研思维

强化行动后的反思，主要是为了提高教师对教学行为的洞察力，形成多角度、系统化与创新性解决问题的思维习惯，将实践精炼为理论，从而推动教师对教学实践理性思考，以作改进。

以"我最感兴趣的历史人物形象变迁调查"学生实践活动为例，本活动配合了课题研究子方向——后现代历史学对历史诠释、历史塑造的影响与历史教学的关系的研究，致力于培养学生的历史解释能力。在活动完成后，我做了以下活动反思：本次活动共收到57份文本稿，以调查问卷的形式开展。其设计是依据《普通高中历史课程标准（征求意见稿）》中要求学生达到的历史解释学业水平四层次来实现的，其中"学业质量水平一"的具体表述为：能够有条理地讲述历史上的事情，概述历史发展的基本进程；能够说出重要历史事件的经过及结果、重要历史人物的事略、重要历史现

象的基本状况。相应地调查问卷的第一部分设计为"你最感兴趣的历史人物",并概括出历史人物生活的时代特征,说明历史人物的基本信息、重要事略和基本主张。在第一部分中,学生的选择涵盖古今中外各类历史人物,以人物是否真实存在来分,真实人物56份,虚拟人物1份;以中外人物来分,中国历史人物54份,外国历史人物3份;从历史人物从事领域来分,政治人物52份,文化人物5份。其中,选择次数最多的前三名历史人物依次为:曹操、周瑜、诸葛亮。

《普通高中历史课程标准(征求意见稿)》中"学业质量水平二"规定为:能够分析有关的历史结论;能够区分历史叙述中的史实与解释;能够在叙述历史时把握历史发展的各种联系,如古今联系、中外联系等,并将历史知识与其他相关学科如地理、语文、艺术等知识加以联系;能够选择、组织和运用相关材料并运用相关历史术语,对具体史事做出解释;能够尝试从历史的角度解释现实问题。相应地调查问卷的第二部分设计为:就你最感兴趣的历史人物文学形象/影视形象与历史真实形象进行区别比较。学生对人物形象认知主要来源于文学名著如《三国演义》《西游记》等和当红影视剧如《甄嬛传》《芈月传》《武则天传奇》等,也能对当中的人物形象作大致的描述。绝大部分学生都能区别历史真实人物、历史塑造人物与历史想象人物。

《普通高中历史课程标准(征求意见稿)》中"学业质量水平三"规定为:能够分辨不同的历史解释,尝试从来源、性质和目的等多方面说明导致不同解释的原因并加以评析;能够选择、组织和运用相关材料并运用相关历史术语,在正确的史观和方法指导下,对系列时事做出解释。相应地调查问卷的第三部分设计为"造成差异的原因调查"。在第三部分里,学生的认知来源主要来自历史课本、科普史籍、历史正剧。在对人物形象产生差异深层次原因上,学生的思考方向主要集中在时代背景差异、统治者政治需求、现实需求、当今影视剧收视率的需求等方面。

《普通高中历史课程标准(征求意见稿)》中"学业质量水平四"规定为:能够在独立探究历史问题时,在尽可能占有史料的基础上,尝试验证以往的假说或提出新的解释;能够在正确的史观和方法指导下,全面、客观地论述历史和现实问题。相应地调查问卷的第四部分设计为"产生的社会影响"。在此学生能看到历史真实人物、历史塑造人物和历史想象人物之间的差别,由此带来对人物评价的片面性,思维定式,误导民众所导致的不良社会风气等。在最后两个问题上,我觉得学生的研究并不深入,于是组织研究统一历史人物的学生形成小组,以研究曹操为例,推荐陈寿的

《三国志》传阅，以及查找后世朱熹、明清统治者对三国人物的评价，目的是在进行历史人物评判时增加信息的论证，并强调一定要把人物放在当时的历史大环境中。通过教师引导，学生逐渐明白：作为蜀人的陈寿出于对故国的特殊感情，扬蜀抑魏；朱熹则因为南宋偏安，以尊刘贬曹来借古喻今；大一统的统治者们占领道德制高点，尊刘贬曹抑孙，依托通俗历史来实施忠孝仁义的教化。之后学生提交的二次成果就较为完善和深刻了。

总之，课题成果并非课题研究的终点，教师作为课题的参与者、规划者、实施者，应做到精密设计，及时反思，在有条件的前提下迭代升级研究成果，才能有利于将教研思维转化为科研思维，与教学实践更好地结合起来。

中小学教师培训的问题分析与对策研究

茂名市教师发展中心　谢国宁

摘要：随着我国社会经济的发展，教育在社会经济发展中已经摆在优先发展的战略地位。党的十九大提出："优先发展教育事业。"这说明我现阶段教育事业得到了国家的高度重视，教师作为教育工作的引导者，其自身的发展也应该得到更高的重视。然而，我国地域广阔，经济、教育发展不平衡，在地处经济欠发达地区的茂名市直属学校，作为教师发展重要手段的教师培训工作，在开展的过程中遇到了得不到上级部门重视、培训经费未按要求落实、培训机构设置不完善等问题。本文就遇到的问题进行简要分析，并提出本人的一些建议。

关键词：中小学教师培训；问题分析；解决对策

随着我国社会经济的发展，教育在社会经济发展中已经摆在优先发展的战略地位。党的十九大提出："建设教育强国是中华民族伟大复兴的基础工程，必须把教育事业放在优先位置，加快教育现代化，办好人民满意的教育。"[1]在教育工作得到越来越重视的同时，中小学教师培训工作也受到了更多的重视和关注。然而，在我市直属学校组织的教师培训过程中，出现了一些问题，制约着教师继续教育发展，现就茂名市直属学校教师培训现状和问题进行简单的分析并提出个人的一些建议，希望能助力茂名市教师的继续教育更快更好地发展。

一、茂名市中小学教师培训现状

针对世界各地的教师进行调查，TALIS（教师教学国际调查）数据显示，70%以上的受访教师对专业发展活动有不同程度的需求，且需求的活动主题在"个别化学习方法""学科教学技能""信息技术教学技能"等存在着很大的地区差异。[2]而各地区的经济、文化水平也不同程度地影响着当地的教师培训工作的深入程度及培训方向。茂名市是人口大市,也是教育大市,但相对落后的经济困扰着教育的发展。

(一) 教育现代化要求下的教师培训

国家教育事业发展"十三五"规划提出:落实中小学教师校长五年一周期不少于360学时的全员培训制度,实施新一周期教师校长全员培训。建立培训学分与教师管理结合机制,构建教师校长培训学分银行,加强教师校长网络研修社区建设。加强县级教师培训机构能力建设,整合高等学校、县级教师发展中心和中小学校优质资源,建立中小学教师校长专业发展支持服务体系[3]。然而,在茂名地区,原来作为教师培训重要组织的各级教师进修学校,因长期得不到各级部门的重视,根本没有承担起教师培训的职责。教师培训工作,得不到专业培训机构的引领和指导,不但提升不了教师的专业水平,反而会削弱教师自我成长的积极性,严重影响教育教学质量的提高。

国家已经加快构建终身教育制度,制定资历框架,拟建立个人学习账号和学分累计制度,这些措施体现了国家对教师职业教育制度建立的重视。现在个别地区已经在探索在职教育全面实行学分制,实行弹性学制和学习者自主选课,允许学习者通过课堂学习、在线学习、自学等方式获得学分,建立健全职业教育与普通教育、学历教育与非学历教育、职前教育与职后教育沟通衔接的机制,制定不同人群接受教育的资助制度,使所有公民都有机会通过直接升学、先就业再升学、边就业边学习等多种方式不断发展。[4]茂名市教育局也于2014年年底成立了市级的教师继续教育中心,负责开展市级教师培训工作,指导县区教师培训机构开展县区一级的教师培训业务。

建设教育强省,推进教育现代化建设,迫切需要一支高素质专业化的教师队伍。广东省教育正处于"争先进,当标兵,建高地"推进教育现代化的关键时期,教育从注重规模扩大的外延式发展向注重提高质量的内涵式发展的转变,迫切需要高素质专业化的教师队伍作保障。教师是推进教育综合改革的参与者和实施者,只有全面提升教师素质和专业发展水平,才能承担起教育综合改革的重担,确保教育改革发展的顺利进行。茂名市的教育在"创强"之后,硬件设施都得到了较大程度的改善,作为教育内涵提升的教师培训工作,也有希望在"创现"阶段更加得到的重视。能够适应新时期教育发展需求的教师,不能单纯依靠知识领先来作为拿手的项目。

除了教师专业水平的条件之外,更需要成为课程设计专家和教学实施专家。现在的有些教师缺乏研究能力,不与学生同步学习,这造成了教师知识能力发展的高耗低效问题。教育现代化希望一个教师不但可以主导一门课程,还可以开设若干讲座课程和校本课程,为学生进行研究性学习和课外专长发展提供导师服务,这样的一个教师才是未来适应现代教育发展需要的新型教师。因此,培训适应现代化教育发展需求的教师也就成为各级各类教育行政部门和教师培训机构的目标。

(二) 经济发达地区的教师培训现状

在我省经济较为发达的珠三角地区,教师培训工作已经系统化开展,教师个人基本上能够根据个人需要进行"菜单式"选择在合理的时间内培训,合理分配好工作与学习的时间。教育行政部门、教师培训机构正着力在培训内容上加强课件能力开发、媒体素材编辑制作能力等方面的培训,设计更加多样化的培训形式,逐步建立健全完善、科学、系统的培训评价机制。

(三) 经济欠发达地区的教师培训现状

茂名市地处粤西,属于广东省的经济欠发达地区。作为广东省的教育大市,常住人口700多万人,其中中小学在校生近100万人,中小学在职在编教师近7万人,教师队伍素质参差不齐,区域性发展不平衡的问题较为突出。自2012年年底省实施"强师工程"方案以来,教师的培训力度不断加强,省财政每年安排1.8亿元资金对老师进行培训,其中安排到茂名市的培训资金每年都有1500万元左右,在市本级使用的资金每年也有500多万元。随着近年来教育"创强""创现"工作的推进,从政府相关部门、学校和教师对教师培训工作都有了新的认识,打造学习型的师资队伍的意识正在逐步形成。然而,在我市的部分地区,由于教师欠编,教师日常教育教学任务繁重,特别是经济较为落后的山区农村地区,很多教师都是忙于应对日常的教育教学工作,对于教师培训、学习提升等,只能是应付了事,教师培训工作得不到实质性的落实。茂名市直属学校的区域内,现有在职在编中小学教师近5000人,然而每次安排部分学科骨干教师进行3～5天的面授培训,也经常出现学校的工作无法调整、无法参训或者培训期间需要请假处理学校工作的现象,使得培训效果大打折扣。

二、茂名市中小学教师培训工作中存在的问题

(一) 对教师培训工作的重视程度不够

个别政府部门和部分地区的教育行政部门对中小学教师培训工作的重要性没有足够认识,没有按照上级部分的要求成立专门的教师培训组织领导机构,未能统一组织协调中小学校和培训机构的教师培训工作。某些中小学校校长担心教师参加培训会影响学校的正常教学秩序和教学质量,给教师参加培训设置障碍,限制教师自主选择培训项目及培训地点。

有些教师还是认为教师专业培训是"听听讲座、交足钞票、拿拿学分、会会朋友"。有些教师是为了评职称而不得不参加培训,有些教师在培训项目选择上首先考虑的不是自己的专业发展需要,而是培训地点是否有风景区、自己有没有去过等。这些教师缺乏学习的主动性和自觉性,只是被动地应付,难以取得良好的培训效果。

(二) 培训经费得不到保障

教师培训工作是一项全局性、战略性的系统工程,是保证教师队伍蓬勃向上、不断进取的最佳方式,一所学校、一个地区的教育水平的提高,离不开一流的师资队伍。任何学校、地方政府都应该坚持以科学的理念办学,教师培训机构构建教师队伍可持续发展的培训模式,政府相关部门加大对教师培训的支持力度,落实教师培训经费,配套相应的教师培训资金,才能保障教师培训工作有序健康发展。

按照《广东省专业技术人员继续教育条例》的规定,地方财政部门、学校要从职工教育经费中列支不低于本单位专业技术人员工资总额的1.5%的费用作为继续教育经费。广东省财政虽然自2012年起,每年都安排有1500多万元"强师工程"地方奖补资金对我市教师进行培训,但相对于有近7万中小学教师的教育大市,这些资金还是杯水车薪,远未能满足现阶段的教师培训需求。地方政府部门没有认识到教师培训工作的重要性,也是教师培训工作得不到快又好发展的因素之一。个别地区、学校教师培训资金不能完全到位,甚至把教师培训的费用转嫁到广大教师身上,教师培训的差旅费、相关培训费得不到全额报销,严重影响了教师参加培训的积极性。对于学校来说,经费欠缺也是造成校长不愿意教师外出培训的一个重要原因之一。

（三）培训机构的设置及培训师资的培养

按原来的机构编制设置，教师培训工作主要由相关的人事部门来负责。然而现在的教师培训工作涉及人事、教科研和电教等职能，教育行政部门如何整合这些职能部门的职能和资源，实现区域内教科研训一体化，实现管理统一、资源共享、信息贯通、人财物集中使用，更好地为教师专业发展服务，也是教育行政部门必须思考的一个问题。现在的社会培训机构，在教师培训中以营利为主要目的，培训工作"偷工减料"，对培训中存在的问题"睁一只眼闭一只眼"，甚至迎合某些教师的需要，减少培训时间，只要交钱就给学分的现象时有存在。

随着教师培训力度的加强，培训师队伍的建设问题日益突出。本地培训师的培养，不是一时半刻能够完成的工作，能够胜任培训工作的培训师，至少要经过二三十年的教学实践工作磨炼，把自己的教学经验不断总结、提升，才能从教师成长成为培训师。地处粤西偏远地区的茂名，没有自己教育专业类的高等院校，从外地聘请培训师资是提高培训质量的便捷方法，但从外地专家请进来所花费的时间成本高昂，增加了聘请外地优质的培训师队伍到本地来培训的难度。

（四）欠缺完善的培训质量评价与效果跟踪体系

教育不可以一蹴而就，它是一个漫长的浸润过程，教师的培训也一样。现阶段实施的教师培训工作中，很多培训考核都是对当场培训内容的测评，没有系统地对于培训后续效应的追踪，未建立起系统的培训质量评价与效果跟踪体系，对于培训的效果未能有效地反映出来。

三、解决茂名市中小学教师培训过程中问题的建议

教育者必须先受教育，不但要学专业知识、科学文化知识，还要学育人知识、实践知识，以不断丰富和提高教师的教书育人的水平。教师是学生增长知识和思想进步的导师，其一言一行都会对学生产生影响，一定要在思想上、道德品质上、学习学风上，全面以身作则，自觉率先垂范，这样才能真正地为人师表。促进教师的专业发展，需要以一定的科学理论为基础，其主要的落脚点也是在教师的身上。教师专业发展理论、终身教育理论、建构主义学习理论、成人教育理论等为中小学教师培训奠定了深厚的理论基础。

(一)培训资金和时间合理安排

专业化的教师培训,在茂名市还是个新生事物,培训资金的管理和使用,也只能是遵循既有的财务制度和管理办法,依法依规使用。在我市直属学校的"强师工程"地方奖补资金的使用过程中,教育行政部门会同财政部门共同编制了资金的使用计划,报经市政府审核后开展培训。但在实施培训方案之后的资金拨付过程中,经常会出现对于资金使用范畴的异议,造成部分项目完成培训后较长时间未能按方案履约支付。建议相关部门在审阅当年的资金使用计划过程中,就对相关的培训项目设置提出可行的意见,以保障项目按预设的方案如期进行。

教师的教学工作有着严格的时间性,教师培训既要考虑培训效果的最大化,也要兼顾到日常教学工作的时间性要求。不用到学校观摩课堂的教师培训,应当集中在学校学生完成学习任务的时候,比如,寒暑假时间,学校和学生也处在休息调整时期,我们的教师可以利用这个时间段进行知识的整合和学习。需要观摩课堂或学校建设的培训,只能安排在学校正常教学的档期,这就需要教育行政部门、学校在教师安排、工作布置上充分考虑教师培训工作,科学合理地配置学校的师资队伍,能让教师在繁重的工作期间也能如期参加培训。

(二)建立健全各级教师培训机构

以市、区、校为单位,建立三级专业发展网络:市——积极创造条件建设都是培训学院或基地,建设市级的都是培训机构;区——针对区内的都是专业发展予以支持与指导,实现标准化的建设;校——建设教师专业发展学校,为市和区的培训提供基地或基础。[5]在茂名市教师专业发展网络的建设上,直属学校已经迈出了可喜的一步,于2014年年底成立了教师继续教育中心,负责本地区的教师的培训工作。但这与教育现代化的教师专业发展要求还相去甚远,各区、学校还没有配套相应的教师培训机构。

在接下来的茂名市教师继续教育机构建设过程当中,各区应该整合教师进修学校、教科研和电教等部门的职能,合理安排人员编制,建立健全各级教师发展中心,以适应素质教育和教育现代化发展的要求。各级教师发展中心要以全面提高教师队伍专业化水平和基础教育质量为目标,以服务教育教学改革和教师专业发展为主题,遵循教师专业化发展水平和教师的成长规律,坚持改革创新,优化资源配置,建立融合发展、协同创新的机构,努力构建新型现代化教师培训机制。

（三）创新探索多样化的培训形式

创新教师培训的形式，在面授、网络培训的基础上，依托门户网站，建立与教育行政部门门户网站相链接的中小学教师培训网络管理平台，遴选有资质条件、合适培训项目及具体内容的培训机构在网络管理平台上设置课程，对中小学教师提供"菜单式"培训，由教师和学校在合适的时间内选择适合自己的培训项目。要创建一个完善的培训制度，省级教育部门要给地方教育部门一些指令性项目培训权限，市、县教育行政统筹规划组织区域内中小学教师培训，制定中小学教师培训规划和相关配套政策，建立培训质量监控机制，监督培训机构、培训老师的培训工作与培训内容，以保证培训质量。

实例：为贯彻落实教育部中小学教师信息技术应用能力提升工程工作（以下简称"提升工程"），茂名市在2015年年初制订了"提升工程"的培训方案，按照分类、分层、分学段的原则利用"网络研修+面授校本研修"方式开展培训，"网络研修"主要依托符合方案要求的网站，在全面提升教师应用信息技术优化课堂教学、转变学生学习方式、实现专业自主发展的能力等方面提供理论学习的平台，全面开展教师的全员培训，让教师先通过网络学习相关的理论知识。在完成网络研修后，学校根据本校信息技术应用的条件和优势，选定信息技术与学科教学融合的一个或多个研究主题（如微课的教学应用、电子白板的使用、PPT的开发与应用等），组织各学科组开展教学研讨和课例研磨，形成自己学校特色的校本研修成果。培训机构通过以点带面的形式，先培训部分学科骨干教师，再由骨干教师回到学校对相关学科教师进行示范及指导，引领各个学科开展校本研修活动。在校本研修活动结束后，骨干教师提交示范课的课例资源包（含教学设计、助学微课、教学课件、课堂实录和教学反思）。

该项目开展两年多以来，直属学校95%的教师已经完成了网络培训和自己本校的校本研修，教师通过网络研修学习到了"提升工程"的相关理论知识，又在"校本研修"的过程中结合所学的理论，提升自己课堂教学与信息技术融合的能力，初步建立了学校、区县一级的信息技术与学科教学融合的学科研修资源库及教师个人研修的资源包。

（四）根据不同教师群体实施有针对性的精准培训

目前，教师培训课程存在无统一标准，课程结构设计不合理、缺乏系统性和衔接性，由于训前需求分析不到位，培训主题和目标的设置存在不聚焦、比较空泛的现象，课程内容与实际需求有距离，缺乏针对性，优质课程资源不足等问题。[6]

茂名市教师数量多，区域发展不平衡，城区与山区教师水平差距较大。在教师培训的项目、课程设置上，应该更加注重受训教师专业发展的实际需要，帮助受训教师解决专业发展中的问题。培训机构和培训者要深入分析教师的知识需求和兴趣，时刻掌握中小学教育发展的信息，不断更新培训内容，与时俱进。在培训中，要尊重教师的主体地位，在培训内容、培训时间、培训地点等方面充分听取他们的意见和建议。要改变培训者一人主讲、受训者被动听讲的形式，加强培训者与受训教师之间交流与沟通，提倡"参与式""互动式"培训。

根据教育部《关于中小学开展书法教育的意见》（教基二〔2011〕4号）和《国家中长期教育改革和发展规划纲要（2010—2020年）》等文件精神，为弘扬中华优秀传统文化，提高茂名市中小学书法课教师素质和教学能力，茂名市教师继续教育中心举办了书法课程骨干教师培训班。该班遴选了茂名市书法教师中有一定书法基础的教师作为学员，邀请书法界有一定影响力的专家为授课教师，采取集中面授、专家点评、交流研讨、作品展示等方式开展培训。培训周期为一年。在这一年当中，每月集中培训1至2次，每期2天，让学员在集中培训期间接受理论学习，又利用日常时间进行练习，并将练习作品在下期集中培训时给授课教师进行点评。

通过为期一年的培训，提升了学员书法教学的专业理论水平，也促使学员成为茂名市学校书法教育中坚力量，在茂名市的校园内掀起了一轮书法练习的热潮。创建了一批茂名市书法特色学校、广东省规范汉字书写特色学校，部分学员还成功申报立项了省级书法教学研究课题，充分体现了精准的培训项目、课程设计的效果。

（五）建立健全培训质量考评机制来跟踪及应用培训效果

对培训机构要进行培训、检查、考核和监督。首先，培训机构管理者的素质是做好教师培训工作的关键。教育行政部门应该加强对培训机构的监管。要加强对培训者的培训，组织开展管理者的管理培训、培训者培训的一系列培训班，以提高培训机构的管理人员素质和培训者的教学水平。对师资紧缺的培训机构要依靠省、市的教师资源库进行补充。其次，教育行政部门要制定相应的质量监督和考核制度，针对不同部门进行专项检查和监督。开展教师培训工作的督导考核，有利于推进各地好的经验做法，也可以及时发现一些存在的问题，更重要的是加强培训质量的监督检查，以达到我们做好教师培训的目标要求。

四、结语

当今社会的各个领域都在快速发展，致使知识过时速度也非常快。终身学习正成为每个人生命中的重要组成部分，其理念已逐渐为大众所接受。终身学习着眼于终身发展的需要，培养社会成员自身不断学习，灵活运用适当的学习方法不断接受新信息。中小学教师的角色、职能、素质在从单一走向多元，重新学习、以终身教育思想为指导，构建持续性、高质量、长效益的新型培训模式是时代的需求。[7]茂名市正在推进创建广东省教育现代化先进市，发展教师，让教师在培训中提升自我是各级教育行政机构、培训机构和学校的重要使命。

参考文献：

[1] 朱国仁. 建设教育强国：中华民族伟大复兴的基础工程［EB/OL］. 2017 - 12 - 01，http://theory.people.com.cn/n1/2017/1201/c40531 - 29680214.html.

[2] 陈纯槿. 国际视域下的教师专业发展及其影响因素［J］. 中小学教育，2017（9）：86 - 93.

[3] 国务院关于印发国家教育事业发展"十三五"规划的通知［EB/OL］. 2017 - 10 - 29，http://www.gov.cn/gongbao/content/2017/content_5168473.htm.

[4] 国务院关于印发国家教育事业发展"十三五"规划的通知［EB/OL］. 2017 - 10 - 29，http://www.gov.cn/gongbao/content/2017/content_5168473.htm.

[5] 田穗. 教育现代化进程中我国教师培训体系创新［J］. 继续教育研究，2017（7）.

[6] 钟祖荣. 中小学教师培训课程标准研制的意义和思路［J］. 北京教育：普教版，2016（2）.

[7] 吴伦敦，葛吉雪. 中小学教师主题式培训模式：内涵与结构［J］. 教师教育论坛，2016（1）：85.

用课题作为导向、体育班作为载体、体育高考为目的，推动高中体育备课组健康成长

茂名市田家炳中学　吴冬冬

一、背景与问题

其一，高中体育教师普遍存在的问题有：由于没有升学的压力，高中体育教师懒散的作风普遍存在；缺少联动的教研机制，科组、备课组活动缺乏规范指引，高中体育教师的教研能力普遍低下；由于科目本身不被重视，很多体育教师将评到"高级"视为终极目标，然后进入"退休"状态，对体育科目的发展极其不利。

其二，我校是茂名市直属学校，三大高中之一，属于"二类学校"，生源较差。因为市直属高中每年大约招5000人，先由茂名市第一中学择优录取约2000人，剩下的由我校与另一间同类的兄弟学校随机抽签决定。从2003年起，本校由原来茂名石化一中（优秀生源与市一中平分）改制，并更名为茂名市田家炳中学。沦为"二类学校"。作为体育老师及高三体育生教练员，一直看着我校体育生高考成绩由辉煌走向低谷，我不断地思考如何提高本校体育生的升学率问题。

二、解决问题的主要方法和措施

（1）以课题为导向，抓住契机。针对体育生升学率不高的问题，我一方面与学校领导积极地沟通，另一方面对多年从事体育训练的知识框架进行重新梳理，在2016年申报市级课题"对如何提高高中体育生高考上线率的研究"，获得了批准立项。

我通过"广东省级骨干教师培养对象"项目的学习,对课题的组织实施方面的能力有了很大的提高,很快就把开题报告会等工作顺利完成。但是在课题研究的过程中我意识到成员分工的重要性,于是通过与本备课组的老师进行沟通后,借此契机逐步引导他们进入课题组的行列,提高备课组的科研能力。

（2）备课组成立以体育班为实践载体，以我（体育班班主任）为核心的专项研究组，引领体育备课组进行专项性的研究。我通过与学校领导积极地沟通，2019年学校终于决定成立茂名市田家炳中学有史以来第1个体育班，并让我担任班主任。由于备课组成员在前期进行了课题研究，个人的教研能力与教研意识有了不同程度的提高，体育班这个实践载体就是一个很好的验证过程，也为我带领备课组进行专项性研究提供了很好的平台。

（3）我通过"广东省级骨干培养对象"的培养、"茂名市首个体育名教师工作室"成员身份的锻炼，以备课组活动的形式，理论结合实践，进一步升华研究成果，达到提高体育高考成绩的目的，起到引领示范的作用。

三、成效表现

（一）示范引领作用

我所主持的市级课题"对如何提高高中体育生高考上线率的研究"通过课题组成员（主要是备课组的成员）的分工协作，历时两年多，针对前期研究取得的成果，课题组也在不断地对资料收集整理，对结论性的成果各成员也在积极撰写论文，将课题研究时获得的经验、心得体会以书面形式加以提升；对于教育教学上的成果，也在通过图片、课堂实录、说课的形式记录教学过程，以"讲座""训练示范课"的形式加以展示推广。课题终于在 2018 年 12 月顺利结题，并获得结题证书。由于本课题研究成效明显，并且非常符合当前茂名地区高中体育生高考形势，具有时代意义和现实价值，得到了市的体育教研员陈兴进老师的关注及后续工作的支持。

在茂名市 2020 年体育高考备考研讨会中，我主动承担展示课。所上的体育术科高考备考训练示范课——"100 米跑的步幅训练课"得到了与会的所有的领导和同行的高度肯定，训练手段在学校间传播试用，反映效果良好，取得了阶段性成果。

茂名市2020年体育高考备考研讨会暨黄河清名师工作室教研活动会议议程表

日期	序号	时间	内容	地点	形式	负责人	单位	备注
11月13日	1	8:00-8:30	报到、签到	化州市第二中学	报到	陈治平	化州市第二中学	
	2	8:40-9:20	观摩课		展示课	刘冠达	化州市第二中学	
	3	9:25-10:05	观摩课		展示课	吴冬冬	茂名市田家炳中学	
	4	10:15-10:20	欢迎辞			黄岐	化州市第二中学校长	
	5	10:20-10:25	领导讲话			严旭	化州市教育局副局长	
	6	10:25-10:55	化州市第二中学介绍备考经验		经验分享	陈治平	化州市第二中学	
	7	10:55-11:15			研讨	陈伟桃	茂名市第四中学	
					研讨	张海勇	信宜中学	
					研讨	杨武	高州市第二中学	
					研讨	梁磊	高州市石鼓中学	
					研讨	刘永胜	电白区实验中学	
					研讨	刘冠海	化州市官桥中学	
	8	11:15-11:30	阶段性工作总结及下一阶段备考设想,各校参会代表做好发言准备,每人限时5分钟		研讨	黄河清	茂名市第四中学	
	9	11:30-12:00	下一阶段的备考建议		研讨	陈兴进	茂名市教育局	

(二) 促进学生的发展

体育班的建立,备课组团队发挥着智囊团的作用,使我的班主任工作更加得心应手,引导和督促原本具有性格懒散特点的体育生以德育为抓手,充分激发体育生内在的集体荣誉感。慢慢引导体育生的行为规范,通过高中的体育班学习生活培养文化课学习的独立性、自主性,尽量满足学生的兴趣与需要,使得学习变得主动了,学习质量也提高了。从2020、2021年高考成绩看,体育生上线人数在学校高考成绩中所贡献的力度在逐年加强。其中冯飞龙同学、易铭添同学分别被湖北大学、广州中医药大学(学科双一流大学)录取,并获得田家炳基金会颁发的"田家炳中学优秀毕业生奖学金5000元(最高级别)";也是我们学校体育生有史以来最好的成绩。

（三）促进了教师的成长

课题的研究过程，增强了教师对资源利用与开发意识，增长了教师对资源利用与开发的理论知识，提高了教师的科研素质和对资源利用与开发的能力，教师采用了多种整合的策略把体育生高考资源应用于术科训练和文化科课堂教学中。教师论文、设计及课例多次获国家级、省级、市级、局直属的奖项。2015年，吴冬冬老师的市级课题邀请邵泽华老师成为课题组成员，经过三年的探讨与研究，于2018年顺利结题，并获颁结题证书；2016年，吴冬冬老师指导刘亚国老师完成的论文《在高中排球教学中运用成功体育模式的实验研究》获得市直属优秀教学论文一等奖；2017年，吴冬冬老师负责拍摄并指导刘亚国老师完成的微课"篮球急停跳投"获得茂名市微课大赛一等奖；并于同年指导刘亚国老师参加市直属学校学科青年教师基本功大赛荣获一等奖。2018年，学校安排吴冬冬老师与杨斌忠老师担任校田径队的教练，获得近年来的最好成绩，而杨斌忠老师也获得市直属优秀教练员的称号；2019年，指导杨斌忠老师参加学校、市直属青年教师教学能力比赛荣获一等奖。同年，指导吴彦老师参加市直属青年教师教学能力比赛荣获三等奖。2020年，指导吴彦老师参加广东省"文明其精神，野蛮其体魄"主题案例征集活动，荣获广东省二等奖。同年，指导邵泽华老师论文《浅谈篮球运动对高中素质教育的影响》荣获市直属二等奖。吴冬冬老师的论文《基于教育现代化背景下大数据对高中体育课多元教学影响的探究》是首位入选核心刊物《南方教育评论》的体育教师；吴冬冬老师被聘为茂名市首个体育名教师工作室的成员，并荣获广东省级骨干教师培养对象"优秀学员"的称号。

（四）备课组健康成长，体育班成绩显著

（1）从2019年成立体育班到现在，每届的体育班都能成为年级的标杆，从每学年的文明班数据统计可以看出，所获得的"文明班"称号的数量都是名列前茅。

（2）体育班获得的荣誉如下：

学校首届"十大优秀班主任标兵"（吴冬冬）	2021年5月
"我最喜爱的老师"金奖（吴冬冬）	2020年9月
学校优秀班主任（吴冬冬）	2020年5月/7月 2021年1月
班主任能力大赛二等奖（吴冬冬）	2021年3月
中国高等教育培训中心——第一期班主任培训班（吴冬冬）	2020年3月
主题班会课件《特殊时期——机会与挑战并存》学校一等奖（吴冬冬）	2020年2月
高三（30）班团支部被评为"优秀团支部"	2021年5月
高三（32）班体育文化节"优秀裁判员奖"	2019年11月
高三（32）班体育文化节"道德风尚奖"	2019年11月
高三（30）班体育艺术节"道德风尚奖"	2020年11月
高三（30）班被评为"最美教室"一等奖	2020年9月
"反邪教、促和谐、迎大庆"征文——优秀指导老师（吴冬冬）	2019年9月
"爱在心中，感恩更美"母亲节主题活动——优秀组织教师（吴冬冬）	2020年5月
"父爱如山，感恩有你"父亲节主题活动——优秀组织教师（吴冬冬）	2020年7月
"两菜一汤，我的烹饪秀"——优秀组织教师（吴冬冬）	2020年10月
高三（32）班"月文明班"	2019年8月
高三（32）班"文明宿舍"	2019年8月

(3) 体育班在 2020 年高考中成绩显著：吴冬冬老师带领其备课组为学校荣获"2020 年茂名市普通高中学校教学质量监测优秀学校一等奖"（全市同类学校第一名）做出突出贡献。同时，其担任我校首届体育班班主任兼教练员，带领体育生在术科高考中取得市直属学校第一名的优异成绩；单科上优先投档线、本科线、专科线方面在茂名市高中教学质量监测中的综合得分优秀，使得体育高三备课组被评为"2020 年茂名市高中教学质量监测——体育优秀学科组"。

四、经验与展望

（一）利用"课题"作为导向，抓住契机引领示范，运用"体育班"作为实践载体，理论结合实践，进一步升华研究成果

这种模式在过去的两年里得到充分的论证，效果显著。

我们备课组是一支由老、中、青年教师组成的团队。有学识渊博、教学经验丰富的老教师，有兢兢业业、兢兢业业的中年主力军，也有充满激情和热忱的青年教师。我是这支队伍中的中坚力量，属于中青年教师的骨干。规范每周一次的"备课组活动"是推动备课组成长的保证,以"体育班"为主要的研究对象。具体实施步骤如下。

(1) 集体备课的基本程序是:个人粗备—集体备课—个人细备。每次课题确定一个中心发言人。

(2) 中心发言人在集体备课前要深入了解"对象"问题,反复查阅教学参考书及有关资料。集体备课时详细介绍问题所处的状态,列出重点难点,探究重点和难点的措施与方法,课时分配合理,教学思路和处理方法等。

(3) 组内每位教师要积极参与集体备课活动,发表意见,充分讨论,统一认识,活动结束后做好总结记录。组长要认真做好活动记录、存档,以便为下一阶段的研究提供依据。

(4) 在集体备课时,除了中心发言人的主旨发言外,其他教师也要积极参与,发表自己的教育教学理念和理论依据,形成更加一致的意见和实施方案。小组成员根据在方案的基础上,整合自己的教育教学风格,总结和反思,最终形成针对某一教育教学内容的最佳教学设计、教育教学案例。

(二) 做反思型教师

教学重在反思,思之则活,思活则深,思深则透,思透则新,思新则进。不断反思自己的教学行为,总结教学的成败,回顾、分析和检验教学过程,才能不断丰富自我素养,增强自我发展能力,逐步提高教学艺术。我经常要求组员进行阶段性的总结,发在备课组的微信群中,和大家一起分享,逐步养成反思的意识。久而久之,个人的原始积累就会越来越厚实,看问题的角度就会更宽阔,解决问题的能力就越强,教研水平就会越来越高。

(三) 依靠优质平台,联动教研,切勿闭门造车

我们市区的高中体育教研活动相对缺乏,因此高中体育教师的教研意识不强。我恰逢在进行"广东省级骨干教师培养对象"项目培训,有幸被茂名市教育局遴选成为茂名市首个体育名教师工作室的成员。工作室是由来自整个大茂名四县一市的精英组成的,工作室主持人黄校长更是茂名体育教育界的领军人物,借助这个优质平台,我积极地与工作室、学校领导进行沟通,带领备课组团队外出学习、观摩,与工作室的精英教师交流学习,所谓近朱者赤近墨者黑,经常与优秀的人在一起,慢慢地自己也会变

得优秀起来。

（四）总结

经过两年的高三班主任工作，我深切地感受到班主任工作的不容易，同时我也非常感谢学校让我担任班主任的机会，因为当你接触到班主任工作的第一天起，就会感受到班主任的工作与科任老师的工作是截然不同的。科任老师的主要任务就是把本科目的教学做好；而班主任必须了解学校、年级的工作任务，实时有效地去完成，还要花心思在班级的管理、学生的学习状态、学生心理状态调节、家校沟通等各方面的能力。但是，就我们体育学科来说，很多教师的目标是"评职称"，而对体育学科的老师没有当班主任年限的硬性要求，而班主任工作又是最苦最累的工作，因此，绝大多数的体育老师都"逃避"班主任工作，以至于忽略了班主任工作是对个人业务素质提升最好的捷径。所以，总结近些年我最核心的经验就是：倡议每位体育老师都去担任班主任的工作，可以说没有做过班主任的教师生涯是不完整的。班主任的工作是方方面面的，是全方位提升能力的一个岗位工作。如果你想把自己变得更优秀，就去做班主任吧。

好的经验与成果需要在实践中检验和发展，备课组在今后仍要进一步做好研究成果的推广工作，使成果的作用得到更加充分的发挥。因此，我们依然会把教学、训练和教研紧密相连，针对以上研究中的一些现状，着力提升教科研水平，在教中研，以研促教，从而使研究的实效性充分得到发挥，让教学、训练再上一个新台阶，让学生得到更充分的发展。

五、案例实践

（一）案例一

我们班（2020届体育班）是由38名体育生组成的班级。第一学期体育术科高考总体情况考得不错，由于受到术科成绩的刺激，班里面的文化课学习气氛从第二学期一开学就比较不错，士气满满的。但是现实还是比较骨感，由于体育生的文化基础比较差，第一学期透支在体育术科训练的时间太多。换句话说，别人用12年时间学习积累的知识，我们想用一个学期的时间去追赶，对普通人来讲是不可能的，更别说体育生。所以，班里面的学习气氛慢慢显现出疲态，很多同学出现支撑不住的现象。随着高考的时间越发临近，考试强度越来越大，几乎每隔一周就进行一次正规考试。

逐渐地我发现班里面很多同学的心理压力越来越大，特别是班里面成绩靠前的几名同学尤为明显。我通过了解情况发现他们都存在一个共性——害怕考试。其实，这个时段的我心里也非常矛盾与着急。我着急的是看到班里面的学习气氛不好，学生的学习效率不高，成绩也没有明显的进步，而高考的时间越发临近。矛盾的是虽然我作为体育老师比其他科的老师工作量少些，能够有更多的精力管理班级。但是在第二学期，我能深切感受到：我不是文化课的老师，不像在第一学期术科训练上，我能给予学生100%的支持。而到了第二学期体育生学习文化课时，我感到束手无策，非常无奈。我感觉在文化课上无法给予他们任何的帮助，只能通过科任老师或者个别同学"谈心"去了解实际情况。无法直击"患处"，这样的效率是非常低的。

这种情况，我在备课组活动上作为一个案例提出，让组员去思考、寻找相关的解决方案。组员中的吴彦老师对这种案例非常上心，时不时通过微信、私下谈话更细化地了解班里的状况，并提出各种建议。经过备课组的不懈努力，不断在实践中调整手段与方法，我终于制定出几条关于学生备考的措施。

（1）每周通过心理委员的反馈情况找相关的同学聊天或者建议帮助他们预约心理老师进行心理疏导，建立档案，追踪其情况对症下药。我想这就是体育老师时间多的优势吧。

（2）结合体育生好动以及体育锻炼能释放压力的特点，利用体育课和下午统练的时间，每周进行至少一次的团建活动。如组织班内的篮球赛、足球赛、排球赛甚至趣味运动等。每次的赛程组织，通过与班干谈话了解班里的学习情况来制定比赛项目和赛程的强度。（如果这周的学习情况正常、良好的，就安排排球赛或趣味运动，强度稍小的项目，不要过多消耗他们的精力，能更好地衔接下面的文化科复习。反之，则安排强度较大运动项目，让他们彻底放飞一下自己。）通过这些方式对他们进行心理压力的缓解和疏导。

（3）利用大课间活动进行心理压力释放。不定期地组织班上的同学到操场上尽情地呐喊，说出心中的压力、梦想、目标。

（4）通过家校的紧密结合作为桥梁为孩子们备考提供保障。由班级家委会牵头，呼吁每位家长每晚轮流到班值日看自修。通过这种晚自习的管理模式能把更多的时间留给值班的科任老师与同学们进行答疑，效果很好。

并且从另一方面能让家长和孩子们体验到高考最后阶段"陪读"的幸福感和学校管理的人性化。

（5）对于体育生来说，学习的时间还是太少了，所以我们还采取了以下措施。每天早、晚读都比其他班提前半个小时到班学习。而由于本班选的科目组合很多，所以在管班方面存在很大的难度。这个时候体育生的自律能力还是不高，所以只能通过小组合作学习的模式来互相监督，完成每天科任老师安排的背书任务。相对应的"惩罚"要求就是：每天下午统练5:25之后是背书时间，哪个小组先背完就哪个小组先去吃饭。开始我们班留堂时间会持续到傍晚6:00左右，后来逐渐缩短到5:45。

以下是体育班部分同学通过上述手段的调节，文化课成绩的变化表。

姓名	统考成绩				
	市一模	广一模	市二模	5月统考	衡水金卷
杨振涛	294	307	320	310	↑323
邓泽松	324	308	↑358	↑394	↑403
易铭添	337	336	326	↑347	↑365
王浩瑜	332	318	↑321	315	↑345
袁崇侯	328	348	↑350	344	↑369
江鑫	308	327	↑331	↑349	↑358
邓鸿清	303	317	305	↑316	↑333
曾志极	291	286	↑305	↑327	↑331
杨民强	318	284	↑327	↑365	359

采用以上这几种劳逸结合的方式，体育班的学习气氛又慢慢地活跃起来。显而易见的就是每次大考的成绩。有好一部分同学的成绩呈现出爬坡的趋势，证明上述方式的效果还是很明显的。

上述案例说明：班主任的引导，以及备课组的集思广益，会收到意想不到的效果，团队的力量是制胜法宝。特别值得一提的是，备课组的成员吴彦老师在整个案例中劳心劳力，措施4还是他专门提出的，实施效果也是其中最好之一。在2020年广东省教育厅发文征集"文明其精神，野蛮其体魄"主题案例，我毅然发动吴彦老师参与，当初他还非常不愿意参加，建议把机会让给我，毕竟我是班主任带领着这个班和备课组前进。经过不断与他进行思想交流后，最后他接下了这个任务。在完成这个主题案例的过程中，我不断地将班主任工作中遇到的问题、解决的思路与他分享，引导和规范他的主题案例。最终，吴彦老师在参加广东省"文明其精神，野蛮其体魄"主题案例征集活动中荣获广东省二等奖。

（二）案例二

1. 基本情况

邵泽华老师是我们备课组的一员，这位老师是教龄不到十年的一位年轻教师，从教以来基本没有担任过高三体育毕业班的工作，加入我的"模式"后，才真真正正地接触到了体育高考生。我通过几次备课组活动和术科训练，发现邵泽华老师因缺乏专业指导和引领，训练手段与观念较陈旧、训练措施和目的不是很清晰、教研能力不高。但邵老师的工作积极性很高，工作责任心也很强，虚心好学、富有上进心。针对以上情况，我采取了多种措施来促进这位青年教师的专业成长。

2. 助力青年教师

（1）思想引导和激励。通过谈话，我及时了解到邵老师的上进心强，告诉他几节公开课的水平不代表一个老师的专业水平高低，老师的发展必须建立在长期发展的基础上。然后分析了他自己的长处和短处，明确指出了他未来应该努力的方向，也给他打气支持他的发展。此外还告诉他：在以后的学习中，要结合自己的实践，不断学习，不断探索，不断总结借鉴。加强自己对教学理论的更深层次的研究和积累，才能真正走上正轨，稳步发展。

（2）多措并举，推波助澜。①面对面进行指导。除了平时的沟通，我还特意安排一名专项与邵老师同是篮球的学生让其跟踪实践。理由是邵老师经验少不足以以一带多的形式带领高三体育生术科训练，而这名曾同学的情况又普遍存在"体育生的毛病"——入学文化分很低，文化基础不好，在体育班就成了"混日子"的状态。我们通过对曾同学的情况进行梳理，进一步深入了解，理清学生的需求，反思平时在教育、训练过程中措施与手段，为有的放矢地进行教育教学奠定了很好的基础。②跟班学习，逐步提升专业素养。考虑到邵老师家离学校近，没有什么家庭负担，于是我就向他提出跟班学习的要求，他没有多想就答应了。这个目的也是为他进一步熟悉目标学生、了解学生的学习生活、学习管理班级的方法。解决如何为学生创造良好的条件，促进其体育专业的发展，并使他个人理论素养逐步提升。③在活动中促成长。鼓励邵老师积极参与各项教学活动，如在备课组活动中，多做中心发言人，多提出自己见解；积极参与本科组的教学、说课比赛，赛后又与我及时交流情况，逐步提高教学基本功。鼓励他将阶段性的反思、成果撰写成论文。正是在这些"压力"的推动下，邵老师在平时教学、训练与教研活动中打下了扎实的基础，自身业务水平也在不知不觉中得到了提高。经过一个学年，邵泽华老师的教育教学水平得到了很大的提升，大家都发现了他的变化。

3. 助力青年教师成绩

（1）指导邵泽华老师的论文《浅谈篮球运动对高中素质教育的影响》荣获市直属二等奖。

（2）邵泽华老师最为亮眼的表现是他帮扶的目标学生考上了体育专业本科线，这是比任何荣誉都真实和令人感动的。

以下是邵泽华老师培养曾同学变化的片段与过程：进入高三体育班前，曾同学高二的文化成绩：

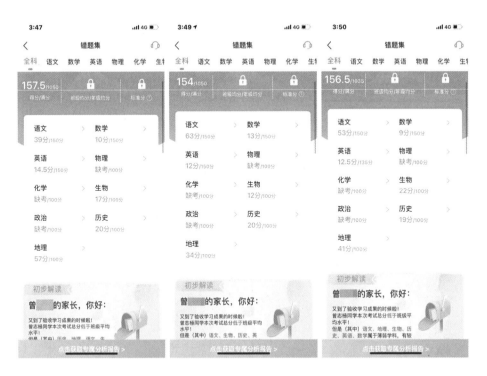

经过邵泽华老师一学年的不懈努力,曾同学的体育术科成绩由刚接手的 96 分到高考术科 198 分,文化成绩由原来高二期末考试的 156.5 分提高到高考的 375 分("双上线"),考上本科!高三第二学期的每次大考成绩对比,呈现非常好的爬坡趋势,最高分就出现在高考。

统考类别	语文	数学	英语	历史	生物	地理	总分
市一模	84	28	16	31	31	41	291
广一模	65	35	15	30	60	81	286↓
市二模	78	26	15.6	43	68	75	305↑
5朋统考	79.5	36	29	54	65	64	327↑
衡水金卷	75	45	24	42	64	81	331↑

统考类别	语文	数学	英语	历史	生物	地理	总分
高	85	47	416	60	67	75	375

2021年6月 2021年广东省普通高等学校招生全国统一考试	
姓名	曾
考生号	
语文	85
数学	47
英语	41
历史	60
生物学	67
地理	75
普通类(历史)总分	375
本科普通类(历史)总分(含加分)	375
排位	166909
专科普通类(历史)总分(含加分)	375
排位	166927
体育术科总分	198
体育类合成总分	447
本科体育类合成总分(含加分)	447
排位	8746
专科体育类合成总分(含加分)	447
排位	8747

从上面的案例直接可以看到，建立体育班对学生培养的成效。但从侧面体现了备课组依托体育班这个载体进一步检验教育教学成果。备课组健康成长的同时，我也在不断地进步！

第三部分 区域研训

区域中小学教师培训新模式研究与探索

——以茂南区为例，如何改进和创新培训管理和模式

茂名区茂南区教师发展中心　欧玲芳

摘要：本文从"整合培训资源""创新培训模式""规范培训管理"三个方面，对近几年区域中小学教师继续教育在中小学教师培训方面的工作进行了概述。如何适应教育发展和教师专业发展的需要，统筹拓展教师培训范畴，优化区域教师培训体系，特别是如何改进和创新培训课程内容、培训举措、培训方式，进一步提升师德修养、专业知识水平和教学技能，需要我们有更多的思考与实践。

关键词：整合资源；创新模式；规范管理；教师发展

茂南区作为茂名区的直辖区域，毗邻茂名的中心城区，有着政治与文化的优势，总面积587.78平方千米，人口约有103万，现有中小学专任教师4700余人，截至2020年，幼儿园专任教师具有专科以上学历比例为71.8%，小学专任教师具有大专以上学历的比例达100%，初中专任教师具有本科以上学历的比例为95.5%，普通高中专任教师具有本科以上学历的比例是100%。但目前中小学教师队伍仍然存在学科结构不合理、高学历教师比例偏低、小学教师年龄老化等问题；广大农村学校英语、计算机、音乐、体育、美术等学科合格教师普遍缺乏，且整体素质偏低。2010年《国家中长期教育改革和发展规划纲要（2010—2020）》和2001年《基础教育课程改革纲要（试行)》的颁布，明确要求树立终身学习理念，完善教师培养培训体系，搭建终身学习"立交桥"，通过面授学习、线上学习、混合式教学、送培上门等方式，进一步健全教师人格和增长教育智慧，造就一批教学名师和学科领军人才。例如在2021年1—5月茂名市苏育明名校长工作室、茂名市裴亚广工作室、郑晓霞工作室相继揭牌，赖晓妍校长被广东省评定为新一轮（2021—2023）中小学名教师、名校（园）长、名班主任工作室主持人。面对教育的新形势与高要求，在中小学教师数量相对满足的

情况下，茂南区把教师研训培训重点从解决"有人教"和"能够教"转到解决"教得好"上来，通过教师研训机制的大胆改革与不断创新，极大地优化了现有教师队伍素质和结构，有效地提升了整体教育教学质量。茂南区在中小学教师研训机制上的实践与创新，受到了上级的表扬。我们以加强教师研训体系基础能力建设为突破口，努力构建"需求导向"的教师研训模式，不断创新教师研训机制，增强了教师研训的针对性，提升了教师研训的效能。

《教育部关于大力加强中小学教师培训工作的意见》指出："要按照统筹规划、改革创新、按需施训、注重实效的原则，完善培训制度，统筹城乡教师培训，创新培训模式机制，增强培训针对性和实效性。"根据这一指示精神，我们茂南区在近几年的教师培训中，积极探索，整合培训资源，创新培训模式，规范培训管理，不仅助力教师与专业发展，而且产生了广泛的社会影响。

一、整合培训资源以形成整体合力

按照教育部对县级教师培训机构"小实体、多功能、大服务"的原则要求，茂南区教育局成立了茂名市茂南区教师发展中心（以下简称"中心"），将原来的"教师进修学校""教研究室""仪器站"并入茂南区教师发展中心，优化管理资源配置，承担全区教师继续教育有关组织、协调、指导、管理和服务等功能，优化了培训结构，拓展了培训空间。同时，省、市、区投入大量资金，狠抓基础设施建设。目前，建有学员公寓、培训楼、多功能报告厅、多媒体教室、录播室、计算机网络教室、心理健康辅导室、图书及阅览室等；建有教育信息网，开通了人人通，实现在校园网上存储和共享信息，依托全国中小学教师继续教育网升级了校园网络，为全区学校建设门户网站，做好学校信息化建设与培训，增强了全区中小学教师的研讨、对话、沟通，加强了校际交流，实现优势互补、资源共享，搭建起了教师教育教学示范、引领、交流、成长的平台，为获得全区教师培训效益的最大化提供了"硬件基础保障"。

二、创新培训模式以提高培训实效

近几年，区域性教师培训体系逐步得到健全与完善。基本建立起高等院校、教科研机构（教师发展中心）、教师专业发展基地（名师工作室、教科研专家工作室）、中小学学校四级培训体系。中心根据教育部、省教育厅和市教育局对教师培训的新要求，同时结合茂南区教师培训的实际需求，加强培训调研，创新培训思路，以需求为导向设计培训项目，打造培训亮点。

（一）关注全员参与，瞄准教师与专业发展需求，开展混合式的教师培训

中心开展了以"党建＋重点项目""众筹项目学习"培训新模式的研修活动、教学研究、调研活动为主线的各类教师培训，有机整合新教师岗前培训、班主任培训、"国培计划"、骨干教师培训、校长（园长）培训等各种培训项目，以"集中面授＋在线学习＋校本研修混合式培训"为主要模式，走出了一条促进教师与专业发展的特色培训之路。这些培训活动的有效开展，加强了对教师培训工作与专业化发展的探索，也为今后教师培训工作的扩展深化打下了良好的基础，从而使中心成为全区中小学教师发展、成长的"助推器"。

（二）以培训需求为导向，设计多元化的教师培训内容，增强培训内容的针对性

我们注重培训内容与教师日常教育教学实践的联系，整体考虑教师原有的基础、教师现实和未来的发展需要，以教师的内在需要选择和组织培训内容，力图着眼于教师的整体发展。为了解教师的培训需求，茂南区在2021年下发了《关于征集2021年全区中小学幼儿园教师、校（园）长区级培训项目的通知》，在调查研究的基础上，根据一线教师的需求，送往高校培训，开展网络在线研修，还开展走进名校实地考察观摩、送培下乡、指导校本岗位练兵等活动，既满足了教师普遍性需求，又尊重了教师个性化的需要，较好地解决了学员来源、任教科目、教学经历、学校环境等因素不同给教师培训带来的适应性问题，使培训内容较好地实现了针对性和实践性的结合。例如在2019年茂南区贯彻落实全省学校思政课建设推进会精神暨思政课教师培训项目上，一方面，根据《广东省教育厅关于印发〈广东省义务教育道德与法治、语文、历史学科教师培训工作方案〉的通知》（粤教继函〔2017〕29号）文件精神，制定《茂南区义务教育道德与法治、语文、历史学科教师培训工作方案》，成立工作领导小组，指导全区义务教育道德与法治、语文、历史学科教师认真学习国家有关基础教育改革的政策文件精神，深刻领会"三科"教材所代表的国家意志与所体现的主流意识

形态意义，组织道德与法治教师约200人分三期进行培训，2019年7月已全面完成培训任务，该批教师将于教学实践中充分发挥德育育人功能，进一步培养学生形成正确的价值观。另一方面，为深入学习领会习近平总书记关于思政课建设重要论述及全省学校思想政治理论建设推进会精神，加强学校思想政治工作，实施新时代铸魂育人工程，根据省、市、区委有关工作部署，结合我区教育工作实际，在我区德育学校大会堂举办了贯彻落实全省学校思政课建设推进会精神暨思政课教师培训班，邀请了茂名市委党校行政学教研室主任、广东省岭南文化遗产研究院特聘研究员郭柳纤同志为全区近千名思政课教师授课，教师们获益良多。

（三）创建了全区教师学习共同体，为深入推进了校本研修搭建了多样化平台

创建教师工作坊，工作坊就是研修共同体，同时催生出无穷多的研修共同体。这样能使教师们的学习资源更丰富、学习交流渠道更广泛，学员关系更融洽。有效地解决了乡村学校和小规模学校校本研修人员和资源匮乏的问题，同时也促使大规模学校的学科教研组研修由自我闭塞走向多元开放，为深入推进校本研修搭建了多样化平台。研修的问题来自教学一线，研修具有较强的针对性和现实意义；教师工作坊组织活动更为灵活，不受时间和空间的局限；省中小学教师发展网平台资源丰富，专家精准指导服务。

三、要强化培训措施以规范培训管理

（一）健全管理制度，培训工作规范化

要促进教师培训和教师与专业化发展，根本在于制度建设。为保障培训工作科学、有序、高效地进行，中心建立健全了一系列规章制度，强化了教师培训、教学研究、教学管理三位一体的工作职能，努力构建学习型、研究型、服务型的教育科研培训机构。中心先后制定了《中心正副主任工作职责》《各处室工作职责》《教师岗位职责》等一系列岗位职责，出台了《中小学教师培训管理制度》《茂南区中小学教师学时登记管理办法》《茂南区中小学教师培训质量监控、检查、评估制度》《茂南区小学校长培训管理制度》《茂南区中小学教师、校长培训优秀学员评选办法》等工作制度，并在实施中不断完善，保证各项工作有章可循。

（二）拟定培训规划，培训管理科学化

根据广东省教育厅《广东省中小学教师继续教育实施方案》和《茂名市中小学教师继续教育学习指导方案》的精神，中心制定并印发了《茂南区中小学教师继续教育实施方案》《茂南区关于建立中小学教师校本培训制度的指导意见》《茂南区中小学教师培训五年发展规划》等。在此基础上，中心先后分年度制定印发了"继续教育工作要点""教育干部培训工作要点"，以及中小学教师"高效课堂""一师一优课""一课一名师"等指导方案和培训实施方案等，为全区教师培训工作既制定了整体规划，又做出了具体实施的细致安排。

（三）完善培训考核评价制度，引导教师研训的内驱力

我们出台了一系列制度文件，其中有《茂南区中小学教师继续教育学员考核制度》《茂南区教师培训工作考核评估方案》《茂南区中小学学科骨干教师评选工作方案》《茂南区中小学教师培训基地管理办法》等，系统而全面。以《学员考核制度》为例，其考核细则包括"过程考核""教研水平考核""教学技能考核""网络研训"和"团队合作"五部分，共100分。其中"过程考核"占25分，明确规定："学员必须按规定参加每一次培训活动，做到不迟到、不早退，无特殊情况不请假；如有特殊情况请假，须出具有关证明，并事先请假。迟到或早退一次扣1分，无故缺勤一次扣5分。缺勤达到总培训学时1/3时，不予结业，并上报教育局和通知相关学校。"如此严格的要求，确保了研训工作的有序、高效，使每一批次学员的到课率都超过95%，学员的研修积极性也不断提高。

（四）加强过程监控，培训管理全程化

中心初步形成了以校本研修考核为手段，以区、校专业务指导为引领，以计划制定—过程指导—校本研修审核—学时认定—证书登记—年度培训综合考核为主线的工作机制，充分发挥校本研修学时审验的鉴定和激励导向功能。同时，要求各校教导室或教科室，对全校教师的上送遴选及学校自培加强管理，比如训前了解参训教师的意见和要求，训中提供学习支持，掌握学习情况，训后帮助其分析、总结培训得失的效果等，以保障培训学有所获，学有所用，开积极进行训后实践跟踪管理，为参训教师搭建互励交流的平台（如汇报课、论坛），以点带面，促进学校教师整体能力和素质的提高。

区域中小学教师培训将继续围绕"人人成就，成就人人"的办学理念，秉承"以专业精神做专业培训"的主旨，服务于学校、服务于教师，不断更新教师培训的新理念，不断探索教师培训的新模式，不断加强培训管理机制，使区域的教师发展中心成为中小学教师的培训中心、教育发展的咨询中心、教育研究的学术中心，也成为中小学教师的发展、成长之家。

对年轻地理教师进行板书技巧培训的策略

广东高州中学 吴泽明

一、在名教师工作室活动中,让广大年轻地理教师充分认识地理学科板书的重要性

近年来,有一些教师在上课时过分地依赖多媒体,几乎每节课都借助多媒体,导致遇到突发情况时,课堂只能中断,粉笔字作为教师的基本功,却被越来越多的教师忽略,黑板也逐渐成为摆设。这是一种非常可怕的现象,黑板板书在地理教学中具有不可替代的作用。

由于地理学研究地理事物的空间分布和空间结构,致力于揭示地理事物空间运动、空间演变的规律,是一门空间想象和思维的科学,因此地理学科的教学除遵循教育教学的普遍性之外,同时还具有地理学科的特殊性,这种特殊性即区域性和综合性。地理教学的抽象概括性强,讲授起来难度大,这样如何使用合理的授课手段,利用现有的授课条件,突破地理教学难点,高效率地促成学生认知的形成,就显得尤为重要。

地理板书是教师课前经过深入钻研教材、根据教学目的认真构思、反复推敲、精心设计,然后运用文字、符号、图表等形式在黑板上呈现出来的教学要点和讲课提纲,是对教学内容所作的文图解释或解题示范,是教师在课堂上根据随机问题进行针对讲解的途径。好的板书,是课堂教学的"集成块",它集教材编者的"编路"、课文作者的"文路"、教师的"教路"和学生的"学路"于一体,具有"微型教案"的美誉。在地理教学时恰当地运用板书将起到其他教学方式不可替代的作用。其主要有以下优点。

(一) 突出重点和难点

板书是一堂课的"精华"所在,是一节教材重难点的"集合"。板书是一个相互联系的整体,是由知识点构成的知识网。教材中的重点和难点是

板书设计的要点以及核心内容。教师在书写板书的同时也就将思考的时间留给了学生，使学生在课堂上能够消化掉刚学过的东西，从而更好地掌握教学的重难点。

（二）紧扣脉络、控制进程

板书的脉络体现了教师教学的思路。教师在教学时要把握好不同板书的各自顺序。这样学生就可以遵循着知识的脉络学习，师生的活动步调保持一致、紧密相随。前后不同时间的板书可以同时显示在黑板上，这样便于学生系统化、层次化地理解知识。而教师在教学过程中通过板书可以调控教学进程，与学生实现互动，使教学张弛有度。例如，在讲"大气运动"和"海水运动"时，我让学生跟着我一起动手画出其运动过程，学生一边听，一边理解，一边画，理解起来会更快更容易，且自己动手画，更不容易忘记，同时也锻炼他们自己的动手能力。

（三）提炼精髓、系统把握

板书不是教材内容的缩写和摘要，而是对教材中定义、原理、规律、公式等的概括和总结，是对教材精髓的提炼。它以短小精悍的整体形式展示给学生，体现了教学内容的内在层次和逻辑因果关系，便于学生学习、记忆和宏观把握。例如在地理学习的过程，对一些问题的分析我注意在方法上引导学生，对同类问题进行归纳，总结出一定的规律，帮助学生理解记忆，总结答题技巧。譬如在分析"气候的成因""影响太阳辐射强度的因素""影响交通区位选择的主要因素""如何解决农村能源短缺问题""能源跨区域调配对调入区调出区的影响""修建水库大坝的利弊"等问题时，我先让学生试着说出要从哪几个方面考虑问题，鼓励他们思考并大胆讲出。同时我在黑板上板书归纳呈现学生所讲到的点，然后再由学生将每一点具体展开补充。这样既给了学生思考问题的时间，锻炼学生的动口能力，也言简意赅地归纳出一定的规律，便于学生理解记忆，并且整个板书的过程由师生互动完成，学生是主体，教师负责引导。

（四）板书是教学能力的综合体现

概括性和总结性的板书，可以弥补教师课堂语言表达的不足，从侧面塑造教师的讲台形象，可以帮助教师有效引导和控制学生。

（五）板书是学生学习的有效途径

大多数板书都是在课堂上教师当着学生的面逐步完成的，尤其在教师边讲边写时，可以加深学生对知识的印象；边讲边写，还可以让教师起控制的作用，可以吸引学生的注意力，激发学生的兴趣。

二、在名教师工作室活动中，教会广大年轻地理教师在教学中如何有效进行板书

（一）精心设计，去粗存精，突出重点

与其他学科不同的是，地理教学经常使用地图，黑板不仅仅用于板书知识点、演算过程，更多地用于板图和板画，这是地理教学的传统"三板"。教师要精心设计板书、板图和板画，板书写哪些内容，画哪些图，用什么颜色的粉笔，都要提前设计好，切不可临时在黑板上乱涂乱画。

地理板书应简洁明了，条理分明，位置适中，突出知识体系；地理板图要简洁易记，去掉不必要的内容，减少干扰因素，突出教学重点；地理板画对象多为示意图，要把握整体，忽略细节，突出特征。图像与文字有机结合，同时呈现，以图解文，用文释图，图文结合，可以使学生整体地认知地理事物和现象。使用不同颜色的粉笔，学生可以区分不同知识，更容易分清重难点。需要注意的是，地理教学中能用图表表达，尽量不要用文字，板书的文字要简洁明了。

（二）教师板图，学生跟画，化解难点

在必修1自然地理学习过程中，教师时常需要在黑板上板图，讲解地理原理及形成过程。这时，最好要求学生拿出作业本或练习本，教师画的过程中要求学生跟着一起画，可以加深学生的理解，突破难点。

（三）边画边写边讲，化静为动，演绎过程

地理原理不宜用教材上面的示意图直接讲解，教师需要在黑板上绘制示意图、简图等，最好按照地理过程，结合学生的认知规律，边画边讲，边讲边写，边讲边画；还可以通过不同颜色刺激学生的视觉器官，化静态为动态，使学生详细了解地理事物和现象分布规律、相互关系、形成原因和过程、时空变化等。

（四）要严格把控和揣测板书的时间

大多数板书都是在课堂上教师当着学生的面逐步完成的，若板书内容出现得太早，学生会觉得突然，出现得太晚，学生会觉得多余，只有当学生需要的时候写出来，板书才会收到好的效果。一般先写后讲，起引导作用；先讲后写，起总结的作用，加深学生对知识的理解；边讲边写，起控制的作用，可以吸引学生的注意力，激发学生的兴趣。

（五）要严格执行地理板书的基本要求

地理板书应遵循科学性、规范性、整体性、启发性、审美性等原则和要求。地理板书是教师根据教学要求，在教学过程中配合语言、媒体等，运用文字、符号、线条和图表向学生传播信息的教学行为方式。优秀的板书，能将教材的知识结构、学生的认知结构、教师的导学结构有机结合，将抽象的知识形象化、繁杂的知识条理化，起到提纲挈领、突出重点、加深印象的作用，不仅有利于改善课堂教学效果，而且能潜移默化地培养学生的思维能力。

三、利用名教师工作室团队的平台，积极举行相关的推进活动

（1）多次举行同课异构的上课评课活动，组织成员学员们积极评语授课者板书设计的优缺点及建议。

（2）多次举行同课异构的板书设计比赛活动。这样的比赛形式分两种：一是分散式完成，即是平常统一向学员们布置同课异构的板书比赛任务，让学员们有较长的时间去思考和研究来完成任务，到集中活动时统一回收，集体进行评语，评出 15% 的最优者。二是集合集中式完成，即组织学员们在一起（并邀请全市各县市派代表参加），统一向他们宣布同课异构的板书比赛课题，让他们在较短的时间内完成任务，然后邀请市教研室学科主任和市内优秀地理行家参加评比活动，评出各等次的最优者。最后组织学员们在一起进行评语展示。

校本教研促进教师专业发展的实践研究

茂名市愉园中学 黄汉玲

摘要：培养一批专业素质精良的优秀教师队伍是推动新建学校快速、可持续发展的现实需求。而校本教研是解决课堂教学实际问题和促进教师专业发展的有效途径。所以，建立和完善校本教研机制至关重要，这能给予教师专业引领，激发教师的潜能，促进教师的专业成长，以教师成长带动学校教育教学质量稳步提升。

关键词：校本教研；提升能力；教师成长

教师应立足校本教研实际，构建生态教学校本教研模式，着力营造亲密和谐、相互信任的校本教研氛围。为教师搭建智慧学习、亲密互动的平台，引领教师在校本教研活动中磨炼教学基本功，提升专业水平和教学技能，促使教师成长，则是校本教研的目标。

一、定点式教研促进教师个人成长

教师业务能力的提升必须依靠课堂教学实践。听课、评课、磨课是促进教师业务技能提升较为有效的方法，定点式教研则是促进新教师成长的有效途径。教研室要求各学科教研组长、学校骨干教师与新教师结对帮扶，通过听课、评课等方式，指导新教师磨课，提升他们的课堂教学能力。一是带领新教师以开展课题研究等方式提升他们的教学科研能力；二是指导新教师参加教师技能大赛，提升他们的综合教研能力；三是进行"一对一"的定点式教研，教研组长或者骨干教师为新教师答疑解惑，提升他们的教学能力。通过定点式教研，全校青年教师成长很快，新教师在一两年后成了学科教学骨干。

二、推动式教研融合集体智慧

教研是提升教师专业水平的重要手段。学校有效推进学科教研,坚持"五落实"的原则,即落实时间、地点、人员、内容、实践。每周二是学校"教研活动日",最后一节课为教研课,分为年级组教研或全校教研。教研组每月一次集中学科研讨,每月一次集中学术讲座。教研活动对教师提出明确要求:每学期确定研究重点,并写入工作计划;每学期上好1~2节研究课,并撰写课堂教学案例解析、反思和研究论文。课堂是校本教研的主阵地,学校始终把教学比武、听评课作为校本教研的重要内容,开展了系列化、常态化的"精品课堂促成长"活动。精品课展示分年级进行,教师在录播教室上展示课,评课小组现场打分、点评,期末总结表彰,评选教学能手、学科带头人。同时,"同课异构"和"一课一议"活动也搞得有声有色,通过一人同课多轮和多人同课循环的方式开展课例研究,有针对性地分析问题、解决问题,在比较中相互学习与借鉴,有效落实教学目标,提升课堂效率。对于青年教师,除上拜师课、过关课、汇报课之外,还通过说课等方式进行培训。通过上述教研活动,能使教师们快速成长。

三、生态课堂校本教研促成长

在研究课堂、服务教学过程中,我们摸索并形成了自己的校本教研模式,构建了生态课堂教研共同体,转变了教师的教学观念,改变了教师"教"的方式和学生"学"的方式,让"教室"向"学室"转型,促进了教师的专业成长和学生的发展。在生态教学校本教研活动中,教师们经历了磨课、研究、展示、提升等过程,促进了专业成长,彰显了教学个性,提高了教学技能,发挥了引领辐射作用。

四、用灵活教研的方式生提高教师水平

语文世界是丰富多彩的,需要我们细致解读、深入探索。我们开展主题式教研活动,如围绕课例进行研讨(现场课例或录像课例)、针对问题进行研讨(教学实践中带有共性的问题或困惑)、确定专题进行研讨等,旨在通过不同的主题和板块深入研究语文教学的可能性。每个语文教研组以学期为单位,制定分年段的教研主题。以深入挖掘教研素材资源为切入口,

细致解读教材，指向深度研修。在课内教学中，我们分学段每月定期开展主题教材研读，如童话故事单元的研究、习作单元的研究、阅读单元的研究、古诗单元的研究，教师们通过灵活运用不同主题的教研方式深入研究，探索经典篇目的教学重难点，进一步用团队协同研究的教研方式挖掘教材的资源。在课外阅读中，语文教师团队分年级开展了"整本书阅读指导"课例研究，制定了不同年段的学生阅读推荐书目，进行了不同文学体裁的专题研究。

五、用匠心的项目支撑校本教研

我们强调校本研修智慧互启、情智共生，实现教师专业素养的快速发展。我们研究教育教学对象，加强教学的针对性；我们明确新课程改革的要求，努力把握教学的方向性；我们探索有效教学的策略，提高学生学习的有效性。在"新时代小组合作探究有效教学研究"项目研究中，我们的语文教研活动以多文本阅读为内容，通过高质量的略读指导，师生围绕一个或多个议题展开阅读和主题建构，实施阅读能力培养和儿童文学教育的课程研究。以"泛在阅读——最美小书房"为主题的儿童阶梯阅读工程有序推进，"'1＋N'儿童主题拓展阅读实践研究"也在开展之中。依托新课程教育改革"聚焦'原生态'课堂'培养核心素养"的研究，我们的语文教研聚焦学生核心素养的培养，努力提高学生课堂学习的有效性。此外，我校语文教师团队还开展了"组块教学"的研究。

六、用悄然的教学反思积累生长

教研是研究方法的过程，也是反思教学的过程；教学反思是个人教学的关键，也是团队教研的有效途径。在每月的教研中，我们语文团队开展教师经典阅读活动，通过阅读教育名家的教学案例和语文教学的最新研究动态，反思自身的教学实际，发现教学的不足和更多的可能性。教师在每月的教研活动中集中反映本阶段教学中的难点和困惑，同年级组教师群策群力共同攻关，同时谋划下一阶段的教学。在教研活动中，教师们畅谈自己的"得意之作""成功之法"，对教学经验进行及时总结和积累，人人皆可在理论依据上做进一步的充实，从实施环节上做进一步的优化，以达到更高的层次。正是在这样的悄然积累中，教师的教学水平和教学质量得到了稳步提升。

七、创新教研形式，丰富教研内涵

各学校都有自己本校的校本教研形式，形式多样，如有的学校一课一研备、周周公开课，有的学校骨干教师的"传帮带"，还有交叉教研等。此外，我们还可以通过专题讲座促进教师观念更新，通过案例分析促进教师教学反思，通过专家指导促进骨干成长，通过学术沙龙促进教师交流沟通等，提高校本教研的有效开展。各学校找准校本教研的切入点，加强校本教研的针对性。校本教研必须从学校、教师的实际出发，对课堂教学进行诊断与评价，在充分了解师生需求与教学现状的基础上，拟订出近、中、远期规划，选好课题，找准切入点，立足本校教育教学实际，直面课堂出现的问题和困惑，不追求问题的"高大上"，而注重问题的针对性、实效性。

八、校本教研常规考核化和规范化

为了将校本教研落到实处，真正发挥校本教研在学校发展、教师专业成长、教育教学质量提升中的作用，各学校要从思想上高度重视，行动上切实落实，把校本教研纳入学校常规量化考核范围，进一步规范，使校本教研常态化、科学化，成为教师教育教学工作的重要组成部分。如石家庄市精英中学的有效研备模式是其学校特色的重要支撑，已成为学校文化内涵的一部分，在校教师或走进学校的每一位教师受到这种文化的感染，使校本教研走向行动自觉，这种氛围下校本教研才会达到预期的效果。

综上所述，校本教研要基于"为了学校，发展学校，在学中研，在研中学"。校本教研让教师在"教"与"研"中成长，使教师真正认识到课堂是教师成长的平台，进行课题研究与应用是教师成长的有效方式。通过校本教研，教师的专业水平稳步提升，进而促进了学校健康发展。

参考文献：

[1] 周原. 实施校本教研策略，促成教师成长 [M]//熊康宁，梁亚华，郑建. 现代地理科学与贵州社会经济. 贵阳：贵州科技出版社，2009：553-554.

[2] 杨尚薇. 改革校本教研模式 促进语文教师成长 [J]. 四川教育学院学报，2006 (6)：1-2.

[3] 熊开明. 小学语文新课程教学法 [M]. 北京：首都师范大学出版社，2010：8-9.

中小学教师培训实效性不高的原因及提高策略

茂名市茂南区教师发展中心　陈杰文

随着新课改的全面推进，旨在提高中小学教师教育教学水平的各类培训应运而生，如全员培训、上岗培训、计算机技能培训。然而，在付出了大量的人力、物力、财力、精力后，培训结果离我们的预期目标仍相距甚远，培训普遍缺乏实效性。本文试分析当前中小学教师培训工作中存在的问题，提出增强培训实效性的改进方案，以求对教育培训工作有所裨益。

一、当下中小学教师培训工作实效性不高的原因分析

（一）培训缺乏针对性

我国各地区经济发展水平参差不齐，这必然导致各地的师资水平和师资力量存在较大悬殊，尤其教师对学科前沿知识的了解、新的教学方式的掌握、新的教学设备的应用等方面表现更加明显。上述差异的存在要求培训工作要对症下药，然而，我们当下的师资培训却忽视了这一点，培训内容和培训方式大多是一刀切，导致经济不发达、交通和信息滞后地区的教师受条件限制，不能参加或完成正常培训。

（二）培训时间过于集中，培训方式单一

目前的教师培训活动虽然规模较大，但缺乏灵活性。常常是把上百人集中到一起开展集训，且培训时间通常安排在节假日或周末。老师们平日的工作本来就十分繁忙，让他们牺牲法定休息时间去参加在他们看来可有可无的培训，其参与的积极性可想而知。于是，很多教师便想方设法逃课，组织者便利用"点名""记过"等方式维持"出勤率"，这样的培训实在难以获得实效。

(三) 培训缺乏合理的考核制度

几乎所有的培训都是强制教师参加的。在培训中，由于缺乏必要的纪律约束，加之没有建立科学合理的监督管理机制，参与培训的教师多是"身在曹营心在汉"，在他们看来，培训不过是无法逃避的额外负担。

二、提高中小学教师培训实效性的策略

(一) 选择具有时代性、实用性的培训内容

培训必须把关注学员的特征放在培训的首要位置，学员自身既是老师又是学生，因其身份特殊，这使得他们常常带着批判的心理参加学习，又渴望有所收获。但是，理论和实际的融合是一个渐进的过程，如果学员过于浮躁地想让培训学习立竿见影，那么培训内容会让他们失望。此外，每一个来培训的教师，都不喜欢听到空洞的套话、空话，他们期待学到与时代紧密相关的知识。那么，如何在培训中增加具有时代性和实用性的内容呢？第一，所选择的内容要有利于学员开阔视野。培训教师要根据学员的实际教育需要，传授最有效的技能，选择新鲜而富有影响力的内容。第二，立足于学员兴趣，加大对计算机知识的培训力度。21世纪是信息高速发展的时代，计算机作为信息传播的载体，在教学中的作用越来越大，大多数教师都渴望多学一点计算机操作技术，以提升自己的教学水平。第三，把培训内容与新课程改革紧密挂钩。很多教师对于新课程的要求一知半解，在培训中穿插新课改理念，能够体现强烈的时代气息。

(二) 合理安排培训时间，改革培训方法

速成的知识是脆弱的，教师的培训是一项长期的工程。培训不应该只贪图一时的效益，而忽略长期的影响。组织者要考虑到教师、学员的各方面因素，合理的安排培训时间，建立次数不等的"小培训"，还要定期地进行"大培训"，时间的安排还要有弹性，不能一味地占用学员的节假日。另外，在培训之后，经常有很多教师反映培训方式不够好、培训的内容不尽人意等。在这方面，英国的教师培训方法值得参考。他们很重视教师的参与权，教师参与培训前可以和培训机构进行谈判，提出自己期待的受训目标，适合学习的时间、地点、内容、方法等，培训机构会根据教师的要求制定可供教师选择的培训方案，交由教师讨论、修改，最后与培训机构协

商,直至教师满意后才确定下来。我们可以借鉴他们的做法,在改革培训方式中做到以下几点:第一,把校本培训与机构培训相结合。校本培训的目标很具体,直接立足于本校的教学改革工作,培训成果也不差,但是有一定的弊端。例如:对于时代先进的理论,很少有机会与外界交流。而机构培训可以开阔教师的视野,提高教师的教学水平,优化教师的知识结构,使教师能够放宽眼界,站在全新的角度思考问题。第二,根据教师的经验,开展研讨会、主题讲座、经验交流会、实践反思活动等,把培训的渠道扩大化,充分提高教师的自学能力和探讨问题的热情。

(三) 建立合理的教师培训监督机制

首先,教育部门要确保教师有充足的时间参与培训,并保证培训的质量。其次,教育部门要把教师培训结果作为激励教师的一个重要依据,根据教师的学习成果,建立相应的奖惩制度,把培训成绩作为教师职称评聘的依据,对不认真学习的学员,要给予相应的惩罚。最后,要完善教师培训监管投诉机制。目前,有些培训项目纯粹以商业盈利为目的,如果有这样的教师培训单位存在,教育部门应该积极落实情况,一经查实,立刻取消该机构的资质。

总之。社会对教育的要求越来越高,我们要努力"做人民满意教师,教人民满意学生,办人民满意教育"。各级教育培训部门要大力完善教师培训机制,努力探索培训新方式,使培训真正满足教师的内在需求,增强培训的实效性,使培训工作更好地为教育大局服务。

开展区域交流，助力教师专业成长

——创新交流模式，提升教师可持续性专业水平

高州市石鼓中学　朱燕颜

摘要：开展区域交流、助力教师专业成长是教育发展中重要的组成部分。尤其是乡村教师的专业成长关系着全国农村的教育质量，是国家深化基础教育改革不可回避的重要问题。建设一支自主学习、积极参与校本教研活动研修的队伍，又是名教师工作室引领教师专业成长的核心。"送课交流"培训承担着提升教育质量的重要作用和促进乡村教师专业发展的重要使命，应服务于整个教师队伍的建设要求，在新时期，如何创新"送课交流"培训的模式，构建教师可持续性专业发展的新体系迎来了新的机遇和挑战。

关键词：创新；送课交流；教师；专业成长

关于进一步探索新时代教师培训模式，提升教师专业水平并助力教育高质量发展，笔者有以下看法：教育发展的核心是教师队伍的发展，如何将优质师资带到乡村的做法普及到全国呢？国家要不断加强教师队伍的建设，更要了解不同区域内的教师在工作中遇到的问题和矛盾，还要有优秀的团队创新、实效地深入乡村学校，开展有效的区域交流研修，才能推动高质量教育事业的发展，乡村教师也有机会拓宽教学视野，丰富理论内涵。

一、找症状，扫障碍

虽然目前国家已优先发展教师的战略地位，然而，教师的专业成长还面临着诸多客观因素制约。国家在《乡村教师支持计划（2015—2020年）》中提出了"全面提升乡村教师的战略地位"，但因乡村教师专业成长的学习条件不足，专业成长的动力不足、欲望不强，缺乏开阔的教育视野，缺乏专业的知识和技能。①乡村教师的负担过重。乡村教师不仅要承担的教学

科目复杂，教学任务重，教师往往还要负责乡村学生的生活问题。过重的负担挤压了乡村教师继续学习的时间和精力。②教师队伍结构不合理。教师队伍在性别、年龄、学科、职称、学历结构等方面的不合理，成为制约农村教育质量提高的瓶颈。③乡村教师接受继续学习和专业培训的机会少，即使有大学区集体教研活动的开展，但由于教师精力不足，教研活动往往流于形式，很难形成有效的学习共同体，教学长期处于机械重复的状态。④优秀教师流失现象严重。乡村教师中的骨干教师很难坚守教育岗位，乡村教师向城镇学校过渡，甚至向教育机构流动的现象比较严重，教育师资分布极不均衡。

二、整合需求，创新交流

要办好教育，教师是关键。笔者作为一名名教师工作室主持人，为了进一步提高教师教研水平，全面打造骨干教师风范，提升一线教师课堂教学效率，提高教师组织教学的能力，初步实现将这名师工作室建设成为培养全市优秀英语教师的重要发源地、优秀青年教师的集聚地和未来名教师的培养基地的奋斗目标，结合实际情况，特制定工作室年度工作室线上线下教研活动计划《茂名市朱燕颜名师工作室线上线下教研活动方案》（以下简称《方案》）。

（一）加强学习，提高理论素养，促进专业成长

从加强理论学习入手，通过讲座和自学提高工作室学员们撰写论文和教学案例的能力，围绕工作室的理念"博学乐教、明德致知"和工作室省级课题"引导初中生积累和运用英语词汇的策略探究"进行课题研究、探索英语课堂教学的最优化理论，通过启动英语阅读课堂教学，与实践相结合，打造英语教师学习发展、研讨互动的网络工作平台。认真组织所有学员，采取线上线下集中学习和分散自学相结合的形式，加强理论学习，学习教育教学理论书籍，学习新课程理论专著，不断提高成员的理论修养。读后的反思、感悟要整理成册，利用月研讨进行交流。

从教学实践出发，与热爱教育事业、富有责任感和使命感的全体学员教师共同关注初中英语教学的实际问题——"初中生如何积累和运用英语词汇"这一主题，合作研讨英语教学实践中的困惑，共同开发英语课程资源，达到提高工作室成员的教学和教科研水平、发挥名师工作室的专业引领的目标，努力做好推动本市初中英语学科教学发展的领跑者。

（二）集体备课，每月开展线上线下研讨活动，共同进步

工作室的每个学员每学期至少在本校开设一节校级以上的公开课并对所有工作室成员开放，公开课后及时上传相关资料（包括学案、导学案、教学课件、教学设计、媒体资料、图片、反思等）。工作室每个月开展一次线上集体备课和线上或线下公开课研讨活动，同时将定期组织每个学期线下学校间联动研讨课和同课异构等活动。每月开展的教研活动都围绕工作室申请的省级课题"引导初中生积累和运用英语词汇的策略探究"，各个课型都要体现词汇教学策略，学员们通过微信、QQ等平台进行集体备课、授课、听课、交流、反思和总结，探讨研究初中英语教学策略，要求上课的内容要有实效性和可操作性。导师组长要对每次活动做好计划和收集资料（包括课题、主持人、拍摄、美篇等安排），将备课的教学设计、课件、教学实录视频、课后讨论反思等发给梁晓明老师统一保存，推送到公众平台分享。

线上研讨课具体操作如下：当月上课教师做好课件、导学案或教学设计等先在本小组进行集体备课，接着录课，然后将课堂实录交给梁晓明老师做成链接分享到工作群，全体学员观摩学习课堂实录时记录好自己的评课观点，最后在约定时间在工作群里讨论。每次听课观课后的观点心得和反思要以文字形式发给组长收集。

三、组建团队，高效实施

组建团队，实施高效教研活动。组建团队：主持人负责全面工作，傅润芳负责会务，活动记录人为吕婕，拍照者为冯恩恩、林常梅，收集资料、美篇由梁晓明负责，傅润芳、李明坤和李燕娟三人负责文字编写。

具体分工安排如表1所示。

表1 具体工作安排

公开课类型	授课教师	授课年级	授课时间	授课地点	课题名称/课型
3月线上研讨课	梁晓明	（讲座）	3月18日上午9：30—10：30	高州市石鼓中学录播室	"教育信息化2.0行动下教师的技术修炼"讲座

续表1

公开课类型	授课教师	授课年级	授课时间	授课地点	课题名称/课型
学校间联动	傅润芳	八年级	（时间待定）	高州市荷塘中学	Module 3 Journey to space Unit 1 Has it arrived yet? Lesson 2 听说课
4月线上研讨课	何少琼	七年级	4月16日	电白区环城中学	Module 6 Around town Unit 1 Could you tell me how to get to the National Stadium? 听说课
同课异构	柯晓	八年级	5月21日	茂名市龙岭学校	Module 8 Unit 2 We thought somebody was moving about. 阅读课
同课异构	李韵胡	八年级	5月21日	茂名市龙岭学校	Module 8 Unit 2 We thought somebody was moving about. 阅读课
6月线上同课异构研讨课	陈明慧	九年级	6月11日	信宜市朱砂中学	中考话题词汇复习课"饮食、卫生与健康"
6月线上同课异构研讨课	欧小丽	七年级	6月11日	高州市根子中学	中考话题词汇复习课"饮食、卫生与健康"
6月线上同课异构研讨课	陈茜	九年级	6月11日	茂名市龙岭学校	中考话题词汇复习课"饮食、卫生与健康"

工作室按计划已开展了6次线上、线下和送课到薄弱学校等研学活动，每一次的研学活动全体学员积极参与、身体力行，超负荷地完成研学活动的各项工作。我带工作室，最核心的理念，就是想方设法地激发学员们自

我发展的内动力，唤醒每个学员内在的那强大的自我，并调动他们善于付诸行动获得成长。虽然没有丝毫的报酬，但大家还是在他们的不同的岗位上孜孜不倦地参与线上、线下教学研讨等活动，我深深地被他们的那股热情感动了。

　　一分耕耘一分收获，辛勤努力迎来硕果累累。工作室学员老师有 11 人荣获高州市中小学骨干教师，陈凤主任荣获高州市高凉名教师培养对象，助理梁晓明老师入选茂名市信息技术能力提升工程市级培训团队，陈文燕主任晋升为电白区小良中学副校长，4 位老师带领学生参加 2020 茂名市初中英语模块整体教学展评活动中并获二等奖。其中 1 位学员获得全国论文奖，1 位学员获得省级论文奖，4 位学员获得市级论文奖。

　　开展区域交流、助力教师专业成长是教育发展中重要的组成部分。创新教研活动、组建优秀团队能很好地调整地区的师资差距，尤其是使青年教师进步更大、更优秀，从而达到助力教师专业成长，进而提升教育教学质量的目标。

参考文献：

［1］教育部. 义务教育英语课程标准［S］. 北京：北京师范大学出版社，2011.

［2］鲁子问，康淑敏. 2008. 英语教学方法与策略［M］. 上海：华东师范大学出版社，2008：199.

［3］赵丽. 不择手段记单词［M］. 长沙：湖南文艺出版社，2014.

联片教研活动，促进教师专业成长

——联片教研促进了我校政治科组教师的成长

茂名市博雅中学　汪结莲

摘要：茂名地区的联片教研为我们政治教师的专业成长提供一个良好的学习平台，有助于教师专业知识、专业技能、师德的提高，特别是有助于青年教师的快速成长。

关键词：联片教研；专业成长；知识；技能；师德

"联片教研"顾名思义就是同一行政区划下不同学校的同一科目的教师进行教研互动；而教师之间的教研互动行为，其动机旨在促进教师自身的发展，满足教师的情感和归属、尊重和自我实现的精神需要。

创新联片教研推动教师专业化成长既符合教师自身的需要，也符合教育事业发展的需要。由此可见，联片教研推动教师专业化成长是大势所趋。

社会发展日新月异，教师专业知识更新缩短，教学实践中的问题层出不穷，选择教师行业必须树立终身学习的理念，不断探索，不断成长。茂名地区政治联片教研的创新实践，证明了联片教研对推动教师专业化成长具有巨大的影响力。

专业化成长是教师成长的核心。教师专业化成长主要包括师德、专业技能、专业知识三个方面。以下我将从这三个方面来谈谈茂名地区的政治联片教研有助于教师专业成长的亲身体会。

一、通过联片教研培训，对我校政治教师的道德素养和学科素养起到了潜移默化的引领作用

联片教研的"三能"建设，在全市的政治教师中培养了一批各层级的"教学能手、教研能手、督导能手"，我校张洪平主任创建了省名师工作室。通过名师工作室的研修学习和培训，让我们了解身边熟悉老师平凡工作中

的不平凡，从身边的榜样学起；通过名师工作平台展示教育教学成果，激励我们只要爱岗敬业、脚踏实地、勤思好学，不分教学资历，都可获得学校或社会的承认，实现自我价值；通过联片教研的学习交流研讨，师师互动，我们老教师彻底打开了故步自封的思想，开阔了教研视野，更觉得教师职业须要终生学习、开拓创新、与时俱进，方能匹配"传道授业解惑"的职能需要。

二、通过联片教研活动模式，教师的专业技能在教学实践中都能得到提高

（一）通过联片教研培训研修，教师的信息技术的技能能得到不同程度的提高

注重教师教学基本功的培训学习，如组织学习制作课件的相关软件、翻转课堂、微课制作等培训活动；组织教师进行专业技能的专门研修，如2018年茂名市中小学教师教育教学能力提升的继续教育研修、2020年广东省中小学教师信息技术应用能力提升工程2.0的校本研修等。我校青年教师都能熟练应用智慧课堂，老教师也能掌握制作多媒体课件和运用网络进行组卷评卷、线上教学等常规性教学工作的所必备的技能，信息技术在我校已得到普及，因而我校被评为省信息技术示范学校。

（二）通过联片教研的学科教研，使得教师的教学经验都能得到丰富和发展

参与联片教研的"说课与反思""评课与对话"等教研活动，使教师透过课例，学习重新审视教材，重新思考、研究如何更好地开展教学，为领悟教材、驾驭课堂、师生互动等方面提供了教学方法的参考，促进教师的教学经验得以提升。

参与联片教研的"示范与观摩"的各种类型的听课活动，可以直接感受不同学校的特色，领略和感悟不同教师的教学风格，不同的教学设计，不同的教学艺术，不同的教学效果，带给我们听课教师更多的启发和思考。

（三）通过联片教研的校本教研，教师的教育能力都能得到提高

联片教研中的校本教研需要教师有团队精神和尊重意识，只有精诚团

结才能合作进取；钻研教本需要教师了解对象，有的放矢，只有换位思考才能事倍功半；以学生为主、摆正位置；学人之长、为我所用。

（四）通过联片教研的学习交流研讨，教师的胆识和表达能力都能得到进步

联片教研，为教师在不同级别的教学教研活动中积极发言提供机会，如参加备课交流的中心发言、科研活动的专题发言、校际教研活动的代表发言等，既锻炼了教师的胆识和表达能力，又增强了教师的自信心，能够在教育教学上展现自己的优势与才华，激发创造潜能，从而获得更多的实践机会，促进其实现自己的人生价值。

三、联片教研，夯实了教师的专业知识基础

通过联片教研的"校本研修""研、学、教一体化""片区联动"等教研活动模式或教研工作机制，促进了政治教师专业知识的巩固和发展。

联片教研的工作机制突显了以学科为基础、以问题为中心的特色，强化了专业学习，联片教研的"校本研修"要学习新教材、新课标，通过专家引领，帮助教师进一步领会新课程的教学理念，让教师对学科教学有了深入的理解与思考。

通过联片教研的学科教研和学习观摩，每学期教师要听课15节以上，组织开展系列性专题培训，实行"走出去"与"请进来"相结合，海纳百川，为我所用。教师通过学习观摩掌握了教育教学常规，了解教育教学规律；教研交流中的反思总结，帮助教师准确地把握学科的主要教学内容及教学的重难点，帮助教师认识并掌握教学的新方法、新手段，并且能够有效地运用到自己的实际教学中去。

政治联片教研以全体政治教师和各级政治教研员为主体，"研究、学习、培训、管理、评价一体化"是政治联片教研的工作内容，学校的考评也与之相结合，由此推动我们进一步重视课堂教学的反思环节，每一课教学教案都有教学反思，每周选择一堂成功课或不足之课最少写2篇反思随笔，每学期至少撰写1篇较高质量的教育教学方面的总结或论文或教学案例，期末上交学校检查，并记入教师个人业务成长档案。联片教研让教师学会了经常反思，反思既能拓展专业知识，又能提升教育境界。一个学会经常反思的教师，往往会成长为一个真正优秀的教师。

我们学校政治名师工作室充分发挥联片教研的核心作用，督促政治教

师读书学习，自学与集中学习一些与政治课教学相关的专业知识（经济、法律、政治等）和教育理论专著，促进政治教师自我知识的更新与发展。组织老师积极参加"研、学、教一体化"活动，如动员老师积极参与市中学思想政治课教学案例及反思、教学论文等评选活动，积极申报省级和市级教研课题的立项研究，提倡老师将自己平时好的教育教学经验或心得进行总结发表等，在政治联片教研的春风吹拂下，我校政治老师的专业知识和教育教学业绩都喜获双丰收。

四、联片教研大力帮助了青年教师的专业成长

我校政治名师工作室有针对性地带教，帮助青年教师尽快熟悉初中教材的知识体系和教学的知识要点；通过专家引领，传授自己多年的实践教学经验，帮助青年教师在课堂教学上尽快入门并缩短走向成熟的路程。

我校政治名师工作室注重青年教师教学水平和能力的培养：青年教师每学期必须上一堂汇报课，积极参与联片教研的研讨活动，通过说课、听课、评课等活动，每次听课后的高质量反馈指引了青年教师上课的方向和道路，全方位提高青年教师的教学能力。

借助联片教研的平台，组织青年教师积极参加各类级别的研讨课、示范课、优质课等形式的教学比赛活动，不断提高青年教师教学的层次及水平；通过不同级别教学教研活动的交流机会，拓展青年教师的视野，增强其综合能力。联片教研让青年教师受到耳濡目染、潜移默化的影响，不断提高自己的教育教学能力，迅速成长为独当一面的主力教师。

综上所述，联片教研就是通过校本和学科教研、专家引领、个人反思、同伴互助这样一系列的互动学习方式，促使我校政治科教师整体专业的进步，并为愿意奋斗、不甘寂寞、激情满怀的老师提供了无限的成长空间。总的来说，茂名市市区搞的联片教研是一项改革创新之举，让我们教师在开放中学习，在学习交流中愉悦了身心，消融了职业倦态，切切实实感觉到了进步。

推进区域教师发展,助力青年教师专业成长

信宜市教育城初级中学 汤美娟

摘要:在我国,"教师专业化发展"这个概念虽然提出较早,但进入实际操作阶段却是近几年间的事情。本文分析了当前国际现代化教育迅猛发展、我国新课程改革正不断深入的大背景下青年教师专业化成长的重要性,明确了青年教师专业化成长的目标,并结合本校实际情况,从学校环境、青年教师自身这两个层面探讨了促进青年教师专业化成长的一些策略,期望能够抛砖引玉,给广大关注教育事业的专家、学者带来一些有益的思考。

关键词:青年教师;专业化成长;策略

一、青年教师专业化成长的重要性

在我国,"教师专业化"这个概念虽然提出较早,但真正进入实际操作阶段却是最近几年间的事情。所以,教师专业化发展是一个比较时髦新潮的话题,更是一个有着重大现实意义的问题。具体来说,教师专业化发展具有哪些重要意义呢?

(一)教师专业化发展关系到国家民族的未来

我们常说:"国家未来,民族希望,系于教育;教育大计,教师为本。"我们都知道,国与国之间的竞争,胜败输赢很大程度取决于综合国力。综合国力的竞争,关键在于人才的竞争。人才的竞争,归根到底就是教育的竞争,而教育的振兴首先系于教师的素质。大量实践证明,一流的教育需要有一流的教师队伍。放眼世界,美国、德国、日本等西方强国之所以能够跻身世界强国之林,就是因为它们重视培养大批高素质的教师,高素质的教师创建了世界一流的教育,一流的教育铸造了一流的经济。21世纪,各国都异常重视教育,教师专业化已是世界性的教育改革发展趋势和潮流。

我国现有1000多万中小学教师,是国内最大的一个专业团体,承担着世界上最大规模的中小学教育。尽管我国教师的教育教学水平已经在一定程度上达到了专业化标准的要求,但与发达国家相比,尚有不少差距。所以,推进我国中小学教师专业化发展,势在必行。

(二) 教师专业化发展是新课改赋予教师的职业要求

成长是一个矢量,即具有明显的方向性和时代性。教师专业化发展的方向性和时代性,体现在社会和个体发展等因素对教师的要求上。当前国际现代化教育迅猛发展,我国的新课程改革正不断深入,对于广大教师而言,这是一次"职业革命",它要求教师角色由过去的教学情境的支配者、知识的传授者,转化为平等的对话者、知识的生成者、道德行为的引导者、思想的启迪者、心灵世界的开拓者,以及情感、意志、信念的塑造者,这就要求教师不仅要具有较高的师德修养和丰富的学科知识,而且还必须具有丰富的教育理论知识和教育实践能力,特别是能够解决教育教学实际问题的能力,全社会对教师的角色期望已经有了大跨度提高。因此,教师必须随时对自己的专业结构、教育教学技能进行调整,在实践中不断学习、研究和反思,对自己的知识、能力与经验进行整合,才能够适应新课程改革的新形势。

(三) 教师专业化发展是学校可持续发展的需要

邓小平同志在20世纪80年代就多次强调:"教育要面向现代化,面向世界,面向未来。""一个学校能不能为无产阶级培养合格人才,培养德智体全面发展、有社会主义觉悟的有文化的劳动者,关键在教师。"教师是教育改革与发展的中坚力量,教师的专业成长是学校可持续发展的关键。

以我校为例,2003年秋季,信宜市委、市政府为实施科教兴市战略,调整了全市高中教育布局,将信宜中学初中部独立出来,办成信宜市教育城初级中学。十多年来,在党和政府以及上级教育主管部门的正确领导下,在两任校长和广大师生的共同努力下,目前已由一个当初条件简陋、只有10多个教学班的毫不起眼的学校,发展为目前粤西地区规模最大的省一级初中学校,现有302名教师、91个教学班、4700多名在校学生,成了众多学子争相前往的求学圣地。但是,我们也清醒地认识到,如果没有足够的后续师资力量,我校下一步的发展就有可能出现一个停滞不前的"高原现象"。因为有一个不容忽视的事实摆在我们面前:由于学校近年来发展规模不断扩大,教师队伍阶梯状分布十分明显,教龄在15年以下的青年教师占了全校教师总人数的一半多，学校骨干教师群体也出现了严重断层，全校获得市、县级骨干教师以上荣誉称号的和高级教师职称的基本都是教龄15年以上的教师。在青年教师已成为学校教育教学改革的生力军，更成了当之无愧的主力军的前提下，如何继续保持学校良好的发展态势，使之成为区域性品牌学校呢？出路在于迅速形成一套行之有效的青年教师培养模式，使之更积极、更主动、更认真、创造性地工作，这是我校提高教育教学质量、实现可持续发展的重要保障。

（四）教师专业化发展是青年教师自身素质提高的需要

在教育教学实践中，青年教师队伍还存在一些不尽人意的地方。例如：许多参加工作不久的青年教师都感到自己在了解分析学生、驾驭教材、实施教育教学策略、反馈教学信息、处理课堂偶发事件、开展教学研究等方面的教育教学实践能力还亟待提高；一些青年教师专业精神不强，没有把教师当作一种促进社会和个体发展的神圣职业，而是作为一种谋生的手段，敬业和奉献精神不强；一些青年教师知识结构不合理，学科课程知识过专，基础学科方面的知识过于狭窄、过于陈旧。我们反观魏书生、于漪、李镇西这些名师，他们在课堂上游刃有余、驾轻就熟。所以，青年教师要迅速提高自身素质，学习魏书生等前辈在课堂上与学生在和谐中交流碰撞，才能够在互动中挥洒青春、放飞思维，体会到教书育人的幸福。

由此可见，教师专业化发展特别是青年教师专业化发展是我国当前教育教学改革的迫切需要。各级教育主管部门和学校必须加大对青年教师的培养力度，以新课程改革为契机，以区域交流研训为抓手，促使青年教师更新教育思想观念和知识能力结构，提高教育教学能力和自我发展能力，使一批批青年教师迅速成为学科带头人、骨干教师，打造一支师德高尚、结构合理、业务精湛、富有生机和创新活力的教师队伍，使青年教师达到"职业有认同感、事业有成就感、人生有幸福感"的理想境界，同时为打造特色学校甚至区域名校奠定坚实基础。

二、青年教师专业化成长的目标

青年教师在专业化发展过程中，要为自己确定一个职业生涯规划，确立"一年适应、三年合格、六年成为学校骨干、十年成为县域骨干、十五年成为县域名师"的总体奋斗目标。具体要做到以下内容。

（1）具有高尚的职业道德。具备童心、智慧，努力使每一位学生体验到成功、关怀和成长喜悦,做导师型教师。

(2) 具有强烈的自我发展需求。在教育过程中不断超越自己、充实自己,焕发生命活力,实现人生价值,做事业型教师。

(3) 具有积极的团队精神。发挥个体作用,为构建和谐团队做贡献,能和同伴合作、分享,能主动沟通家校联系,做合作型教师。

(4) 具有终身学习的意识。树立终身学习观念,自觉提升学历,学习教育教学理论、专业知识和科学文化知识,做到"既专且杂、一专多能",做学习型教师。

(5) 具有娴熟的教育教学技艺。按照教育规律和学生心理规律,智慧地、艺术地教育学生,灵活、有策略地驾驭课堂教学,熟练运用现代教育技术,做智慧型教师。

(6) 具有较强的课程开发和教育科研能力。不再仅仅是一个忠实执行课程的教学"操作工",而是一个课程的开发者、思考者、思想者,做研究型教师。

三、青年教师专业化成长的策略

青年教师专业化发展是一项艰巨而复杂的系统工程,既要包括正确的政策导向和舆论氛围、学校内部科学规范的管理和与时俱进的建设步伐、学校主要领导人(即校长)的办学思想和教育理念、同事之间合作互助等在内的良好外部环境,也离不开个人的主观努力,只有外部环境与内部条件相互促进、协调发展,形成一个"以学校引导成长为主导、以青年教师个人主动发展为主线、以教师同伴互助成长为补充、以新课程改革为契机、以区域交流研训为抓手"的青年教师专业化发展模式,才能够将青年教师培养成为有知识、有学问、有道德、有理想、有专业追求、善于不断自我促进的优秀人才。下面,我结合自己的成长经历,谈谈对青年教师专业化发展策略的一些粗浅认识。

(一) 学校要为青年教师专业化发展营造严肃活泼、民主平等、轻松和谐的学习和成长氛围

青年教师的专业化发展,离不开学校这块"土壤"。所以,学校要大力营造有利于教师专业发展的校园环境,帮助青年教师的专业化发展。

1. 关心青年教师,使青年教师安心工作

学校要从人文关怀入手,对青年教师多关心、多交流、多支持、多鼓

励，了解青年教师的困难疾苦，协调合作关系，使青年教师远离庸俗、远离铜臭、远离低级趣味、远离不正之风，获得事业上的成功和精神上的快乐，从而愉悦地、充满激情地工作，同时促使其心理健康发展。

2. 建立健全良好的教师培训、交流、研修机制

新课程改革强调学科教学内容要开放性、交叉性、整合性、综合性，许多青年教师单凭在师范学校学到的现有知识储备已经不能满足实施新课程改革的需要。因此，学校围绕"学习—备课—上课—交流—反思—科研"这一流程，加大校本培训力度，促使青年教师更好地熟悉教育教学工作。一是重视平时说课、备课，坚持各学科每周都安排一个下午集中年级科组教师备课的集中备课制度，由各年级各学科的备课组长、骨干教师向本学科教师说下周的课程，说目标、说准备、说过程、说练习，再由教师们各抒己见，直至达成共识，帮助青年教师熟悉教法，把握重难点的教学方法，保证课堂效果，提高课堂质量；二是开展教育教学理论学习，每学期都组织2～3次由分管德育、教学副校长对全体教师进行教育理念、各科领域教学方法、教学模式的系统讲解；三是先由骨干教师上示范课，集中全科组教师观摩并在课后进行研讨、总结，最后让青年教师每人上一节"翻版"课或"异构"课，打造出每个青年教师的精品课堂；四是每月安排一两名骨干教师围绕一线青年教师的工作困惑和研究难题，开一场"一人主讲、众人参与、台上台下平等对话"的专题研讨会，以达到思想碰撞、相互启迪、求同存异的效果；五是坚持实施青年教师"六个一工程"——每学期阅读一本理论专著，撰写一本教育教学札记，承担一个小课题研究，上一节研讨课或创新课，积累一套独特有效的资料，发表一篇有见地的论文。

此外，学校每学期要为电化教育能手提供多媒体课件制作与展示的机会，为青年教师提供上汇报课、评优课的机会，为青年教师提供演说教育教学案例的机会等，激发青年教师的工作热情和个性潜能。还可以根据青年教师比较熟悉网络的特点，鼓励他们把自己教育实践中所碰到的难点、疑点问题写在自己的博客、美篇上，在网上与各地网友进行讨论，畅所欲言，不求结论，重在参与，不论谁是谁非，而是注重思维的碰撞，从而达到互通信息、开阔思路、分享经验、互受启迪的目的。在经费、时间允许的情况下，学校每学期都要组织一批学科带头人、骨干教师、青年教师到各地考察、学习，延伸交流平台，取百家之长，补一家之短。

3. 加强青年教师的教育教学业务常规检查

教学检查不是对青年教师的"管、卡、压"，而是促进青年教师教育教学行为规范化的重要环节。政教处每月检查青年班主任的工作手册，教导处每月检查青年教师的教学计划、备课、上课及活动指导，青年教师每学期检查自我发展规划与记录情况等，这些检查都要召开交流会反馈检查情况。

4. 以人为本，科学评价青年教师

学校要把评价的权力还给学生、家长、教师、教研组，通过问卷调查、家长座谈、教师自评、教研组鉴定、学校汇总核实等形式，将教师的教学能力、教学理念以及教师的职业素质纳入教师考核评价体系中，全方位、多角度地科学评价每一位青年教师，有针对性地帮助教师实现专业化的发展要求，引导青年教师朝着专业化方向发展。

5. 建立教师个人发展档案，激发教师自主发展

教师的发展需要见证和认可，更需要鼓励，建立教师成长档案相当重要。档案内容可以有文字记录（优秀活动设计、反思记录、教育随笔等）和图片记录（精彩瞬间、难忘时刻、公开活动展示等），记录青年教师的发展足迹，让每一个青年教师都能看到自己的成长，从而产生强大的内驱力。

（二）青年教师自身要主动发展，增强专业化发展的内驱力

当前，社会对教师职业认同感不高，教师职业压力大，有人把教师行业形容为"鸡肋"行业，更有人把教师的工作幽默形象地比喻为"站台""卖声""吸粉"。所以，单靠学校环境外力，对青年教师专业化发展的促进作用是有时间性的，也是有限度的，在一定的条件下往往很容易逐渐失效。而青年教师专业化发展是一个不断持续的过程，只有源源不断的内在驱动力才能保持长效作用。所以，青年教师自身要主动发展，为专业化发展提供强大的内驱力。

1. 努力提升师德修养，树立正确的职业心态

2014年9月9日，习近平总书记在北京师范大学师生座谈会上强调，全国广大教师要争做"有理想信念、有道德情操、有扎实知识、有仁爱之心"的好老师，为发展具有中国特色、世界水平的现代教育，培养社会主义事业建设者和接班人做出更大贡献。2016年9月9日，习近平总书记在北京市八一学校考察时强调，广大教师要做"四个引路人"，即：做学生锤炼品格的引路人，做学生学习知识的引路人，做学生创新思维的引路人，做学生奉献祖国的引路人。2019年3月18日，习近平总书记在全国学校思想政治理论课教师座谈会上，针对提高思政课教师素养提出了六个"要"：政治要强，情怀要深，思维要新，视野要广，自律要严，人格要正。青年教师要以总书记这些指示为激励，立志终身从事并献身于教师这个职业，

促进自身的专业发展,全身心地投入到这个日复一日、年复一年的平常、平淡、平凡的工作中去,发扬艰苦奋斗的创业精神、以校为家的主人翁精神、团结协作的团队精神,远离庸俗、远离铜臭、远离低级趣味、远离不正之风,团结一心,努力拼搏,愉悦地、充满激情地工作,为学校发展建功立业,同时获得个人事业上的成功和精神上的快乐,实现自己的人生价值。

2. 更新教育教学思想,与新课程改革共同成长

新课程改革强调学科教学内容要具有开放性、交叉性、整合性、综合性,许多青年教师单凭在师范学校学到的现有知识储备已经不能满足实施新课程改革的需要。这说明教师不仅是教育者,而且是学习者、研究者。如今当教师,排在第一位的是学科素养,第二位的才是教学技术技巧。所以说,要当一流的教师,就要先当一流的学生。教师在教书育人的同时,要挤出时间认真学习,不断吸纳和更新自己的教育理念,不断提升自己的专业素养。

3. 加强教育教学反思,总结工作经验教训

要想实现自己的专业发展,还要养成反思的习惯。孔子曰:"吾日三省吾身。"荀子在《劝学》中也说:"君子博学而日参省乎己,则智明而行无过矣。"可见自我反思的重要性。教育教学反思是教师对教育教学过程中出现的教学事件和现象的再思考,包括对教育教学理念、教育教学行为、教育教学艺术的反思。叶澜教授说:"一个教师写一辈子教案,不一定成为名师,如果一个教师写三年教育教学反思,就有可能成为名师。"美国著名学者波斯纳有一个著名的教师成长公式:"经验+反思=成长。"足见教育教学反思在教师专业化发展中的重要作用。而我们许多青年教师却恰恰没有意识到这一点,不太愿意或不太注意进行教育教学反思。反思是创新的基础,是校本研究最基本的力量和最普遍的形式,它常被认为是"教师专业化发展和自我成长的核心因素"。教育教学反思的方式,主要有写反思日记、写教育叙事、观摩教学、讨论教学、开展行动研究等。从每一个教育案例、每一节课中找出自己的得失,促使自己用脑思考、用心教学,是青年教师专业化发展的必由之路。

4. 主动承担课题研究,提高自身研究水平

苏联教育家季米良捷夫说:"教师不是传声筒,把书本的东西由口头传达出来,也不是照相机,把现实复呈出来,而是艺术家,是创造者。"因此,青年教师不能只把自己的目光和脚步停留在传统意义上的教育教学行动上,而是应以研究的态度大胆去参与教育教学实践,树立"发现问题即

课题，行动即研究，教育即科研，成长即成果"的意识。课题研究并不是高不可攀的事情，课题不须求大也不须求全，要避虚就实，首先从自身的教育教学经历中发现问题，然后再用"行动研究"的方式去解决这些急需解决的问题，使教育、教学和教研紧密融为一体，提升自己的教育教学能力，形成适合自己个性特征的教育教学风格和模式，使自己实现从"经验型"教师到"学习型"教师再到"学者型"教师的类型转换。

（三）主动开展校内、区域内的同伴合作，在互助帮扶中迅速成长

有这样一个故事：你有一个苹果，我有一个梨，如果你我都固守住自己的不放，那么我们最终都只能吃到一种水果；如果我们都肯将自己的水果分一半给对方，那么我们就都能品尝到两种水果的香甜。这就是交流与分享的作用。青年教师的专业化发展，离不开群体的影响和组织的支撑。一个群体的成员之间如果能相互学习、相互配合、交流思想、分享经验、相互激励、彼此支持，那么每一个成员就能够不断突破自己的能力上限，实现共同成长。实际上，每位教师都有独特的亮点，如青年教师虽然经验不足，但新知识多、思想开放、接受新事物快，这是中老年教师自愧不如的；反过来，中老年教师的教学经验、教学风格、教学艺术、教学智慧等又常常使青年教师望洋兴叹。所以，在教育教学实践中，我们鼓励教师打破片面讲资历、讲学历、讲职称的限制，建立一种新型的以"自主、互动、开放、创新"为核心的"同伴互助帮扶制"，在交流中碰撞出智慧的火花。实践证明，拜师结对这种做法不但能使刚刚踏上教学岗位的新教师在教学业务上迅速地成长起来，能使青年教师进一步提高素质并逐步形成自己的教学特色，还能最大限度地发挥出学校内、区域内各级各类名师、学科带头人、骨干教师的引领指导作用，同时又提高他们的指导能力与业务水平，真可谓"一举多得"。

四、结语

在现代教育理念下，教师不仅是教育教学实践的主体，也是教育改革与发展的主体，教师专业化发展是教师、教育发展的必然趋势，是学校发展、教育发展的内在动力和源泉。因此，各级教育主管部门和学校必须大力采取各种方式，充分激发和调动教师的主观能动性，促进青年教师的专业化发展，以教师的发展促进学生的进步，从而实现学校教育大发展。作

为一名青年教师,要结束长期以来形成的消极被动的"教书匠"角色,不断扩充知识面,实现专业化发展,增强自信心,提升教育教学能力,才能站得更高、看得更远,适应新时代的新要求。

参考文献:

[1] 教育部师范司. 教师专业化的理论和实践 [M]. 北京:人民教育出版社,2003.

[2] 钟启泉."教师专业化"的误区及其批判 [J]. 教育发展研究,2003(4).

[3] 钱兵,郑友训. 教师专业成长中"高原现象"的成因及对策 [J]. 继续教育,2004(1).

[4] 韦宁. 新课程改革背景下教师专业化发展误区及对策探讨 [J]. 长春教育学院学报,2008(3).

[5] 何泳忠. 改革教师培训模式 促进教师专业化发展 [J]. 教育研究,2014(1).

[6] 余彬. 教师专业化发展存在的问题与解决策略 [J]. 教育与职业,2016(10):60 - 62.

[7] 张倩,李子建. 教师专业化的国际经验及其启示 [J]. 中国教育学刊,2017(1).

[8] 曹永国. 解决问题抑或追寻意义:对教师专业化的一种思考 [J]. 华东师范大学学报(教育科学版),2016(9).

区域协作下校本研修模式创新的设想

茂名市启源中学　彭锦娥

摘要：基于新的课程标准的提出、国家课改的变化，教师的专业发展和终生学习是未来教育事业的基础。而面对多数教师群体，校本研修是教师专业发展的主要途径。但当前的校本研修存在一些问题，无法兑现校本研修促进教师专业发展的初衷。针对此现象，笔者提出了在区域统筹协作下，以主题式开展的校本研修新模式，以推进校本研修效果的落地，助推教师专业发展。

关键词：校本研修；区域合作；研修模式

一、校本研修的内涵

校本研修的概念是 2004 年 3 月 27 日教育部副部长袁贵仁在一个培训会议上正式提出的。校本研修是指以学校为单位，以学校的需求和教学方针为中心，以提高教师专业的发展和学校师资水平为目的，通过对学校各方面的资源进行整合，将学校教师集聚在一起进行教研和培训等研修活动。其主要目的是全面提升教师专业水平，落实教育部"中小学教师每五年完成 360 学时的继续教育任务"，均衡基础教育资源，促进中小学教育教学和课程改革的全面发展。

在我国学校教育体系中，教师是重要的组成部分，然而大部分学校受到自身资源和地区的限制，只有学校极少数教师有机会参加研训提升，绝大多数教师没法参加专业技术的集中培训，教师的整体教学水平和专业水平得不到提高，校本研修的提出为大多数教师的专业发展指出了一条可行的途径。在茂名地区，每位教师每年的继续教育中所包含的 18 课时的选修课就是学校校本研修的考核结果。所以，开展校本研修是必然的结果。

二、基于学校的校本研修困境

通过研读文献资料和亲身经历，作为一线教师的笔者认为，现如今校本研修在学校中的应用存在着一些问题。首先，校本研修"自由"过火，管理不力，缺乏引领。校本研修都是由学校自己统筹组织，自己定发展规划、定主题、定学习目标、定考核情况。但由于相关领导和实施者对校本研修缺乏必要的认识，缺少专门的管理机制，导致校本研修流于形式。偶有认真开展的，也因在构建校本研修体系时对校本研修的内涵认识不到位，导致校本研修的研究方向出现了偏差，阻碍了教师专业的发展。其次，学校开展的校本研修形式单一，内容零散且陈旧落后，教师在校本研修中得不到专业的培训，无法实现校本研修对教师专业发展的促进作用，也无法促进学校的整体教育教研的发展。再次，在校本研修体系中，缺少专业人员的指导。各个学校，尤其是薄弱学校和农村学校，专业人才十分稀缺，教师在专业开展学习时遇到的瓶颈得不到有效的指导，导致教师在校本研修中的专业发展受到了限制。最后，教师思想、行动上不积极，发言和记录经常是为了应付检查，思想意识上不重视，导致教师产生抵触情绪，不能经常参加研修活动。

三、区域协作的校本研修模式创新设想

校本研修要有效开展，必须在立足本校的基础上，倡导"大校本"理念，整合区域资源，加强校际合作，构建研修联盟，创造性地开展校本研修活动，实现优质资源共享，提高研修质量和效果。

（一）区域统筹培养学校校本研修管理人才

多数学校的校本研修都是"自由行"，没有统一的管理，没有相关制度的约束。而校本研修管理作为校本研修有效运行的保障，是促进教师专业发展、提高教育教学质量的关键因素之一。而对校本研修的有效管理，关系到校本研修的实效性，直接影响教师的专业发展、学校的发展、学生的发展和教育教学质量的提高。其中，起重要作用的是学校的校本研修管理人员。管理人员必须能统筹校本研修的大方向，明确学校的研修计划、研修内容、考核制度等，协助制定校本研修制度，统筹管理校本研修。专业的管理团队对校本研修的顺利开展起着引领作用，至关重要。而学校恰恰

缺少专业的管理团队。校本研修管理制度是服务于教师研修的，制度不完善既影响了教师专业成长，也影响校本研修的效果。

目前，茂名地区各个学校的校本研修基本都是无效的研修。大部分教师仍旧是像平时那样上课、评课，没有本着解决教育问题开展研修，没有规范的考核评价，没有促进教育教学的发展，只有流于形式的应付。有的也会虎头蛇尾，初始设想很好，但是由于没有后续专业的跟进和追踪考核，最后草草了事。因此，地区域内的继续教育中心可以统筹各个学校的管理者进行集中培训，组建校本研修管理专家团队（包括科组长的培训），提升学校管理人员的专业水平，精准掌握学校的命脉，制定行之有效的校本研修制度，保障学校校本研修开展行之有序、研之有效。

（二）区域统筹梳理学校的校本研修主题

校本教研离不开具体的教学问题，教学问题是校本教研的重要资源与起点。但是每位教师在教学中遇到的教学问题都不一样，那如何开展校本研修，解决教学问题？笔者认为要做到形散而神不散。例如，笔者所在的学校，由于生源等各种原因，可能数学科组遇到的问题与英语科组的大不一样，根据教学内容无法组织所有教师都学习某个知识点。但是要实现学校的整体研修效果，推进学校教育教学的发展，可以将相似的教学问题归入同一教学主题，再针对教学主题展开教研工作，将有助于提高教研的效率和针对性。笔者所在的学校就把问题凝练出来，提出了"171"高效生本课堂教学模式，校本研修也就着主题有目的、有针对性地开展，效果明显。

研修主题的命脉把握对研修至关重要，如果没有专业人员把关，风险是极大的。因此，笔者认为，各个学校应该提前谋划，同时也要兼顾学校发展状况、教师构成情况等。在每个学期初，各个学校把对自身分析总结出的研修主题汇总（可以通过问卷调查、访谈等形式开展）上交到区域继教中心，由区域继教中心统筹安排专家把脉，判断研修主题的可行性，判断能否有绩效成果产出，然后将结果反馈给学校，再开展教育教学实践研修，让主题式教研真正从问题出发。研修主题的确定是后续活动开展的前提，能真正帮助教师解决问题，使校本研修落到实处。

（三）区域统筹搭建专家人才库

一般校本研修的路径有三种："教学反思""同伴互助"和"专业引领"。不管哪个方面，特别是专家引领，都需要专业人才的带领。但是数据表明，目前教育体制内的培训，国培、省培、市培的资源都向极少部分人员集中，绝大多数教师无法得到外出研训的机会。每个学校，尤其是农村学校，校内的专业人才少之又少，有些学校甚至没有。所以，校本研修需要区域帮助这些人才紧缺型学校搭建一个专家人才库。学校在确定研修的方向后，可以邀请专家们到校进行针对性指导，从而达到教育资源的均衡。

区域继教中心可以从各个学校挑选各个领域的专家们组成人才库，也可以继续挑选有潜质的教师培养，为区域内学校提供专家指导。借助专家团队的力量，对优质资源、优秀成果进行推送。在校本研修中，专业引领是一个重要因素。可以组建三级专家团队——首席专家团队、学科指导专家团队、学科版主团队。不同层级的专家，解决不同对象的不同问题；不同层级的专家，逐级推送优秀资源、优秀成果。在统筹梳理学校校本研修的主题后，根据各个学校的情况指派特定专家坐镇该学校指导开展研修工作。学校开展研修时，有困惑或者有困难，可以直接向对应的专家团队请假，从而打造专业、高效的校本研修活动。

（四）区域统筹开发校本培训资源库

通过调查发现，93%以上的学校没有自己的校本培训资源库。即便学校想要开展主题式的校本研修，也苦于没资源而难以开展。邀请专家难，自己想在校内开展，又没资源。以笔者所在学校为例，学校在 2015 年的时候开展微课培训，没法请到专家，临时在学校找了两个有经验的老师来开展培训。但是培训的老师没有对应的上课资源，没有系统的制作理论，只能到网上东拼西凑，临时拼凑出不是很专业的资源开展研修，效果一般。

很多学校不缺讲师。但是，缺的是专业的资源。区域的继教中心，教育教学理论都是走在区域的最前端，区域内外的专家学者也都熟悉。所以，可以由区域继教中心统筹，结合各个学校提炼出来的研修主题，组织专家学者和某些教育教学突出的学校建设团队，共同打造校本培训资源库，为薄弱学校提供高质量的培训资源，使得区域内优质资源共享，薄弱学校也能校内培训，有效消化。

（五）区域统筹组建校本研修考核团队

校本研修的开展，为了避免虎头蛇尾，没有效果，就要对研修结果进行考评。基于各种原因，校内同行之间的研修考评一致都是礼赞，没有相应务实的、可量化考核的考评机制和考评专家团队。对于此现象，区域继教中心可从各个学校的专家人才库中组建队伍，在研修活动结束后对研修进行考评，对成果进行验收，对研修暴露的缺点进行指导，助推校本研修有效落地。

四、结语

区域协作下的校本研修模式如图 1 所示。校本研修工作尚处在初步规范和提升阶段，区域内的统筹引领和示范能使校本研修工作真正成为促进教师专业发展和学校特色发展的载体，助推校本研修从规范化走向品牌化。

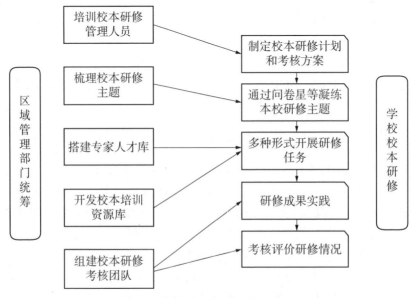

图 1　区域协作下的校本研修模式

参考文献：

［1］贺军."网络研修与校本研修整合项目"考核评价指标的探索与尝试［J］．北京广播电视大学学报，2015（8）．

［2］杨荣波．区域推进中小学校本研修的实践与思考：以温州市瓯海区为例［J］．中小学教师培训，2019（5）．

［3］孟性菊．网络学习空间支持下的乡村教师研修模式构建研究［D］．贵阳：贵州师范大学，2017．

第四部分 校本研修

基于 2.0 提升工程的校本教研活动实施策略研究

茂名市第一中学　杨海燕

摘要：本文以 2.0 提升工程的整校推进为背景，依托学校线上线下混合式校本教研的实践经验，分别从做好软硬件准备——线上校本教研、总结模式——研究推广线上校本教研、运用大数据——开展精细化校本教研等三个方面开展探索校本教研的提质增效。

关键词：2.0 提升工程；校本教研；策略

在疫情笼罩下的特殊时期，教师以积极乐观的心态去迎接疫情带来的各种教学挑战。"延期不延教、停课不停学，停课不停研"。《教育部关于实施全国中小学教师信息技术应用能力提升工程 2.0 的意见》（教师〔2019〕1 号）中明确提出："信息技术应用能力是新时代高素质教师的核心素养。"在线教学与学习已经从应急走向常态，成为线上线下相融合的学习。教研也是如此。本文结合实践案例谈谈基于 2.0 提升工程的校本教研活动实施策略。

基于 2.0 提升工程的校本教研活动有别于传统的教学研讨活动，因为教学时间借位、教师个人性格等原因不能顾也未必能听到每一个教师的真实声音，从而使教研失去本真。信息技术支撑下的教研，拥有全流程的备课工具、课例研究工具、听评课工具，提高了课堂教学效率、促进了教师专业成长。"混合式伴随教研"融合传统现场教研与网络在线教研优势，为每位教师的专业成长提供更加个性化、智能化服务的教研组织方式。[1]

一、做好软硬件准备——线上校本教研

2021 年 6 月，学校提升工程 2.0 示范研讨课及线上教研活动拉开帷幕。本次教研活动由文科、理科、非高考科目教师代表分别承担线上公开示范

课。为期三场的教研活动,组织周密,顺利开展,成效显著。UMU、腾讯会议等互动教研平台的功能得到深度的挖掘。

(一) 互联网+教研的重要载体是构建信息技术应用环境

建立健全 WiFi、4G 无线网络、移动互联网开放平台,致力于让"互联网+"成为推动学校转型升级和可持续发展的新引擎。学校从教学研讨的供给入手,创新教育服务的内容和形式,引领教研需求的变化,增强教学研讨活动的实效性。学校遵循"互联网+"的规律,提升教育教学研讨供给各个环节的保障水平,逐步提升教研活动的数字化、在线化、虚拟化、协同化水平。[2]

(二) 培育教师的"互联网"思维

互联网思维的核心是用户思维、简约思维、极致思维、迭代思维、流量思维、社会化思维、大数据思维、平台思维、跨界思维。这种综合的思维方式,与教育改革所需不谋而合。经历过信息技术提升 1.0,2.0 时期信息技术应用进入了融合阶段和转型/创新阶段。即教师将信息化手段融入课堂和课程中,实现教学流程再造,满足个性化学习需求。教师实现角色转变,借助信息技术的手段(检测、评价)由教学活动组织者转变为学生学习组织者及促进者。对提升工程 2.0 的解读,有助于教师强化线上线下教研相融合的意识。

(三) 构建网上教研团队

基于提升工程 2.0 网络研修和校本研习,将老师队伍划分为 5～8 人的教研小组,以问题解决和任务驱动建设多样化的教研团队。海量资源的共享,如各式培训专题讲座应用案例分析和教学难点解析课例研修,经典案例的切片式分析,改进案例的过程,这些都助力教研实现教师专业知识能力的提升。团队需要在资源运用的过程中,注重包容创新的同时,科学统筹,甄选资源,稳定成效。

二、总结模式——研究推广线上校本教研

2020 年疫情期间,为保障线上教学效果,提升在线教学质量,思政学科组全体教师在"钉钉"上开始了线上教研活动,会议由科组长主持。教研刚开始,教师们针对线上教学的进度进行了研讨,统计了各班的教学进

度,并对后期的教学提出了建议,强调教师们在线上教学中,一定要不抢进度,降低标高,注重双基,强化落实,确保实效。类似的线上教研成了探索线上教研的序章,各学科组开始探索校本教研的2.0模式。

(一) 组成协同教研共同体

提升工程2.0的又一关键词是"双师模式"。双师是基于互联网技术支持教育教学改革,建立"双师工作坊",组成协同教研共同体。"双师"课堂应用一是录制微课,优秀教师针对知识点和难点,录制微课,解决小问题,实现线上线下混合式课堂教学。二是在教室多媒体基础上增加设备,由骨干教师讲课,其他教师做助教。三是实现跨区域、校际的远程专递课堂。利用专递课堂、同步课堂、名师课堂、名校网络课堂等方式,通过网络研修加强集体备课、研课交流,远程陪伴式研训。

(二) 依托项目研究

依托项目研究,培育核心素养,推动教研转型创新。"互联网+学科教研"项目以主题式、体系化的方式推进研训工作,以项目为载体建立教育教学的改进和追踪机制。依据利用流媒体视频和数据分析等手段,进行实验数据的收集、整理和分析所得,能有效确立教研主题,让研究直指现实问题的解决。如思政学科把教研主题定为"在信息化支持下变革教学方式",通过多样化、综合化、实践性课程,实现立德树人和健康成长目标,物理学科将教研项目定为"用资源支持自主学习和探究学习",生物学科"如何采用学习任务单+资源的方式支持学生自主探究"等。共性流程为:商定研究项目—确定研究维度—上传研究对象(课例等)—相似案例对比—案例分析—项目分析结果等。

(三) 动态教研

动态教研,进行线上线下混合教研活动的设计。线下教研更突出聚焦性和深刻性以及情感交流的真实性,线上教研则突出参与性和协同性以及档案积累的便捷性。[3]两者结合开展跟进指导、解决问题的常态教研活动,助力教师扫清教学障碍。校本名师采用身边式线上答疑的方法,帮助教师及时释疑解惑。围绕教材使用中的重点、难点、热点问题开展"新教材、新设计、新实践、新成果"递进式主题教研,帮助教师落实课标、教材的基本要求,发挥教材的育人功能,推动教与学的方式转变。通过头脑风暴的方式集思广益,找出解决问题的办法。

三、运用大数据——开展精细化校本教研

(一) 资源共享

新课标的实施对教研提出新要求,需要聚焦教学关键问题,开展系统深入的研讨。要突出理论紧密联系实际的特点,因此需要专家持续引领。利用信息技术,线上线下融合,汇聚优质资源,跨越时空进行联合教研,专家、教师等角色共研共创共享。及时发布优质课、公开课、青年教师2.0提升工程汇报课的教学设计、说评课资料、教学反思等信息,以利于教师交流与学习。学校也利用以上载体,在大教研活动和校本培训时,分内容、分主题组织研讨。不少骨干教师和优秀教师已率先建立博客,利用公共平台教研、微信教研、QQ群教研、参加教育教学论坛等方式,简化了教师接触和学习新理论、新方法、新模式的途径,从而打破了传统教研活动形式,开创了教研新格局。

(二) 精准校本教研

在传统的教学教研当中,学生主体的评价往往是最单薄的,听评课教研中大多只能根据经验来虚拟学生的体验,没有足够的数据源可提供学情分析与实证考据。如今我们生活在一个被几何级爆炸的数据包围的时代,我们的一切行为都在产生海量的数据,这些数据被称作"大数据"。[4]校本教研也进阶为经验与证据相结合的教研,数据是会说话的。如听评课中借助视频传输、数据收集、点对点终端、云存储服务器和个性化的数据分析软件等,能够从技术层面解决数据源缺乏的问题,对数据的全面处理和分析,可以让学生及听课教师个体化的感受得以精准的量化与显现。师生在教学活动进程中的现实需求及心理变化,也可以经过技术的转化和动态整合分析变得可读、可视、可量化,这就极大地提升了本轮教研活动的精准性。

学校2.0提升工程整校推进正在进行中,实施方案的要求与我们的教学教研息息相关,信息的发展将带来全新的教育生态,我们不能忽视技术变革的力量,怀着包容和创新的心态不断提升自身的教研能力。

参考文献:

[1] 张德利. 依托"互联网+"推进教研工作转型 [J]. 基础教育课程,

2016（2）.

［2］张正儒."互联网+"教研，该加什么［J］.师道，2016（6）.

［3］马超，曾红，王宏祥.线上线下混合实验教学模式研究［J］.实验室研究与探索，2019（5）.

［4］魏忠.教育正悄悄发生一场革命［M］.上海：华东师范大学出版社，2014.

关于木偶教育戏剧在教师培训中的研究

化州市幼儿园 邱一霞

摘要：教育戏剧作为一种全新的教学方式，以这种教学方式再融合木偶戏剧建构的幼儿园游戏化课程正是当下幼儿园课程改革的核心追求。正值新课程项目推行之机，我们开展教师培训活动，丰富教师的木偶教育戏剧素养，提升教师的教育戏剧教学水平，以促进幼儿更深入地了解并传承中国传统文化，厚植家国情怀，从中认识自我和世界，积累社会经验，促进幼儿的核心素养和关键能力的提升。

关键词：木偶；教育戏剧；教师；培训

戏剧，指以语言、动作、舞蹈、音乐、木偶等形式达到叙事目的的舞台表演艺术的总称。[1]木偶戏属于戏剧的表演形式之一。它深受广大群众喜爱，对于少儿艺术启蒙教育、对社会主义精神文明有引领作用。教育戏剧作为一种新兴的教学方式备受教育界的关注。它是用戏剧方法与戏剧元素应用在教学或社会文化活动中，让学习者在戏剧实践中提升自我，实现学习目标；[2]教育戏剧是一种直觉体验、身临其境的学习模式，它扭转了以知识为主体的传统教育观，它超越了纯粹的知识，给予参与者直接体验和碰触思维、内心和灵魂的时刻。

幼儿教师是幼儿成长道路上的灯塔，他们综合素质与活动教学技能的具备，不仅可以丰富教学内容、拓展教学资源，还能激发幼儿的兴趣，调动他们的积极性，在各种各样的活动中养成良好的习惯，实现进一步发展。

借着课程改革推行的东风，我们幼儿园申报了省"新课程"项目"基于核心素养的幼儿园传统木偶戏剧课程建构与实践"，旨在借助本土文化木偶戏这一桥梁，运用戏剧方法、戏剧元素以及技巧，在幼儿园一日活动中，挖掘、开发和利用蕴含本土木偶戏艺术的教育资源，探索并建构适合幼儿的木偶教育戏剧课程，通过组织开展各种形式的主题教育戏剧活动，给幼儿提供社会互动和合作的时机，让幼儿了解并传承中国传统文化，厚植家国情怀，并从中认识自我和世界，促进幼儿的核心素养和关键能力的提升。这就需要教师具备良好的教育戏剧素养、丰富的教育戏剧知识和专业的教育教学能力。

一、开展木偶教育戏剧存在的问题

在木偶戏剧新课程项目实施的过程中，在教师们不断探索中，发现了一些问题。

（一）教师对木偶教育戏剧的全面、系统认识不够

在我们粤西地区，虽然教育戏剧受到许多教育者的青睐，幼儿教师虽或多或少参与、组织过一些具备戏剧元素的活动（如戏剧欣赏、戏剧表演、表演游戏和角色游戏等），但从总体上来说大多数老师对于木偶教育戏剧还是比较陌生的，领悟到的木偶教育戏剧知识还比较薄弱，主要表现在教师的木偶教育戏剧理论知识储备不充分，对木偶教育戏剧目标、内容、实施过程、方法及活动评价这几方面缺乏系统的认识，教学内容仅停留在表面，教育戏剧教学技巧比较粗糙，没有深入其中探寻更为有效的方法等。

（二）活动设计能力有待提升

教师片面地将木偶教育戏剧理解为角色游戏与表演游戏，在设计与组织木偶教育戏剧活动时发生了一些偏差，而且教师对于教育契机的敏感度不够，在开展木偶教育戏剧活动时运用教育戏剧范式不恰当，有时过于关注故事的原型、不敢进行大胆改编与创造，不知如何去组织与生成的教育内容，以至于忽略了许多幼儿所生成的有价值的点，错失幼儿生成新的木偶教育戏剧课程的机会。

（三）戏剧主题来源狭窄，主题价值挖掘不够深入

教师缺乏多渠道取材的意识，所开展的主题活动内容来源仅限于儿童故事或动画，也缺乏对主题教育价值的深度挖掘，不重视幼儿活动的生成。因为教师们以前没有或者极少接触过主题式教育戏剧活动，所以他们在选择木偶戏剧主题的时候面临着较大的困难。每次新开展一个木偶戏剧主题的时候，许多老师不知应如何确定主题、如何选择主题内容、如何设计主题活动，更不用说如何做主题网络图。他们通常是先去互联网上或通过查

阅书籍资料搜寻现成的活动方案就直接拿过来用了；有的教师也会根据本班幼儿的年龄特点与喜好去选择一个已有的童话故事作为剧本，然后组织简单的活动开展主题活动。

（四）进行木偶教育戏剧教学活动时存在"戏剧冲突缺位"的现状

在开展木偶戏剧教学活动时，由于没有安排戏剧冲突，而是沿着故事的发展脉络开展木偶戏剧活动，教学现场成为以讲故事为主线的角色扮演活动。在这种情况下，所谓的"戏剧"流于形式，幼儿无法获得与问题有关的体验，也不能在合作互动中不断累积对当前任务的社会知识与经验，更未能结合当前的情况充分调动相关的原有经验深入思考，从而无法提出较为精彩的解决方式。问题解决过程的动力和意志也受到限制，容易造成幼儿随意离开木偶戏剧情境的问题，阻碍教学活动的逐步推进。

二、加强教育戏剧活动的培训与教研

针对以上存在的问题和现状，我们进行一系列的专业培训和教研活动，以提升教师的木偶教育戏剧的专业素养，以促进各种教育教学活动的顺利开展。

（一）培训途径

1. 加强木偶教育戏剧专业培训

（1）加大培训投入，重视教师培训。我们积极邀请国内有关木偶和戏剧教育领域知名人士前来做培训，通过专题讲座、线上研讨等方式将戏剧教育最前沿、先进的教育理念引入园中，为教师戏剧教育观念的更新注入新鲜血液；并通过案例的讲解，授予教师木偶和教育戏剧方面的知识、融合方法和教学技术等，大大地丰富教师的木偶教育戏剧文化内涵，提升了教师组织活动的能力。

（2）更新培训方式。首先，注重参与式培训模式。教师在参与式学习中，通过亲身实践与感知，体验真实情境，激发问题意识。其次，注重开展具有针对性的培训活动。例如，针对优秀木偶教育戏剧活动案例进行集体讨论，对教师的木偶教育戏剧目标观、方法观及评价观等各方面做出全方位和具体化的缜密分析，提升教师的木偶戏剧教育水平。

2. 开展木偶教育戏剧教研活动

教研活动是幼儿教师在幼儿园中用以解决实践问题、提升自身戏剧教育实践效果及观念水平的一种有效途径。[3]首先，我们制定"以老带新"体制。充分利用教师资源，依托经验丰富的教师，指任他们为教研组长，通过深入一线，大面积观摩活动，了解并掌握每位教师的实际情况，并针对不同层次的教师采用不同形式的帮扶措施，以探讨及合作等形式带动新手型教师共同学习，彼此分享、互相促进，以提高集体木偶戏剧教育水平。其次，加强现场指导。我们多次邀请教育戏剧专家或研究者前来参与教研活动，现场对教师进行"面对面"的答疑及指导。

3. 加强木偶教育戏剧培训合作，打造远程教育培训平台

首先，我们通过搭建园所间的合作培训平台，实行"引进来，走出去"的开放式培训方式，通过挑选骨干教师作为培训者在园所间开展"流动式"培训。其次，我们建立远程教育合作培训平台，依托互联网平台开展教师培训、研修等活动，将优质的木偶教育戏剧公开课作为观摩范例，定期组织教师进行学习。

（二）培训内容

1. 木偶戏剧教育理论知识的学习

首先，我们提供丰富的有关木偶和教育戏剧文字版和视频版资料，注重培训手段的多样性与趣味性，调动教师对木偶教育戏剧理论学习的热情，充分发挥他们学习的积极性和主动性。其次，资料内容涉及木偶、教育戏剧在国内外的发展历史，还有各种各样的活动教学案例，供教师们认真研读和学习等，尽可能做到满足教师们的多样化需求。另外，在培训过程中，我们还鼓励教师结合教学经验自己整理木偶教育戏剧资源，在不断地整理和学习过程中增加知识储备。最后，我们还利用多方资源，鼓励教师们积极参加园所培训活动以及专家讲座活动等，通过不断学习，丰富了教师们的专业知识，以促进活动教学技能的有效提升。

2. 戏剧教育经验的学习

教育经验是教师在教育实践中经过长期锻炼而形成的一种认知与行为模式，其运行主要依赖于主体在教育实践中的相互作用，是通往教育理论的必经环节。[4]首先，我们鼓励教师们积极参加并组织木偶教育戏剧实践活动，尤其是木偶教育戏剧公开课，将所习得的理论知识显性化为实践行动。其次，要求教师们在日常的教育教学过程中要善于总结木偶教育戏剧经验。在木偶教育戏剧领域，教师只有不断地对自己过去的教育戏剧经验进行反

复总结，深入思考与创造，才能在实践检验中将经验上升为理性认识，再进行教育实践，只有在不断地摸索和实践中才能进一步丰富自身的教育经验。

3. 木偶教育戏剧能力的培养

木偶教育戏剧活动的教学效果取决于教师的教育教学能力。教师的语言表达能力、教学的组织管理能力、诊断幼儿学习困难的能力以及反思能力等，是完成教育教学活动所必备的能力。例如，在活动开展前，教师拥有了解幼儿的个性特点和学习情况的观察能力、预测幼儿发展动态的思维能力等，就能合理制定木偶教育戏剧目标、选择适合幼儿的教育内容、采用恰当的实施途径、运用正确方法技巧、合理地评价等环节，去促进幼儿身心全面发展。

因此，我们旨在通过专家讨论、现场指导、校本研修等方式，使教师们掌握木偶教育戏剧教学的基本方法和实施技巧，能充分运用教育戏剧的元素，使幼儿在木偶戏剧教育活动中主动学习和创新学习，让教师学会善于引导幼儿在木偶教育戏剧实践中接受知识和艺术的熏陶，更好地引导幼儿通过木偶教育戏剧活动的学习、反思，进而解决问题。

三、教师木偶教育戏剧素养得到了提升

（一）增强了幼儿教师"以幼儿为本"的学前教育理念

通过一系列的木偶教育戏剧专业培训后，教师在进行木偶戏剧教育的过程中，很轻易地就能将"幼儿的主体性"提取出来，创设时机，让幼儿能主动学习，在参加木偶教育戏剧活动时能自己选择、自主或合作探究，自由自主地完成活动，也能让他们感到自己是有思想、有主见、有情感并且是鲜活独立的人。以上这些有赖于幼儿教师具备一定的木偶教育戏剧文化素养内涵以及艺术修养才能顺利完成，只有具备较强的教育素养，才能让幼儿通过自主的活动来认识自我和世界，增进社会经验，进一步提升幼儿的思维能力、想象力、创造力、语言表达能力等核心关键能力。

（二）丰富了教师的木偶教育戏剧文化知识

具备丰富的木偶教育戏剧文化知识是教师组织活动的前提。通过多渠道的培训活动后，教师们明白了教育戏剧是通过想象与扮演的方式有意识地再现并传递善的人类经验的社会活动，了解了教育戏剧的发展历程和基

本方法要点等理论知识，了解了木偶教育戏剧和其他戏剧的风格和区别，掌握了木偶教育戏剧活动的主要特点、一般原则，也掌握了木偶教育戏剧的实施技巧，并能灵活正确地运用到教学当中，认识到木偶教育戏剧的作用以及对幼儿全面素质的培养的重要性，并能善于引导幼儿主动参与，从感受中领略知识的意蕴，从相互交流中发现可能性、创造新意义。

（三）提升了幼儿教师的木偶教育戏剧教育经验与能力

通过培训学习后，教师们在开展木偶教育戏剧活动的时候，能灵活运用自身丰富的教育经验和教育教学能力，如教学技巧、语言表达能力、倾听能力、观察能力、反思能力和评价能力等，多渠道地挖掘木偶主题教育戏剧的曲目材料，提取剧本的价值亮点，确定适合幼儿的主题活动。另外，在组织木偶教育戏剧活动时，能合理设计戏剧的冲突，让幼儿依托冲突，不断思考、探索，不断发现新的问题，进一步找出解决问题的办法，让幼儿在合作、探讨的过程中获得知识和社会经验。

在幼儿进行木偶戏剧表演时，为了使幼儿能更好地理解剧本内容，教师会使用通俗易懂的语言、简单明了的方式进行讲述，必要时也会使用图画进行表述，使幼儿更能理解剧本的内容和意义，进而积极参与到木偶戏剧的表演中，并对幼儿在活动过程中的表现给予正确的评价和指导，让幼儿在各种形式的木偶教育戏剧中收获快乐、知识和能力。

（四）幼儿教师具备较强的"玩中学、乐中学"的学前教育理念

通过培训，教师们加强了让幼儿在"玩中学、乐中学"的意识，他们在组织木偶教育戏剧活动的时候，能巧用不同的教学方式，借助教育戏剧的传递，使幼儿的思想和情感受到熏陶，思想上受到启迪，认识上得到提升，实践上找到榜样，从而能理解与认识真正的生活，树立正确的世界观、人生观和价值观。教师通过设计各种趣味性强的活动，激发幼儿的兴趣，调动他们参与活动的积极性，让幼儿在游戏中、在玩的过程中习得某种技能，收获某种良好习惯的养成，达到某种情感的共鸣等，去实现幼儿的个性化与全面发展。

参考文献：

[1] 邹俊甜. 幼儿园有效开展木偶戏剧课程［J］. 启迪与智慧（下），2020（2）：58.

[2] 欧宗耀,于婧.教育戏剧运用于培养幼儿教师活动教学技能初探[J].智力,2020(10):196-198.

[3] 王丽杰.幼儿教师戏剧教育观研究[J].湖南第一师范学院学报,2020(5).

[4] 丁钢.教育经验的理论方式[J].教育研究,2003(2):22-27.

在研修中成长，在实践中提升

——以自身实践案例论校本研修

高州市特殊教育学校　梁海燕

摘要：随着教育改革的不断深入，全面提升教育质量已成为促进教育事业又好又快发展的首要任务。开展校本教研是建设高质量教师队伍、扎实推进素质教育、全面提高教育教学质量的关键。学校是教师专业发展的主阵地，是教师赖以生存、日常工作的场所。学校要发展，首先要关注其教师的发展，而校本研修就是好教师发展的基础。好学校和好教师互为因果，互生互成。

关键词：校本研修；教师专业成长；个人实践

何谓校本研修？我个人认为合适的就是最好的。校本研修应以学校和教师的实际需要与发展需求为导向，以其他机构或同行的伙伴合作关系为支撑，立足于学校需求和教师岗位需求进行培训，有较强的针对性、实践性、灵活性、实效性。该培训活动使教师发展与学校发展和谐统一；是教师继续教育的重要形式，更是持续提高教师素养的主要途径。

接下来，就我在本校的校本研修中总结出来的经验办法和结合本校教师学生的实际情况，略谈几点校本教研促进教师专业发展的看法。

一、针对性培训，在研修中成长

（一）专业培养，夯实教师基本功

教师专业基本功是教师高效组织教学活动的前提，随着社会的进步和发展，学校对教师专业能力的要求也越来越高。随着特殊学校办学规模的不断扩大，近几年从农村中小学选调来了不少普教教师到特殊学校任教，笔者就是从普校来到特殊教育学校的。我们这一批普教教师面临着转岗为特殊教育教师的挑战，既要发挥在普教各岗位上积累的宝贵经验，更要重新思考一个特教教师的使命，学习全新的教育教学技能。

例如，学校派出由特殊教育专业毕业的教师 5 人组成的培训团队，为我们这些普校来的"新教师"进行为期一年的转岗培训，我们边教边学，边学边教，不断地提升自己。

针对培智学生的特点，培训团队选取了"特殊儿童心理健康教育""培智学校新课标解读""自闭症儿童行为改变技术""医教结合智障儿童的综合康复""特殊儿童问题行为干预""培智学校教师心理健康调适"等八个专题展开深入学习。

针对听障学生的特点，老师对我们进行了手语理论和实操的培训。以《中国手语》《国家通用手语词典》作为教材，重点围绕工作交流、生活实用常用手语为教学大纲。根据手语语法规则，结合图片、视频等方式，详细讲解了通用手语的基础理论知识以及以句型带词汇学习常用词汇、语句的打法。在专业老师的带领下，大家认真细致学习每个动作的方向、摆动幅度，力求做到动作精准、表达准确。有专业的引领加上自身的努力，功夫不负有心人，一年后，我们有 9 人考取了手语翻译员初级资格证书。

校本培训助力我们成长，我们了解了特教教师的专业素养及专业标准，使我们的基本技能得到快速提升，为未来的工作储备更多的方法和经验，为以后的教学工作高质高效地开展提供保障。

（二）专题阅读，助推教师专业成长

在专业老师的引领下，我们在完成了特教教师入门学习后，很快校长又给我们布置了新的学习任务。学校开展了"特教书籍主题阅读"活动，要求各教师根据本班学生的情况，每学期至少选读一本自身认为最有用的特教书籍，并写好读后感。作为特教新手，我深感要学的东西实在太多了。我根据当时任教班级的学生情况，选读了《特殊教育学基础》和《孤独症孩子希望你知道的 10 件事》这两本书。

例如，笔者进入特殊学校的第一年，负责培智二年级的数学教学及副班主任工作。班上有 12 名学生，其中有 4 名是自闭症儿童，为此我特选读了《孤独症孩子希望你知道的 10 件事》这本书，写了读后感并与其他老师进行探讨交流。自闭症儿童是独特的存在，帮助他们需要先从了解他们开始。这本书是以一个孤独症孩子的妈妈在实际经历中的所见、所闻、所感为基础，介绍了孤独症孩子不易被一般人所了解的内心世界，用一种坦诚、真挚的述说唤起人们内心对孤独症孩子的爱和帮助。作者以孤独症孩子的视角告诉我们应该知道的十件事：①孤独自闭并不是孩子唯一的特质；②他们的感官知觉是失调的；③请记得将"不肯"（选择不要）和"不能"

（做不到）分清楚；④他们的思考方式非常具体，通过字面意义来解释语言；⑤他们掌握字词有限，请对他们多一些耐心；⑥语言对他们来说比较困难；⑦请关注他们能做的事，而不是做不到的事；⑧请帮助他们与社会进行互动；⑨请努力确定引发他们消极情绪的因素；⑩请无条件地爱他们。读完这本书，笔者对孤独症孩子的特质有一个最基本的了解，从而采用合适的方法和态度对待这些孩子，并尝试着去做到以下两点：一是改变观念。孤独自闭并不是这些孩子唯一的特质，你我都还不清楚他们到底具有哪些潜力，孤独症本身并不可怕，可怕的是简单地将社会上流传的孤独症"标签"——呆板、不愿与人沟通、行为不良等印象强行加在孤独症孩子的身上。当我们更多地去留心孩子们的细节，就能看到在这些孩子身上所体现的独特天赋、才能。换种眼光来看这些孩子或许你会发现一个不一样的、更可爱、更闪亮的他们。二是换位思考。孤独症孩子的充耳不闻、时而会时而不会之类的表现也许会使人沮丧、焦躁、恼怒。这时你只要想想他们不是故意而为，他们也在努力变得越来越好，我们的情绪很快就会平静下来，从而拥抱和帮助他们融入社会。

近年来，我校采取多种手段推进教师阅读。阅读对提升教师的人文素养和专业素养起到了基础性作用，是促进教师进行自主校本研修的一大抓手。

（三）二次培训，实现优质资源共享

学校每学期都会选派优秀教师参加各类培训，鼓励他们积极和专家及优秀特教教师进行近距离交流。参加培训的教师回校后再及时将新理念、新方法在全校进行培训推广，率先应用，实现资源共享，带动其他教师的发展，达到了"一人学习，全校提高"的目的。

例如，参加《聋校义务教育品德与生活、品德与社会课程标准》国家级培训的老师，通过回校后的二次培训，让大家明白了品德课程应该以引导聋生热爱生活、养成良好的生活和行为习惯为课程的核心；珍视聋生童年生活的价值，尊重聋生的权利；道德存在于生活中，德育离不开生活；让教与学植根于聋生的生活。解决了老师们在聋生品德教学中的困惑，实现了资源共享，带动了全校教师共同发展。

（四）专家引领，突破教研瓶颈

名师名家是先进教学理念和优秀教学策略的引导者。为此，我校经常组织教师们观看、研讨和模仿优质课视频，进行"仿课教研"，借此帮助教

师们突破教学瓶颈。

例如,我们通过腾讯会议平台学习了北京师范大学姚颖教授"绘本教学的价值与力量——小学绘本课程的教学与探索"的专题培训,学习了当代绘本教育的价值与意义、绘本教育的价值和意义——能力培养的范围、绘本教学的模式与方法、绘本教学实践及成效四个方面的内容。我们在观摩学习中转变教学观念和教学方式,学习从"教绘本"过渡为"用绘本教",充分挖掘绘本的资源,为我所用、为我所教;为教师的教学提供了丰富的资源、灵感和大胆探索的空间,极大地调动了教师的教研创作力和生长力。

二、日常多措并举,在实践中提升

在校本研修中,我们更多关注的是实践价值,即着重解决教师教育教学中所面临的实际问题。教师的经验来自教学实践,通过课堂教学实践,发现一些新情况、新问题,产生一些疑惑,这些问题和疑惑是课前没有想到的,课后与其他教师共同交流和探讨,及时解决问题,这样,教师的教学经验就不断地得到丰富和完善,教师的专业水平也在潜移默化中得到提升。

(一)细化目标任务,提升队伍建设

学校非常重视教师队伍的建设。学校制定了《学校中长期发展计划》《学年度教师发展计划》,明确各层次教师年度发展任务,并细化成"学期培训任务列表",要求各部门(听障部、培智部)把"学期培训任务"纳入学期计划中,结合工作实际,稳步推进,有效落实。

例如,开展"见习教师沙龙""青年教师雅谈""班主任讲坛"等研修活动,由教导处负责人制定活动计划,要求各学科组长组织并参与每月一次的活动,保证研修质量。同时要做到全程跟踪拍摄研修过程,将教师的课堂实录上传至学校录播平台,作为研修资源,并将教师的课堂实录发给教师本人,帮助教师记录个人成长轨迹。

教师结合学校《学年度教师发展计划》制定"个人发展计划",分析自身的优势与不足,明确发展目标,结合自身发展完成特色研修任务。教师在目标和任务的引领下,积极参加学习和培训,不断提高自己的专业发展水平,教师队伍建设品质得到不断提升。

（二）实施分层培训，提升实践效果

学校根据教师的年龄层次和专业发展需求，紧紧围绕"见习教师团队""3～7年教龄青年教师团队""骨干教师团队""班主任团队"四大模块来抓日常教研工作。我校始终坚持将校本教研作为促进教师专业成长的有效途径，让教师学会研究自己的教学，不断反思自己的实践，做到研究、实践二者合一，从而提升专业素养，逐步成长为优秀的特教教师。

（三）集体备课，提高教学设计能力

集体备课是我校教师备课的主要形式，每个年级组的组长每月按时组织教师们集体备课。第一步，各教师熟悉理解教材；第二步，组长阐述自己对教材的分析、理解及教学活动设计思路；第三步，各教师阐述自己的想法，集思广益，完善确定教学设计方案；第四步，各教师结合本班学生的特点形成个性教学方案；第五步，主、辅教教师分工合作完成所需教具和课堂教学的实施。第六步，主教老师进行教后反思，同时听课教师及时做出教学反馈。集体备课既发挥了教师的集体智慧，又展现了教师个人的才能。合理的安排不仅让老师有更多的时间研究教材、研究特殊学生、研究教学方法，更让教师在取长补短的相互学习中大大提高了备课效率及教学活动设计能力。

（四）同课异构，共同积累提高

教师的专业成长更多地依赖于教育实践的磨砺和积累，教师的问题更多的是教学实践中的各种困惑，同组互助是解决教学困惑最好的形式。同组互助是同一年级组教师之间相互学习交流，他们面对的是同一年龄段的孩子，教学内容基本相同，相互之间有很多共同的话题，教师间通过互助解决问题达到共同提高，实现"1+1＞2"的教研效果。

我们要求同组教师在集体备课的基础上，每人每月准备一个教学活动，并邀请其他成员互听互评、集体研讨。大家从不同角度对活动进行分析、切磋，解决困惑，确定最佳方案，再由新的执教老师组织活动，进行观摩研讨，最终达成共识。老师们在一次次的"研讨设计—实践再研讨—研讨再实践"中，发现教学活动设计和实际教学之间的差距，发现自己和他人的差距，再不断优化教学策略和活动方案，每位教师在帮助他人的同时也都获得了进步。另外，我们还鼓励教师课后再互相交流观看课堂实录，为教师教研和自我反思提供了条件。同课异构，同组互助共同提高，现已成为我校促进同年级组教师专业成长的主要教研形式。

（五）领导入班听课，提炼共性问题

领导入班听课是我校管理中的一项硬性规定，明确要求领导班子每人每周听 1 节课，然后进行评课和一对一的指导。领导班子负责发现教师工作中存在的共性问题，为专题研讨提供素材；同时负责发现人才，培养骨干教师，为全校示范课推荐优秀教师等。

（六）骨干示范，引领教师成长

为充分发挥骨干教师在课堂教学模式创新方面的引领、示范作用，促进青年教师快速成长，提高教师队伍的整体素质，我校在每学期的听课过程中，在每个教学部筛选出 2 名教研骨干教师，让教师们展示自己的教学风采，用自身的教学魅力激发其他教师教学研讨的积极性，促进每个层面的教师都能获得不同程度的提高。

三、结语

校本研修对于促进教师专业发展很有价值，也很有发展空间，加强校本研修，促进教师专业发展，我们在实践中前行！

参考文献：

[1] 王冬梅. 校本培训"有效"论 [J]. 当代教育科学，2005（7）.
[2] 曲正伟. 校本教研莫走回头路 [N]. 中国教育报，2005 - 03 - 22.
[3] 刘茂勇，钱学翠. 重构与优化：校本教研实践新样态 [J]. 基础教育课程，2021（1）：38 - 43.
[4] 周坤亮. 何为有效的教师专业发展：基于十四份"有效的教师专业发展的特征列表"的分析 [J]. 教师教育研究，2014，26（1）：39 - 46.
[5] 杨一丽. 规范说题活动，促进教师专业成长 [J]. 教学月刊（中学版），2012（5）：48 - 49.
[6] 顾泠沅，杨玉东. 教师专业发展的校本行动研究 [J]. 教育发展研究，2003（6）：1 - 7.

高中英语新题型读后续写高效教学策略

茂名市第一中学 黄 耘

摘要：在高中英语教学过程中，通过对"读后续写"教学模式的应用，在提升学生思维能力的同时，还有利于增强学生的写作水平，有效锻炼学生的语感以及语法，帮助学生积累更加丰富的词汇。所以在实际教学中，教师需要重视对"读后续写"教学的有效探究，有效推动高中英语教学的高效开展。

关键词：核心素养背景；高中英语；读后续写

高中英语读后续写是对学生综合能力的考察，通常情况下，高中英语读后续写是为学生提供一篇文章的一部分，然后需要学生编写文章。读后续写的文章基本上都是小故事，故事的结构明确，而且内容主旨非常清晰，只需要学生为故事构思编写结尾。同时，该类题型是在指定的范围内完成，即："根据文章内容和所给段落开头语续写两段，使之构成一篇完整的短文。"素质教育改革，教师教学模式不再是拘泥于传统呆板的教学方法，教师应依照学生的实际情况，改变英语课堂教学模式，重视学生能力与知识素质的培养，引导学生熟练地运用，帮助学生有效地解决问题。

一、读后续写在高中英语教学方面发挥的优势

（一）读后续写的理论基础

王初明教授指出，读后续写中的互动属于个体内互动，体现为阅读理解与续写之间的交互，学习者借助大脑中已有的语言及相关背景知识理解读物，接着创造性地拓展并产出所理解的内容。语言理解和产出的结合越紧密，将续写者的语言表达水平向原作拉平，从而有效提高续写者的语言

水准。

(二) 读后续写对于高中英语能力培养方面的意义

1. 能够培养学生记叙文阅读的理解能力

从读后续写要求的内容来看，续写要求学生续写的内容要与题目当中所给的短文内容贴合，与所提供的段落开头衔接较合理。这就要求学生在续写之前应该详细地阅读上文所给内容，并了解清楚上文的情感表达方式以及人物关系等，接着在了解内容的基础上分析文章的结构，分析文章结构意思就是题目所给的文章片段是如何写出来的，以便为接下来的续写构思做准备。

2. 在读写过程中能够提高学生的书面表达技能和书面表达能力

主要体现在两个方面：一方面是增强语言的丰富性。学生在续写过程中可以逐渐掌握词汇语法、情感表达以及动词使用等方面知识。比如说：在续写的过程中可以参考题目当中的高级词汇、高级语法，比喻、拟人、排比等修辞方法；在续写过程中可以学习题目中在人物语言问答、反应态度以及行为方式等表达方式，通过仿写的方式来练习动词的使用方法。另一方面，通过续写可以锻炼学生文章写作的连贯性。这包括内容意思上的连贯、语句逻辑上的连贯、语言风格上的连贯、文章整体的结构连贯（首尾呼应）。其中最难掌握的就是语句逻辑上的连贯，需要学生熟练掌握衔接词的使用方法。

二、对高中英语读后续写的教学探析

(一) 构建写作情境，调动学生的续写积极性

高中英语读后续写看似简单，其中却涵盖了更加全面的知识与能力，既要求学生对英语文章有一定的掌握程度，还要求学生在理解的基础上进行创新，这就要求学生具备自主学习的能力。同时，教师在面对此类题目时，不应该拘泥于教授学生写作方法，更应该是着重培养学生自主学习的能力，充分发挥学生在课堂教学中的主体地位，高效地提升学生的自主学习能力。由此可见，教师要在英语课堂上为学生创建适合学生自主思考的学习场景。例如，加入游戏元素，活跃课堂氛围，使得学生喜欢英语课堂。教师可以在授课之前设计游戏环节，将学生分成多个小组，游戏的内容就是以一句话为开头，鼓励学生根据这一句话编写下面的内容，小组内部每

人一句组成一个完整的故事，充分发挥学生的想象力以及积极主动学习的能力。但是鉴于类似的游戏难度较大，教师可以在实际教学过程中，放宽对学生语句语法的要求，允许学生在编写的过程中借助其他辅助工具。这样的课堂教学设计，可以激发学生参与读后续写活动的欲望，也有助于学生的语言基础表达能力的提升。

（二）传授读写方法，提高学生的读写技巧

在高中阶段的英语读后续写教学过程中，我经常发现一些学生对于这种写作方式理解和认识不足，在平时的实践和练习过程中会出现很多的问题和困惑。针对这些情况，教师在日常教学中要注重根据教学目标来为学生普及更多有效的英语读后续写的方法，让学生快速领悟做题技巧，不断提升学生的英语读写水平，保证学生在英语考试中能够更好地发挥，有效提高写作成绩。例如，教师在引导学生进行英语读后续写训练的过程中要提醒学生精读原文，在有限的时间内获取材料中的重要信息，有效地确定文章中的线索。学生在阅读的过程中要牢牢把握故事的重要人物和时间地点，将整个故事的主线理清，这样才能准确预测文章中故事的发展或事情的走向，切忌在写作过程中泛读文章内容，草率地进行英语续写。另外，教师在引导学生进行英语读后续写练习中要提醒学生学好如何快速地寻找文章的主题句，重点分析文章的句首和句尾，快速确定文章的主旨大意，然后结合文章的整体进行深入分析，还要确定文章中的关键词，懂得巧妙地忽略文章中的无用信息和词汇，在接下来的续写过程中还要懂得根据文章中的关键词汇和句式风格进行续写，保证写作内容与文章素材的连贯和具体。另外，教师还要注重提醒学生在英语读后续写练习中不要列草稿，因为在考试中的时间是比较紧张的，要求学生在平时养成快速解题的习惯，保证学生的解题速度和准确性。

由此可见，学生在写作或者是运用英语的时候，一定要重视语言表达的连贯性与逻辑性，同时也是对学生文章理解能力与分析能力的考验。在英语文章中，有的单词不认识或者一时想不起来，这时学生就会依据文章的上下文推测词语的意思，或依据相似词缀猜测单词的大概意思。因此，学生在学习英语的过程中，既需要大致理解单词与句子含义，还应当在一定的情境或语境中积累词汇。同时，想要锻炼学生的语言能力，不是盲目地记忆单词或者短语，教师应当在教学中给予学生一定的场景，以此促进学生理解掌握其含义，达到事半功倍的效果。由此可见，教师要重视为学生营造一个语言氛围与场景，激励学生在日常的生活或学习中使用英语交

流。诸如此类的方式还有在英语课堂教学中，播放不带中文字幕的英语电影，或者是带领学生学习英文歌曲，以此丰富学生的英语学习，提升学生的文化素养。

（三）注重提升学生的文化素养，认识外国文化与习俗

学生在进行读后续写的任务时，会面临许多自己无法理解的问题，而这些问题的产生绝大部分是由各国之间的文化以及文化信仰差异造成的。在学生无法很好地掌握英语文章内容的时候，那么对于学生来说，续写就成了一项很困难的任务。鉴于不同国家之间的历史、文化、宗教以及信仰与习俗都存在着很大的差异，学生就不能全面掌握英语知识，而在阅读的过程中就无法深刻理解文章中的情节，造成审题难的现象，从而导致读后续写更是难上加难。由此可见，教师应该重视对学生文化素养的培养，促进学生自主地认识外国文化与习俗。英语读后续写题目，主要考察的是学生对英语人文的学习，以及英语综合能力，若学生对外国的历史文化一概不知，就无法掌握文章中某些提示性句子的含义。在阅读英语文章的时候，如果学生对外国文化知识不是很熟悉，那么关于文章中的人物关系就很疑惑，影响接下来对文章的阅读，错误的理解导致对文章错误的认识。所以，学生了解外国文化是十分重要的，有助于提升学生综合素质。

（四）优化评价机制，帮助学生快速突破

老师在鼓励学生进行读写训练的过程中，还要注重引导学生及时地进行反馈和总结，不断优化评价机制，帮助学生分析和总结英语读后续写训练中所遇到的问题，这样才能帮助学生有效地突破自己的写作水平。创建展现平台在高中英语教学活动中，教师需要重视对展现平台的有效创建，使学生对自身优势进行充分展现，帮助教师更好地了解学生的实际学习情况。所以在日常教学中，教师需要给予学生有效的展示机会，增强其学习英语的热情，以为学生英语综合素养与能力的发展奠定基础，使其在今后发展中更好地适应社会要求。

综上所述，随着新高考新教材改革的到来，培养学生读后续写的能力是十分重要的，是需要广大高中英语教师一起研究并探讨的。笔者也将继续研究新高考题型和新教材内容，多方面培养学生读后续写能力。

参考文献：

[1]吴忠华.高考英语作文读后续写的教学反拨与启示[J].教学与管理，

2019 (9): 101-103.

[2] 丛婧. 读后续写在高中英语写作中的应用 [J]. 农家参谋, 2019 (5): 154.

[3] 刘钧. 读后续写读写结合: 高中英语教学新探 [J]. 科学咨询 (科技·管理), 2018 (4): 92.

[4] 陈小琴. 读后续写提升高中英语教学质量 [J]. 海外英语, 2017 (14): 39-40.

心有灵犀一点通

——浅谈数学课如何创设"灵机一动"

高州市东岸中学 黄振宁

摘要："灵机一动"就是"突发灵感",是令人茅塞顿开的豁然开朗,也是智慧之光的瞬间闪烁。在数学教学中,灵感对于开发学生的智力是一个不可忽视的因素,是分析问题和解决问题能力的一个十分重要的手段。尽管"灵机一动"的生理机制和心理机制目前还不十分清楚,但它确实存在,可能是触景生情,突如其来,随缘而发。我们要学会捕捉灵感,从而逐步培养和提高自己的思维能力。

关键词：灵机一动；突发灵感；捕捉灵感

科学家霍金说："推动科学前进的是个人的灵感。"诗人仓央嘉措说："灵机一动,便是千年万年。"教学中"灵机一动"是教师职业的"高峰体验",在教学灵感之境游历后,会有一种"洗尽铅华,返璞归真"的本质,也会有一种"会当凌绝顶,一览众山小"的胸怀。可以说,有教学灵感的数学课津津有味,令学生好之、乐之、废寝忘食,达到了"曲终人不见,江上数峰青"的境地。下面结合我在教学实践中的经验谈一谈教学中创设"灵机一动"的方法。

一、在悬念引入中,使学生"灵机一动"

亚里士多德曾经说过"思维是从疑问和惊奇开始的"。人们对一些悬念事物总会感到好奇,从而产生兴趣。同样,学生也会特别关注那些具有悬念性的问题。所以在数学课中巧设悬念,可以引发学生思考问题的欲望,自然而然地产生"灵机一动"。

例如,初三教学"直线和圆的位置关系"时,教师可以设计如下引入：
(1) 通过教学道具卷尺、传送带的演示,提出问题：直线与圆有怎样的位置关系?

(2) 通过呈现游戏"滚铁环"的情境,提出问题:滚铁环时,怎才能把铁环滚好?

接着,教师又通过 PPT 演示直线与圆在不同位置关系下达到的滚铁环的效果,结果使学生感到不可思议,与现实中自己的理解形成反差,从而引发学生"灵机一动",实现顿悟。

在数学课中,教师还可以引导学生通过教学道具做一些实践性活动,或者借助多媒体呈现一些生活化情景,让学生在"悬念"中有所启发、有所领悟,从而出现"灵机一动"。比如学习"角的平分线"时,教师可以让学生取出一张纸,沿一个角的两边对折,然后打开对折后的纸张,观察折线与原来两条边形成的夹角的大小,体会两个角是否相等,进而体会角平分线的意义,得出角平分线的定义。又如学习"用树状图或表格求概率"时,让学生通过"投骰子""抛硬币"等方式,在"玩"中解决教师提出的问题,而学生们在"投骰子""抛硬币"等游戏中会产生悬念:"真奇怪,为什么会是这样的?""抛一枚硬币,当它落到水平面上时,正面反面都有可能,但是,抛的次数越多,正反两面相等的概率越大,怎么会这么巧?"从"玩游戏"中产生"悬念",从"悬念"中"灵机一动",从而调动学生探究新课的积极性和主动性。

在知识的崇山峻岭间,学生学习常会面临迷宫的窘境,悬念横生。数学以教学灵感对学生指路"点",让学生迷乱的思路发生顿悟,出现"柳暗花明",从而达到"峰回路转"的境界。

悬念引入,在悬念中使学生"灵机一动",会有"山重水复疑无路,柳暗花明又一村"的意外惊喜。

二、在"小题大做"中,使学生"灵机一动"

在数学教学中,教师要深入课本,吃透教材,尽量挖掘教材,把握契机,进行渗透数学思维方法的教学。在初中数学教材中,有很多细微处是十分丰富的思维素材,教师要善于"小题大做",在"小题大做"中促其思维"灵机一动",达到训练的目的。

例如,教学"三角形面积公式"时,我可以针对课本中的"两个完全一样的三角形可以拼成一个平行四边形"启发学生思考:能否将"两个完全一样"换成"两个面积相等",为什么?有部分同学认为"可以",理由是"两个完全一样"的三角形面积是相等的。而另一部分学生则说:"不可以",因为"面积相等"的两个三角形,不一定是"完全一样"的,而两个不完全一样的三角形是不可能拼成一个平行四边形。虽然这两个三角形面积都相等,但是还是拼不成一个平行四边形的。教师又进一步追问:能否换成"两个等底等高"的三角形呢?学生经过思考,都认为不能,理由是"两个等底等高"的三角形也不一定是"完全一样"的三角形。

在教材的细微处"众里寻他千百度","小题大做",引导学生反思,成就了学生思维"灵机一动"的良好契机,正是在顿悟的过程中,学生的分析能力和应变能力得到了有效的训练和提高。

"小题大做",在细微处使学生"灵机一动",从而达到"众里寻他千百度。蓦然回首,那人却在,灯火阑珊处"的思维境界。

三、在举一反三中,使学生"灵机一动"

举一反三出自孔子的《论语·述而》:"举一隅,不以三隅反,则不复也。"意思是说:我举出一个墙角,你们应该要能灵活地推想到另外三个墙角,如果不能的话,我也不会再教你们了。后来,大家就把孔子说的这段话变成了"举一反三"这句成语,举一反三实质是一种善于变通,能够融会贯通、触类旁通的思维能力,是学生终生学习必备的一种思维品质。因此在数学课堂教学中,老师可以就如何培养学生举一反三思维能力多做探究,在变式处使学生"灵机一动"。

如在教学"三角形内角和"这部分知识时,为了讲清"三角形内角和是180度"的道理,可引导学生运用多种方法加以证明。

(1)度量法。用量角器把三个角度的数量出来,然后相加和是180度。

(2)剪拼法。把纸片剪成一个任意三角形,然后纸片的三个角剪下来,最后拼到一起,这样刚好拼成一个平角,所以三角形内角和就是180度。

(3)推算法。将一个长方形的纸片沿一对角线剪开,就能得到两个全等的三角形,因为长方形的四个角都是90度,所以,长方形内角和是$90 \times 4 = 360$度,而每个三角形的内角和是$360 \div 2 = 180$度。

在攀登知识高峰中,要"欲穷千里目",举一反三就是"更上一层楼",这是学生终生学习必备的一种思维品质。在教学中,教师要精心设计练习,注重比较,在比较中潜移默化、举一反三;在反复训练中学会举一反三。只有这样,才能更好地训练学生的思维能力。

举一反三,在变式中使学生"灵机一动",更易产生"欲穷千里目,更上一层楼"的十足干劲。

四、在畅所欲言中，使学生"灵机一动"

学生在学习中"孤军奋战"的学习方式，已不再适应新的教育形势，许多科学发明成果都是"团队合作"的结果。我们在教学中，应该积极推动课堂讨论这一学习方式的建立，让学生"团队合作，畅所欲言"。因此，在讲课时，教师要学会适当"留白"，让学生发挥想象去"补白"。在补白中，出现的一些问题，让学生们畅所欲言，积极讨论，加以解决。

例如，在复习"分数的应用题"时，我们在练习中可以设计如下题目：在下列的横线上，补充一句适当且带有分数的话，使它成为一道完整的应用题，补充完整后，学习小组相互讨论解决。

问题：八年级（1）班男生有 60 人，＿＿＿＿＿＿＿，女生有多少人？

学生的答案有：女生是男生的 $\frac{1}{3}$，男生是女生的 $\frac{3}{2}$，男生比女生多 $\frac{1}{2}$，女生比男生少 $\frac{1}{6}$，男生占全班的 $\frac{2}{5}$，女生比男生的 $\frac{2}{3}$ 少 5 人，比女生的 $\frac{3}{4}$ 多 10 人……通过这样的"补白"，让学生参与团队合作，畅所欲言，加深了学生对"单位 1 的表现形式"和"分数应用题的结构"的了解，这样，学生在团队合作时自觉联想，在畅所欲言中快速转化，头脑自然而然地"灵机一动"，产生顿悟。

有灵感的数学课，会给学生"忽如一夜春风来"的感觉，使人宛如进入一个纯净、辽阔甚至可以闻到芬芳的知识领域。"千树万树梨花开"就好比学习思维的豁然开朗，学习过程中质的飞跃。

畅所欲言，在补白中使学生"灵机一动"，会有种"忽如一夜春风来，千树万树梨花开"的豁然开朗！

五、在亡羊补牢中，使学生"灵机一动"

在教学灵感的呼唤下，学生的知识可以呈现出巨大的跃动与奔突。教学中不仅仅是灵机一动，而是充满灵感，传授的知识就好像有了生命，就能调动学生学习的好奇心与兴趣力，从"要我学"变成了"我要学"，学后反思，培优补差，亡羊补牢，这样学到的知识是活知识。

例如：打印一份资料，小明单独做要 $\frac{1}{2}$ 小时完成，小丽单独做要 $\frac{1}{3}$ 小时完成。如果两人合作打印要多少小时完成？

许多学生受"工作效率"表现形式的干扰，得到错误的解法是：$1\div(\frac{1}{2}+\frac{1}{3})$，他们误认为分数形式的工作时间 $\frac{1}{2}$ 和 $\frac{1}{3}$ 分别是小明和小丽的工作效率了。针对出错原因，可引导学生思考"$\frac{1}{2}$ 表示什么？$\frac{1}{3}$ 表示什么？小明和小丽的工作效率又应怎么求"？以此让学生重新审题，亡羊补牢，"灵机一动"，明白自己的错误所在。

在学习过程中，知识块与信息块如"黄河之水天上来"奔流到学生的脑海中，教学灵感必然促发学生的学习灵感，在学习灵感状态下进入脑中知识将不再是"灵机一动"，而是在不断地与别的知识交流并衍生，使大脑呈现跃动奔突的创造力。

亡羊补牢，在救失中使学生"灵机一动"，引发"君不见黄河之水天上来，奔流到海不复回"的头脑风暴。

总之，教学是双向的交流，其最佳效果是教与学的互溶，最高境界的知识获得，应是在心中掠起一派宁静，一种彻悟：头脑仿佛"半亩方塘一鉴开，天光云影共徘徊"澄明清澈一片，思维好像"身无彩凤双飞翼，心有灵犀一点通"，最终出现"善歌者，使人继其声；善教者，使人继其志"的美妙境界！

考在"一时",功在"一直"

——"美育进中考"探索的育人实践案例

广东省信宜市教育城小学 陈金莲

摘要：我校坚持以美育作为研究对象,致力于将美育落实到各个阶段、各个学科的教学中,从小培育学生的美育素养,以适应将来的中考美育。所以教师应将中考作为美育的主要载体,对美育进中考的教学策略进行探索,在保证教学质量的同时,落实学生美育发展要求,教会学生艺术基础知识,培养学生的艺术基本素养,发展学生的专项艺术特长。由于中考美育内容与学校日常教学内容相适应,学生认真上课就能够保证成绩,因此我校美育内容重点在于利用多样化的教学方式培养学生的美育素养,让学生学会欣赏美,给予学生体验美的机会。本次教学以《乌鸦与狐狸》为例,结合多种教学方法,保证学生音乐基础知识以及学生能力发展、情感教育、核心素养培育等多个维度的发展。

关键词：美育；培养；落实

一、案例背景

五育并举包含了德、智、体、美、劳五种,是"全面发展"不可缺少的组成部分。每一育既有其相对独立性、特定性,又相互联系、相互渗透,构成一个统一体。在新时代中,五育并举教育是有效落实德智体美劳和谐发展的教育理念,也是实现《纲要》的要求、落实基础教育的培养目标的关键点,符合新时代人才培养标准。自党的十八大以来,党中央高度重视学校美育工作,并做出一系列重大决策部署,并要求"十四五"期间,学校要以立德树人为根本,以社会主义核心价值观为引领,以提高学生审美和人文素养为目标,把美育纳入各级各类学校人才培养全过程,坚持以文化育人,以美育人。

因此,美育进中考也成了焦点问题,虽现阶段还未全面施行,但目前为止，湖南、云南、河南以及江苏已经全面启动美育中考，同时山东、山西、吉林、内蒙古以及四川5个省、12个地方已经开始中考美育的计分，美育已经影响到了学生的发展方向。而将美育纳入中考，是对学校开展美育课的要求，要求学生能够通过美育课程，提高自身的艺术修养和审美意识、能力，从而完善自我认知。

在此基础上，我校坚持以美育作为研究对象，致力将美育落实到各个阶段、各个学科的教学中，从小培育学生的美育素养，以适应将来的中考美育，本次案例来自小学音乐课堂中，以教师将中考作为美育的主要载体，对美育进中考的教学策略进行探索，在保证教学质量的同时，落实学生美育发展要求，教会学生艺术基础知识，培养学生的艺术基本素养，发展学生的专项艺术特长。由于中考美育内容与学校日常教学内容相适应，学生认真上课就能够保证成绩，因此我校美育内容重点在于利用多样化的教学方式培养学生的美育素养，让学生学会欣赏美，给予学生体验美的机会。

二、案例做法

以《乌鸦与狐狸》为例，如图1所示。

图1 以本课题为例，学生兴趣浓厚，情绪热情高涨（拍摄者：刘海燕）

由于这节课属于综合表演课，属于音乐剧形式，所以在教学前，教师首先设定了教学目标：让学生了解音乐剧的概念，对音乐剧有一定的认知，学会音乐剧的表演小窍门，听与课堂主题相关的音乐歌曲《乌鸦与狐狸》，找出重点句子，尝试清唱，学会音乐剧中的表演动作并敢于展现。

所以，这节课的教学方法包括了信息技术展示、问题导入、自主探究以及小组合作、表演实践五种，以此构成一节完整的音乐课。

在教学前，为了加强学生之间的交流与互动，教师在了解学生性格、长处、短处以及人际关系的基础上，根据教学内容，分成了四人一组的小组形式，一个人饰演狐狸，三个人饰演乌鸦，以此展开教学。（见图2）

图2 课前准备：个人备课与科组成员集体备课研讨案例（拍摄者：刘海燕）

由于在二年级有一节《狐狸与乌鸦》的语文教学内容，所以学生对"狐狸"和"乌鸦"两种动物有一定的认知。因此，我在上课第一时间打开了多媒体课件，展示出"狐狸"和"乌鸦"并排的图片，并提问："同学们，你们认为狐狸、乌鸦分别都是什么样子？"学生们纷纷讨论，这部分时间用时较少，便开始有学生举手回答，其他学生补充，对狐狸以及乌鸦两种动物总结了一番，也明白了在人们眼中，这两者的形象都代表什么含义。（见图3）

图3 授课者上课中，学生听得津津有味（拍摄者：梁雪）

随后教师将本次教学的《乌鸦与狐狸》音乐剧相关表演视频播放给同学们看，并布置任务：音乐剧是什么？狐狸与乌鸦两个形象分别是怎么表现的？有哪些表演技巧能够灵活展示出他们的形象？

同学们看得非常认真，还有部分同学会在看的过程中，尝试模仿学习，寻找感觉。

随后，教师让学生回答之前问的问题，一部分活泼的学生还在回答第二个以及第三个问题时就做出了相对应的动作，虽与视频内容有一定的差别，却也代表着学生对表演模仿的天性，这也是综合实践表演课的展开基础。但是模仿并不是教学目标，而是让学生在模仿的基础上了解音乐剧，进行创新。（见图4）

图4　在授课过程中，教师提问，学生积极回答（拍摄者：梁雪）

音乐剧的灵魂是音乐，故学生学习唱歌是必需的。所以接下来就是让学生聆听《乌鸦与狐狸》的歌曲，这首歌是比较欢快的，而且是穿插在表演情节中的，具有较强的故事性，比较吸引学生，其内容大多是乌鸦与狐狸之间的对话所产生的，所以描述乌鸦和狐狸的句子比较多，所以这个阶段的重点是让学生找出"乌鸦""狐狸"的乐句,并自主练习唱一唱。例如,"老狐狸甜言蜜语""叼着块奶饼飞来飞去"。(见图5)

图5　教师指导学生学习歌词(拍摄者:梁雪)

以上环节大概消耗了音乐课的一半时间,所以接下来的重点是指导学生创新音乐剧《乌鸦与狐狸》,并上台表演。

教师首先告诉同学们,《乌鸦与狐狸》这个音乐剧的故事和歌词是不固定的,核心要素是表现出狐狸的奸诈、圆滑、聪明、机敏,而乌鸦则是机智、敏锐、聪明、勇敢等,两者之间斗智斗勇,主线是乌鸦得到一块肉,狐狸使出浑身解数逗乌鸦张嘴,想要得到肉。其中的一些话语可以用歌唱形式唱出来,所以学生可以自由发挥。

所以每个小组纷纷聚集在一起,商讨故事情节、音乐剧台词、表演动作。过了十分钟后,教师根据学生排练创新的实际情况,挑选两个小组轮流上台表演,其他同学观看。

其中一组,选择了一对一的形式,一个人饰演狐狸,一个人饰演乌鸦,加上一个唱歌的同学,其剧情上是模仿视频中的形式,动作以及故事情节没有变化,都是乌鸦找到一块肉,飞上枝头,树下有只狐狸,开始逗乌鸦张嘴,乌鸦和狐狸只是做动作,随着歌曲推动故事情节,最终狐狸得到了肉。

另外一个小组是四个人都上,一个人饰演狐狸,三个人饰演乌鸦,在故事分工的选择上,他们选择是一只乌鸦找到一块肉,被狐狸看到,此时只有狐狸一个在唱,推动情节,乌鸦只有动作表演,随后陆续飞来两只乌鸦,和狐狸对唱,斗智斗勇,最终狐狸没有得到肉。(见图6)

图 6　学生积极上台表演，气氛非常活跃（拍摄者：梁雪）

这两个是比较典型的例子，一个是模仿，一个是创新，故事结局也有所不同。随后教师先问了表演的学生的想法，询问他们为什么这样表达，深入了解学生的想法；其次是其他学生的评价，从同龄人的角度，发现表演中的长处与短处；最后是教师的评价，但是由于时间不多，教师只是针对其中故事推动节奏、歌曲歌词的表达、动作的表演以及情感的表达进行了评价，就已经下课，没有来得及指导学生进行调整，完善所创新的音乐剧。

三、案例成效

（一）学生方面

随着本次教学的展开，学生正确认识了音乐剧，达到了对音乐剧具有正确的认知、理解音乐剧的概念的基础知识目标。其次，随着课堂的推进，学生学会了分析音乐剧，鉴赏音乐剧，能够感受到音乐剧中狐狸、乌鸦不同的情绪变化。学生也在学习过程中，能够发现音乐剧的美，在创新时，注重动作的表达，尽情发散自己的想象力，丰富音乐剧的内容，在一定时间内，既能够表达情感，又要有一定的美感，与表演相适应。而在最后的评价环节，促使所有学生参与到实践表演中，不仅表演的同学能够通过他人的评价知道自己的不足，其他同学也能够在评价他们时，与自己编演的音乐剧进行对比，鉴赏与分析他们的音乐剧，并结合教师的评价，有针对性地改善自己。

（二）教师方面

由于每个学期综合实践表演类的音乐课较少，教师通过本次教学进一步明确了这类音乐教学课的不足，进行了教学反思，并表示在接下来的音乐教学中，要经常开展综合表演类教学，让学生在实践过程中发展自己，既能够学到相应的音乐理论知识，又能够让学生更加开朗、勇敢，敢于表现、勇于创新。教师对教学流程进行了细化，使教学主题、环境布置、教学氛围的烘托、各个环节的顺序以及所用时间等方面都有了准确的改善。

（三）学校方面

学校通过本次教学，了解到综合实践表演形式的艺术教育对提高学生美育素养的重要性。所以在开展美育工作时，教师不仅要关注美育在学科教学内的渗透，还应定期开展校园活动，给予学生更多的表现机会。

四、案例探讨

要保证小学美育与教育课堂展开的实效性，提高教师的专业能力是首要要求。因此，我校音乐教师具备结合中考调整音乐教学计划、培养学生音乐美育素养的专业能力，在教学过程中能够落实因材施教。教师在展开教学前就能够明确目标，目标设定以提高学生美育方面的能力为主，对学生的审美能力、鉴赏能力以及创造力的提升有着具体的规划，在教学过程中，能够根据这些方面的提升需求设计教学内容。并在教学过程中注重学生音乐基础知识以及学生能力发展、情感教育、核心素养培育等多个维度的发展，能够利用多种教学方法，进行融合与创新，从而拓宽学生的眼界、发散学生的思维，寻找其中的平衡点，既要保证学生能够学会应该学到的音乐理论知识，又要保证学生能够从更高的角度去提升音乐素养以及对美的鉴别与感悟能力，从而提高在艺术层面的创新创作能力，推动学生的全面发展。例如，本次教学中主要应用的提问式教学、自主探究式教学、讨论式教学等，均是以学生为课堂主体的教学模式，教师仅为课堂教学方向的掌舵人，让学生在自主探究中认识到音乐剧在精神层面的教学意义，从而发现音乐剧的美，学会鉴赏音乐剧中的美，感悟音乐剧中表达的含义，引起情感上的共鸣，从而创造音乐剧、创造美。

所以在课堂中，教师留给了学生充分的练习时间，包括对"狐狸"和"乌鸦"的讨论与表达，以及对音乐剧情节和表现技巧的讨论与自主实践，让学生将自己的感悟与想法进行交流，从思想碰撞中，产生新的领悟，对音乐剧有更深的了解，从而发现音乐剧在精神、情感等多个层面的美，并能够准确说出美在哪里，然后对剧情以及表现方法进行创新，以音乐剧的形式展示出自己的想法，去创造美。

总而言之，美育教育有利于促进学生在艺术层面的创新与发展，又符合当前教育要求，是落实综合型人才培养总要求的教育关键。教师、学生、课堂环境、课堂氛围、教学方式以及教学内容、教学目标等，均是美育课堂中必备的因素。那么，从这几个方面出发，最关键的就是教师的教学能力以及目标创设、学生互动，以此保证教学方向的正确性与课堂教学的活力，构成音乐美育课堂的灵魂，以此提高音乐教学中美育教育的课堂效果。

但是在本次教学中，也有一定的不足需要改进，其中主要包括了对小组分组的变通，为了快速展开教学，且学生有一定的习惯性，所以教师在第一次分组后，就不再分组，本次教学中就是学期开始前的音乐歌唱教学所分的小组自主拆开的，在音乐剧的学习中就出现了一定的局限性，有的学生喜欢唱歌却不喜欢做动作，不敢在肢体动作方面表现自己，小组表演中所呈现的效果就很可能达不到预期目标。其次是评价有一些简略，因为给予学生自主实践的时间以及学生表演的时间有些多，最终的评价环节时间不够，教师不能指导学生对表演技巧以及表达形式进行调整，对部分没有表演的学生学习情况也掌握得不充分，这些情况在歌唱类音乐课堂中表现不明显，但是在本次综合实践表演类教学中，却尤其明显，还需要进一步调整。

有效开展校本研修，促进教师专业成长

茂名市启源中学　陈玉玲

摘要：校本研修是促进教师专业成长的重要途径。在新时代背景下，学校只有直面现实，充分了解本校教师在研修过程中的需求与困难，增强研修的实效性、针对性与灵活性，才能有效发挥校本研修的作用，促进教师专业成长，提升教育质量。

关键词：校本研修；教师专业成长；教育质量

教师是学校教育事业发展的主心骨与不竭动力。在新课改不断推进的大背景下，如何加强对教师队伍的建设成为社会面临的重要课题。2018年，中共中央、国务院发布的《全面深化新时代教师队伍建设改革的意见》中指出，要全面深化新时代教师队伍建设改革，造就一支高素质、专业化、创新型的教师队伍。教师的专业化水平是教师安身立命之本。教师专业成长的载体在于学校，因此以教师为主体、以学校为沃土的校本研修成为提高教师专业水平的重要途径。

校本研修是指在教育主管部门的引领下，学校立足本校，以全体教师为主体，通过一系列有目的、有组织、有计划、有实效的研修活动，以促进教师专业发展、提高教育质量为目的的一种继续教育形式。校本研修对提升教师专业化水平的重要性不言而喻，许多学校经过长期实践已形成一套"基于学校、通过学校、为了学校"的校本研修体系。然而放眼现实，校本研修流于形式、成效递减成为不争的事实。在新时代背景下，结合校本研修的现状，探讨如何更有效地开展校本研修并加以改革，成为我们突破瓶颈期、重新发挥其实效的必由之路。

一、优化"顶层设计"，增强研修的实效性

校本研修是由学校自主开展的针对教师的在职培训形式，学校在校本研修过程中发挥引领作用，其顶层设计科学与否直接影响校本研修的效果。

因此，为使校本研修更有效果，学校层面必须优化顶层设计。

（一）加强对组织与制度的常规管理

设立组织与建立制度是校本研修的基本架构。学校一般以学校教研组、学科科组与年级备组为载体，通过各式文件方案设立教师培训制度、教研活动开展制度、听课评课制度、工作手册与教案书写制度、教师评优评先制度等，引导教师参与研修活动，规范教师研修行为。

然而在实践过程中，研修组织的随意化、行政化，再加上各项制度缺乏后续跟进，导致校本研修效果大打折扣。受时间与场地的限制，很多学校研修活动的开展无定时、无定点，缺乏明确的目标和长远的规划，活动内容只是例行公事地传达通知与布置常规任务。哪怕在活动中讨论教学问题，但由于与会教师没有充分做好前期准备，活动内容囿于浅层次的讨论而缺乏专业引领，研修活动过于随意，流于形式。而在同一研修组织内部，容易出现按资历排序的等级观念，碍于这种等级关系，很多教师不敢阐述自身看法，有意识地认同别人的观点，逐渐组织内部形成了共享的价值观与和谐的同事关系。[1]久而久之，这种行政化强的研修组织的内部思想容易同质化，再也很难注入新鲜的血液而停滞不前了。

针对上述问题，一方面，学校要加强对研修组织的管理：一要进行宏观规划，勾勒校本研修蓝图。学校要紧跟教育发展潮流，立足学校实际情况，针对不同教师群体制定短期、中期、长期规划，稳步推进校本研修。二要提供时空保障。传统意义上的办公室多为教师工作的场所，而进行研修学习时教师往往需要另外寻找合适交流的空间，这很容易引发教师对研修的倦怠感。为解决研修时空保障不善的问题，学校可在传统意义的办公室开辟"嵌入式"研修空间，每个空间由"班级协作区""学科聚合区""嵌入研修区"[2]组成，方便教师根据自身或研修小组需要灵活进行选择，构建学习、工作与研究三位一体的活动场所。此物理空间集中配备书籍、电脑等资源，构建线上线下资源库，除在规定时间外，群体或者个人可灵活选择时间进行研修，确保教师有足够的研修时间。三要规范研修活动。每次研修活动的开展应有明确的主题，可以是探讨教学问题，可以是学习理论。另外要求教师参与活动前做好充足准备，可采取中心发言制，消解组织内部行政化的弊端[3]，构建人人参与的向上关系。学校层面负责收集整理每次研修活动的详尽记录进行归档，使每次研修活动既重形式又有内容。另一方面，学校要跟进各项制度的实施情况，可根据学校规划以学期为单位，开展定期与不定期的检查与抽查，确保制度的落实。

（二）发挥目标与理念的引领作用

校本研修效能的生成机制包括和谐环境、主体活动、心理目标。一般学校重视和谐环境的建设与主体活动的开展，而忽略了心理目标的构建。教师的专业成长是一种内源性发展，教师内驱力不足是校本研修实效不明显的重要原因。因此学校要充分发挥目标与理念的引领作用，促成教师从"要我研修"转变为"我要研修"。

首先，学校可请专家开展讲座、组织研修小组进行理论解读，关注教育发展前沿，及时传达教育事业发展的新契机与新要求，引导教师认识提升自身专业性的重要性与必要性，明确自身研修目标。其次，建立与校本研修相关的激励机制。学校可实施与校本研修相挂钩的奖励办法。在进行绩效激励的同时，学校可充分挖掘校内资源，加强校际合作，积极响应教育部门的号召，为教师提供更多展示自身的平台，帮助教师切实感受到自身的进步，充分发挥成功激励的作用。人文激励、绩效激励与成功激励齐头并进，激发教师的内在驱动力。最后，一线教师不能只着眼于解决繁杂琐碎的实际问题，只有在理论上成长才有真正意义上的提高。"问渠那得清如许？为有源头活水来。"学校可根据本校实际情况和各学科需要，打造资源共享的阅读空间，提升教师的理论水平。为使教师对理论的理解更加深刻，学校可组织召开读书分享会，或者组织研修小组对相关教育理论进行解读，大家各抒己见，形成集体智慧。

（三）重视课堂与课题的阵地建设

教师的专业化水平最直接表现在其课堂上。优质课堂既是教师专业成长的目标，又是教师提升自身专业化水平的必经过程，因此学校要狠抓教师的课堂教学。学校要严格把关常态课、汇报课、公开课的质量，组织年级备组开展集体备课，提高实效，集集体智慧打造优质课堂；开展各类比赛，促成教师不断磨课，提高教师教研能力；组织优课评比，提高教师教研的积极性。除此之外，学校应建立"青蓝工程"，发挥优秀教师对年轻老师的"传、帮、带"作用，加速年轻老师的专业成长。研修小组每次集体听课后应组织集体评课活动，集体剖析课堂的优缺点并提出相应的建议，引发更深刻的反思，挖掘教师的教学潜能与本课教学更多可能性，促进教师个体和群体的成长。

课题研究是助推校本研修向纵深发展的有效途径，其主题来源于现实问题。由于研究周期长，课题能有效促使教师透过现实表面，更深层次持续地思考某个问题,搭建现实与理论沟通的桥梁,充分体现研修的作用。然而在现实中,很多时候课题已沦为个别教师评优评先的敲门砖,课题开题时声势浩大,研究过程悄无声息,直至结题后销声匿迹。如此一来,课题虽多,然而对实际问题的解决、教师专业水平的发展、教育质量的提高毫无用处。因此,学校要关注课题研究的前延后续,其实施应该包括四个环节:现状分析—确定主题—开展研究—后续应用,尤其是研究过程要立足现实,最后研究成果又应用于现实,力求发挥课题的教研作用。

二、进行系统规划,增强研修的针对性

在学校中,受教龄等各种因素的影响,教师的专业化水平参差不齐。倘若校本研修忽视教师之间的差异性,使全校教师套用统一的模式,势必会出现"甲之蜜糖,乙之砒霜"这种现象。对于部分教师来说,校本研修下的各种活动不但不能促进自身专业发展,反而加重了自身负担。因此,校本研修要充分考虑教师的个体差异性,增强研修的针对性。

(一)多元诊断

校本研修要有针对性的重要前提是了解教师群体的差异性。青年教师刚踏上工作岗位,工作热情洋溢但经验不足;而一些经验相对丰富的老师,又出现职业倦怠现象。同是青年教师,也会因教育背景、个人生活环境不同而具备不同的能力。要提高校本研修的效果,必须对教师个体有充分的认识。学校可通过举办能力比拼系列比赛、学生参与评选、校内名师骨干教师点评、互联网测评等方式对教师个体进行多方诊断,对教师群体进行大致分类,明确不同类型教师存在的问题与不足,确立个体"最近发展区"。

(二)直击所需

根据前期的多元诊断,学校可大致构建起合格教师—教学能手—骨干教师—学科带头人—学校名师的师资体系。针对各层次的教师群体需求不一这种现状,学校应制定适用全体教师的必修内容与适用部分教师的选修内容,如相关教育法律法规、师德师风建设等可设为必修内容,信息技术、科研等内容可设为选修内容。不同层次的教师有不同的研修规划,学校可从个人研修、组内研修、校内研修三个维度确立不同的研修内容,实现自主研修与集体研修相结合,引领教师从被动接受到主动参与再到自主钻研。

为避免各个层次出现断层现象，学校可通过师徒结对子、定期举行多元诊断等方式，促进师资体系内部人员流动。

（三）形成档案

教师的专业化成长是一个在个体与环境相互作用下自身能力水平螺旋上升的过程。在校本研修开展过程中，教师可按照不同阶段、不同层次身份分门别类将研修主题、研修内容、研修形式、研修收获、研修反思等资料进行整理，建立数字成长档案。个人数字成长档案的建立，既能有效反映校本研修的面貌及成绩，又能帮助教师回顾自身成长历程，对自己有充分的认识，以便实现更好的发展，正所谓不忘来时路才能开启新征程。

尽管各个教师的成长过程不完全相同，但总的来说都会经历"模仿—探索—创造"的完整过程，这是个体研修的共性。个人成长档案在凸显个体研修特性的同时对后续教师培养具备深远的借鉴意义。

三、活用信息技术，增强研修的灵活性

在日常工作中，教师教学任务重，事务繁多。不同教师课程安排不同，这就导致学校比较难找到大家能共同参与活动的时间，从而制约集中研修活动的开展。教师自我反思、同伴互助与专业引领是校本研修的三大要素，其中前面两大要素较为容易实现，而一线教师外出参与培训的机会十分有限，偏远地区的学校要邀请专家开展讲座也十分困难。要使校本研修取得实效，学校必须直面以上两大难题。

时代发展对教师专业成长提出了新要求，也为教师专业水平提升提供了新契机，互联网信息技术的应用能有效解决集中研修时间不足和专家引领困难两大问题。

随着互联网时代的到来，信息技术的应用对教育事业的发展产生了重大影响。信息技术的充分应用对校本研修的推进大有裨益。第一，活用信息技术能拓展校本研修的广度与深度。近年来，国家教育主管部门顺应时代发展潮流，投入大量资金建造各种平台，开展远程培训与网络研修。互联网能突破时间与地域的限制，为教师研修提供海量资源，使教师能足不出户实现与名师面对面，拓展校本研修的广度与深度。第二，活用信息技术能增强校本研修的灵活性。网络空间作为一个资源丰富的虚拟数据库，其共享性、可选性可以方便教师根据自身时间、需求与研修进度灵活进行选择，还能提供便捷的沟通工具和广阔的交流平台，帮助教师及时解决研

修过程中的学习难题。第三,活用信息技术能确保校本研修的完整性。从前期的网络诊断到中期统整线上线下个性化研修与集体研修再到后期成长档案的形成,信息技术的应用贯穿校本研修的整个过程,帮助教师解决专业引领、信息闭塞、资源开发等问题,确保校本研修的顺利开展。第四,活用信息技术能大大降低培训成本。网络研修能节省差旅费、场地费和时间成本,解决工作与培训时间分配上的冲突。

校本研修对促进教师专业成长的重要性毋庸置疑。学校只有直面现实,充分了解本校教师在研修过程中的需求与困难,增强研修的实效性、针对性与灵活性,才能有效发挥校本研修的作用,促进教师专业成长,提升教育质量。

参考文献:

[1] 李树培,魏非. 中小学校本研修的问题、缘由与路径 [J]. 教师教育研究,2019 (2): 38.

[2] 郭先富. "嵌入式"研修:校本研修的新生态:以重庆融汇沙坪坝小学基于工作场的校本研修变革为例 [J]. 小学教学研究,2021 (2): 20.

[3] 徐静. 教师专业发展共同体建构研究 [D]. 长春:东北师范大学,2019.

混合式研究，助力教师专业成长

——小组合作学习在小学英语课堂中的有效性研究

化州市官桥镇中心学校 郭婷波

摘要：小组合作学习是一种新颖的课堂教学模式，是学生主动构建知识的有效途径之一，是一种非常有效的学习方法。通过开展小组合作学习，提高个体的学习能力和合作能力，形成一个有利于全体学生积极、主动、活泼发展的教学流程。它充分体现了"以学生为主体"的新课标理念。

关键词：合作学习；有效性；小学英语；课堂

"合作学习"是九年义务教育新课程标准的要求，也是教育改革新形势下教师的必然选择。这就要求教师能够把英语教学与情感教育有机地结合起来，创设各种合作学习的活动，促使学生互相学习，体验集体荣誉感和成就感，发展合作精神。合作学习能够培养人的创新精神和实践能力，达到既能促进学生个性发展又能实现小组成员全面进步的目的。本文就小学英语教学中小组合作学习的有效性进行探讨，并提出可行的提高有效性的策略。

一、建立结构合理、互帮互助的合作小组

（一）按学生特质进行分组

学生特质大致上可分为学习成绩、能力倾向、性格、爱好、年龄、性别等。教师可采用"组内异质，组间同质"的原则，使组内成员之间存在一定的互补性，使各小组的总体水平基本一致，每个小组成为全班的缩影和截面。这样，既能增加小组合作成员的多样性，又能有利于全班各小组间开展公平的小组竞赛。

（二）分组要合理搭配优等生和学困生

如果是 4 人合作小组，一般以一个优等生、一个学困生和两个中等生为主要构成原则。这样，一个小组中学生的语言表达能力有强弱，学习成绩有高低，学习方法有异同，学习交流时可以做到相互影响，取长补短，从而增强学生的合作精神。而且这样的编排也有利于帮困活动的开展，减轻老师的负担。

（三）教师要注意观察，了解学生

有些学生可能不喜欢与被分的同一组的某个同学合作，这样的话，教师要及时调整，否则会影响到整个合作学习小组的良性发挥。

（四）教师要动态化变更小组成员，活跃合作学习的气氛

一般以 5～6 周调换一次或每学期换 1～2 次为理想。这不仅使学生有新鲜感，提高合作学习的兴趣，而且可以改变学生在小组中长期形成的地位，给每位学生提供发展的机会。

二、科学选择小组合作学习的内容

（一）合作学习，体验成功

在英语课堂中的小组合作学习应自然融入课堂教学设计中，在课堂教学中教师应有意识地围绕教学内容创设便于小组交流的情景，有利于学生在合作中获取知识和提高自身的能力。

1. 合作预习

"学习任何知识的最佳途径是由学生自己去发现，因为这种发现，理解最深，也最容易掌握其中的规律、性质和联系。"预习是让学生去发现知识，有效的预习能让学生更好地理解新知识。通常我会要求学生预习第二天要学习的新课，鼓励学生通过小组合作去探究新单词的发音，让学生根据一定的发音规律读出新单词，通过这种方式，学生们对单词的读音印象特别深刻。

2. 合作学习新知识

叶圣陶先生曾经说过，"教是为了不教"。也就是说在课堂上要充分体现学生的主体地位，让他们自主合作地参与学习。在英语教学中，词汇的

学习一直是一些基础较薄弱学生的拦路虎。尤其是一些比较难读的单词、词组，由于学生人数多，教师难以一一面授辅导。这时，就可充分发挥小组合作学习的优势，小组一起学习，会读的同学辅导还没掌握的同学，发挥学生的主观能动性。

3. 合作复习

小组合作复习做得最多的就是由组长（group leader）负责听写单词句子，每学完一课新课都会让合作小组自由复习，组长就会带领大家一起背单词对话，并进行听写，检查小组成员的学习情况。这样在一定程度上减轻了老师的负担，也督促了后进生努力学习。

4. 合作完成作业

例如，做一份英语手抄报，对于一些同学来说，单靠个人的努力难以完成这项任务。这时可以组织小组合作活动，几个同学分工合作，发挥各自所长，共同努力，完成任务。在检查英语作业时，可让同桌同学相互检查，这样可以唤起学生的责任感，促使他们集中注意力；并且同学之间潜意识中包含的竞争心，也促使他们非常仔细地检查彼此的作业，从而在不知不觉中复习巩固了知识。

除了以上的形式以外，小学英语中还有许多小组合作学习的形式，如学唱英文歌曲、学习"Story time"等；也可组织小组合作学习，小组成员共同改编英文歌曲的歌词、表演故事，Let's talk 中的对话操练、小组的 Let's make 合作制作小制作，还有小组的课外合作查找英语小知识、小资料等。

（二）自主学习，创新思维

在合作互动学习活动中，学生是主角，他们既可以是参与者，还可以是活动的具体组织者和设计者。教师仅是活动的创设者，只起着对活动的促进和辅导的作用。让学生在活动中自己发现问题，解决问题，积极想象，深入探究，勇于创新实践，同时教师在活动中激励评价学生，鼓励学生，最终使学生达到自主学习、自我纠错、自我评价的目的，以达到从学会到会学的转变。在教学中，我灵活使用教材，根据学生的特点进行变通、引申及创新，设计一些活动。学生也可自主设计活动，尽量发挥学生的主动性、创新性。

三、制定有效的合作学习规则

小组活动应该是各成员共同承担责任，共同完成任务和分享讨论成果。

但在实际情况中，语言表达能力强的学生参与的机会明显较多；而另一些学生则习惯于当听众，很少或从不发表个人意见。渐渐地他们对一切语言活动都表现得漠不关心，从而出现了多数学生没有参与的情况。因此，建立有效的、科学的合作学习规则在很大程度上决定着小组合作学习的成效。

  首先，教师要阐明小组的特殊意义，让学生明白自己在小组内的职责——为整个小组的成功贡献力量；让他们明白如果小组内有一人掉队，将会影响整个小组的成绩。其次，教师要给每个小组下达任务，分配工作。小组内设小组长，主要职责是对本组成员进行分工，组织成员有序地开展讨论交流。小组长的选择可以使用轮换制，使每位学生都得到全面发展。最后，要求尽量使用英语沟通。教师可在教室里张贴常用语汇表帮助学生开口说英语。

四、培养学生良好的小组合作学习的常规习惯

（一）培养独立思考的习惯

  小组合作学习的目的是让每一位学生参与学习的全过程，给每个学生提供展示的空间，通过组内的交流、探讨，使学生不断完善自己的观点，不断建构自己的知识体系。但这些的前提是学生必须要有自己的看法和见解，要学会独立思考。因此，在小组合作学习之前，一定要留有充分的时间让学生进行独立思考。教师在教学设计时也应该考虑到这点。比如我在上牛津小学英语 5B Unit 8 A camping trip E Read the passage 这个部分的时候，先是出示教师自己带来的玩具，让学生谈论老师的玩具，然后老师用屏幕打出一段话："I have a toy monkey. It's small. It's not fat. It's not thin. It has big eyes. I think it's very lovely. I like it very much."。教师自己介绍自己的玩具，目的是给孩子自己在小组内介绍玩具做个示范，然后要求学生在小组内介绍自己的玩具。然而在第一班上的时候发现学生活动比较乱，介绍玩具的同学是一边说一边想，听的孩子是一边听一边想应该怎样介绍自己的玩具，效果不理想。后来经过反思，后面的班级进行本课时教学的时候，我给孩子们留了时间先自己想一想说一说，给他们独立思考的时间，然后再在小组内介绍玩具，整个小组的发言和活动都很有序，不管说的还是听的都很认真，效果较好。因此，教师在教学中要注意培养学生独立思考的习惯，要给学生留有独立思考的时间和空间。

（二）培养认真倾听的习惯

在小组合作学习过程中，对话交流比较频繁，这就需要每个学生学会倾听，认真听取别人的发言，专心听讲，认真思考，领会要点，并在他人发表意见时不打岔，不插嘴，不评价。另外在其他小组发言时，也要注意倾听别人的观点，而不是准备自己小组将要发言的内容。因为在听的基础上，才能使说的起点更高，表达得更好。这一点在小组合作学习过程中显得十分重要。通过平时的评价的激励和一些教学设计能有效地培养学生倾听的习惯。如我在平时课堂教学中请小组上台表演，各个小组的积极性都很高，我一般都先请一个小组，然后会说下面老师将请听得最认真的小组来表演。这样学生听得就特别认真。另外我还会采用"大家来找碴"的游戏来促进学生的倾听习惯。就是当个别学生或小组进行发言或表演的时候请其他同学来找一找他们的发言中有没有什么错误或发音不准的地方，学生的积极性高，自然听得仔细。再有就是采用"滚雪球"的方式，比如 5B Unit 6 Doing housework C 部分要求学生说的就是：What are you doing? I'm/We're… 学生 Work in pairs 之前老师就说，大家可以加一些句子。一组学生站起来说了 Hello, Nancy. What are you doing? I'm washing clothes. Oh, I see. Goodbye. Goodbye. 下面一组起来就要开始"滚雪球"了，他们的对话是：Hello, is that Nancy? Yes, this is Nancy. Are you free now? No, I'm not. What are you doing? I'm washing clothes. Oh, I see. Goodbye. Goodbye. 第三组在第二组的基础上又加了 Can you help me with my English? Sure. How about this Sunday. 下面的小组继续"滚"，能接下去的小组一定是认真倾听了别人的发言的。

（三）培养有序表达的习惯

所谓有序，包括两个方面的意思：说话有序和有序地说。在小组讨论中，一些学生发言过于踊跃积极，不让别的同学发言。因此，要让每个学生自觉遵守小组合作学习的规则，让能说会道的学生学会谦让，让经常旁观者学会参与。如我在新授 5B Unit 8 A camping trip B 部分单词时，出示单词卡片请四人小组读单词，一开始站起来的人有的人不管其他同学自己读，读完也不管其他人读完没有自己就坐下去了。有的人还不知道该什么时候读，还在等。后来老师说：Read it one by one. 学生明白老师意思后，有的人又开始了，这个时候老师说：Sorry, you first. 指另外一名同学，然后通过目光给下一个同学提示，这样的发言在老师的指导下就有序多了。其他小组发言时也不会再乱了。同样是这个单词,在复习巩固课时,老师请读得好的学生带着全班读,然后请小组内每个同学带其他人读其中你读得好的或想教别人的两个单词。在分组的时候编好了序号,于是老师只要说从每组的一号开始,他们的活动必然是有序的。因此,学生有序表达的习惯的培养需要老师的指导和常规的培养。

(四)培养积极参与合作的习惯

只有学生有了积极的参与欲望,才能实现合作学习。培养学生的参与与合作的习惯,我们可以这样做:注意梯度,分层教学,让各层面的学生都能参与;组织得当,使每个学生都有机会参与;激励反馈,使每个学生尝到乐趣。如我们在检查学生的词语和课文朗读情况时,让学生以小组的形式汇报,让每个学生都得到参与的机会,学生也非常乐意参与。另外,我这个学期在采用的 Happy reading 快乐阅读(朗读)的活动形式就是从孩子们的需求出发,让孩子们选择自己喜欢的方式朗读或阅读一篇课文或文章,孩子们选择了自己喜欢的方式去读当然会有参与活动的积极性,每个学生都能够动起来,参与率大大提高,促进生生互动,这样的合作学习也更加有效。

五、科学开展小组合作学习的评价

(一)师评

德国教育家斯多惠说过:"教育的艺术本领在于激励、唤醒与鼓舞。"在教学中教师应坚持使评价贯穿于整个合作学习活动中。形成性评价与终结性评价相结合,以激励学习的兴趣和积极性为主要目的。通过多种鼓励性语言来保护学生的自尊心、积极性。

(二)组评

我常常鼓励小组对其成员进行积极、中肯的评价,这是促使小组合作学习有效进行的手段。在小组评价中,由小组长牵头,对自己小组合作学习的情况进行反思评价。我还尝试设置了一些奖励形式,比如"最佳表演奖""最有创意奖""最有合作精神奖""最努力活动奖"等,使组内的每一个成员都受到鼓励。

六、提供充裕的合作学习时间

一节课时间有限,有些教师为了完成本课时的任务,在学生还没有完全展开合作学习时,就匆匆结束合作学习,草草收场。这样的小组合作学习不但达不到学习的目的,而且很容易挫伤学生的合作学习热情,养成敷衍了事的不良习惯,也容易使学生对合作学习失去兴趣。因此,教师要给学生提供充分的思考、交流、操作和总结的时间。在进行合作学习前,教师要留给学生一定的独立思考时间;在进行合作学习时,要给学生足够的交流讨论时间,让每个学生都有发言的机会和相互补充、更正、辩论的时间,使不同层次学生的智慧都得到发挥;在结束合作学习后,要给学生足够的汇报、反馈的时间,从而完全掌握学生合作学习的准确信息,对合作学习中存在的问题予以及时的指导。

总之,小组合作这种学习方式符合学生乐于交往的心理需求,有利于调动起全体学生参与到学习的全过程,有利于提高他们的自主学习能力和语言交际能力,也有利于培养学生团结协作和社会交往的能力。使学生在英语学习过程中不断体验进步与成功,认识自我,建立自信,促进学生综合语言运用能力的全面发展;使教师及时地获取英语教学的反馈信息,对自己的教学行为进行反思和适当的调整,促进教师不断提高教育教学水平。

参考文献:

[1] 徐琳. 小学英语教学小组合作学习的有效策略 [J]. 校园英语旬刊, 2015 (2): 189 – 189.

[2] 张文梅. 小学英语教学中小组合作学习存在问题及解决策略 [J]. 校园英语, 2015 (8): 159 – 159.

[3] 肖文芳, 粟帆, 廖爱秀. 农村小学英语课堂教学中小组合作学习的有效性研究 [J]. 海外英语, 2015 (13): 59 – 60.

[4] 施蓉蓉. 小组合作学习在小学英语口语教学中的运用 [J]. 小学教学参考, 2007 (30).

[5] 刘红武. 小组合作学习的实践与探索 [J]. 教之初, 2004 (18).

[6] 熊丹. 小组合作学习在小学英语教学中的运用 [J]. 现代阅读报, 2013 (10).

[7] 王立梅. 小学英语有效合作学习研究 [J]. 山东师范大学学报, 2013 (5).

[8] 孙桂华. 小学英语课堂教学有效性研究与实践 [J]. 科技创新导报, 2010 (11).

[9] 满丽丽. 浅谈如何提高小学英语课堂教学有效性 [J]. 学周刊, 2012 (11).

改变教学模式，促进教师成长

——改进实验教学方式，激发学生学习兴趣

茂名市祥和中学　李　爽

摘要：化学实验是化学科学的研究基础，是学生通往化学世界的大门。"兴趣是最好的老师"，浓厚的学习兴趣能促进学生主动探索、获取知识。培养学生学习化学的兴趣应该从实验入手，通过补充演示实验、改进教材演示实验、将实验习题讲评改为实验与讲评结合、指导学生利用生活中的废旧物品自制实验装置以及开展"家庭小实验""社会调查"等多种途径，让学生主动参与到各种形式的实验中，提高实验教学的有效性，更好地培养学生学习化学的兴趣。

关键词：化学实验；学习兴趣；实验教学

孔子曾经说过："好学者不如善知者，善知者不如乐学者"，由此可见兴趣是学习知识、培养能力的前提。因此，激发和培养学生的学习兴趣，引导学生主动积极地对知识进行探索，促进学生主动发展，养成良好的学习习惯，是教育工作者需要研究的重要课题。

从心理学的角度来看，中学生具有强烈的好奇心和求知欲，对新鲜事物具有浓厚的兴趣和探索欲，而化学实验正好具备此特点。化学实验中"神奇"的实验现象能够激发学生的认识兴趣，而这种兴趣是学习动机中主要的成分。当学生对化学实验由好奇转为兴趣时，他就会仔细观察、认真思考，并在实验活动中获得愉悦、满足等情感体验，促使化学学习顺利完成，同时进一步强化对化学学习的兴趣，并逐渐转化为学习化学的动力。

新课标明确指出：要求教师"要积极创造条件，努力完成实验，使每个学生都有动手做实验的机会"。这几年来，我在教学实践中进行了大量探索性工作，积累了一定的实践经验，主要通过以下几个方面尝试改变实验教学的方式，激发了学生的学习兴趣。

一、补充演示实验，调动学生的积极性

为了调节课堂气氛，调动学生的积极性和主动性，提升学生的学习兴趣，帮助学生加深对知识的理解和记忆，我适当补充一些演示实验，对调动学生积极性有较大的促进作用。如在第一节绪言课上，除了做好课本中的几个实验外，我增加"法老之蛇""清水变牛奶""大象牙膏"等现象明显的趣味性实验，以此激发学生的好奇心和求知欲；再如学习氢气的纯度的检验时，我给学生补充不纯氢气的爆炸实验，加深学生对氢气性质的理解，同时拓展延伸为所有可燃性气体在使用之前都必须进行纯度检验；再如学习一氧化碳的可燃性和还原性时，教材上没有安排演示实验内容，学生只能通过老师讲解或多媒体展示来认识实验现象，可以增加演示实验：先收集一瓶 CO 气体，将固定在橡皮塞上的铜丝在空气中灼烧，然后迅速伸入盛有 CO 的集气瓶中，再用燃着的木条点燃集气瓶中剩余的 CO 气体，CO 的还原性和可燃性一并完成，而且现象明显；又如学习 NaOH 和 CO_2 反应时，我补充了"设计实验如何证明 NaOH 与 CO_2 发生了化学反应"等系列探究实验。这些实验，不仅让学生能观察到明显的实验现象，而且增强了学生对知识的理解，把枯燥的理论课变得生动有趣，充分调动了学生主动学习知识的热情，从而提高了课堂效率。

二、改进教材演示实验，激发学生的学习兴趣

虽然教材中所涉及的演示实验很多，但实际操作中要完成某一实验任务，所用的实验方案、步骤、仪器、用品并不唯一，教材上所提供的实验方案未必是最佳的，有些方案存在着现象不易观察、容易失败、造成环境污染等弊端。教材演示实验教学中，在不违背科学性、安全性的前提下，教师应对教材上的实验方案进行大胆的改进、创新，优化实验方案和过程，以适应中考实验题的发展方向。

例如做"空气中氧气体积分数测定"的实验时，可以先按教材实验装置演示，学生发现生成的大量五氧化二磷会扩散到空气中，对空气造成污染，危害人类的健康。而且实验操作烦琐耗时较长，实验结果容易出现误差，据此引导学生对实验进行大胆改进。同时，我在课堂中演示我的改进方案（如图1）：在大试管中加入少量白磷，用气球套住试管管口，然后用酒精灯加热试管，燃烧结束待装置冷却至室温后放入装满水（用红墨水染

红)的水槽中,拿掉试管口处的气球,让学生观察现象。同时,我还引导学生分析比较该套装置与教材装置的差异,学生通过对比很容易找出改进实验的优点。通过改进实验,培养了学生的创新精神和敢于挑战权威的勇气,培养了学生的环保意识。通过实验装置的对比分析,使学生学会对实验装置或实验方案进行评价,体验化学实验的魅力,从而激发学生学习化学的兴趣。同时通过展示更多的改进方案(如图2),让学生进入深层次思考。

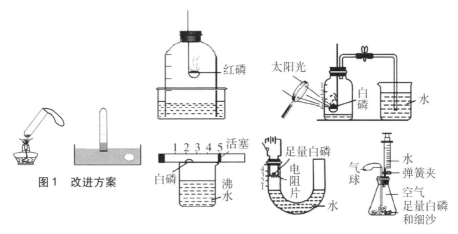

图2 更多的改进方案

三、教师演示实验改为学生分组实验,提高学生的动手能力

学生动手操作实验远比观察演示实验印象深刻,学生由旁观者变成操作者、实验者,其积极性、主动性被充分调动,学生亲自动手实验既可以达到演示实验的目的,又可以弥补演示实验的不足。因此,在条件允许的情况下,应当多采用这种形式。一般来说,对操作简单、费时不长、安全可靠、不污染环境的演示实验都可以改成分组实验。例如,基本实验操作、酸碱性质的试管实验、二氧化碳的制备等。在课堂上教师要明确实验目的,及时指正学生错误操作,让学生逐渐掌握实验操作的要领及原理,同时锻炼学生的动手能力、小组合作能力。让学生在动中学,在乐中学,学习兴趣和课堂效率都得到了提高。

四、实验习题讲评改为实验探究课,培养学生自主探索的能力

实验习题既是化学教学上的一种特殊习题,又是高要求的特殊形式的学生实验。学生须清楚实验原理、实验现象、实验仪器、药品、操作步骤和注意事项等,才能顺利完成实验习题。而对多数学生来说,综合运用知识的能力较弱,面对这类习题,单靠老师的课堂讲解难以理解,并觉得枯燥乏味,基础较差的学生可能更多时候会因听不懂而放弃此类习题。于是我尝试将实验习题讲解改为实验探究课,如在学了金属的性质后,常出现金属活动性比较的习题,我设计了实验探究课:设计实验证明 Fe、Cu、Ag 的金属活动性顺序的强弱。又如,在学完碱的化学性质后,常出现氢氧化钠与二氧化碳反应但无现象的习题,我设计了实验探究课:设计实验证明氢氧化钠与二氧化碳是否发生反应?[2] 在探究课中让学生自主设计方案、自主交流评价实验方案、自主选择实验仪器、自己动手完成实验,通过这一系列的实验活动,让学生观察实验现象、进行小组讨论分析,从而真正理解实验的原理。这类活动对于学生综合运用基础知识、提高实验操作技能、培养发散思维和创新能力都具有极其重要的意义,而且这种课堂给了学生很大的自主活动空间,使学生学习的积极性高、劲头足,教学效果也得到了提高。

五、开展"家庭小实验""社会调查",学以致用

初中化学教材中都有"家庭小实验""调查与研究"等辅助栏目,这些栏目的设置既扩大了学生的知识面,又引导学生关心自然、爱护环境、关注社会。"家庭小实验""社会调查"是课堂教学的拓展和延伸,是课堂实验教学的有效补充。于是我尝试充分利用这些栏目,组织学生开展"家庭小实验"和"社会调查",将知识与技能、过程与方法、情感态度与价值观有机地融合到一起,同时也满足学生的发展需求,促进学生个性化协调发展。

在教学中,让学生收集日常生活中废弃的饮料瓶、一次性注射器、小药瓶、输液管、吸管等制作反应仪器,用各类蛋壳、小石子代替碳酸盐,用食醋代替酸等,均可设计出一系列的家庭小实验。如:在学完水的净化之后,我们组织学生自制简易净水器;学完二氧化碳的实验室制法后,让

学生利用身边的材料，自主设计制作一套制取二氧化碳的装置，然后对学生作品从可行性、美观性等方面进行评比并展出。由于实验贴近生活且有趣，学生积极参与，学习兴趣自然得以激发。

同时，我还与教材内容同步安排学生参与"调查与研究"活动，如：学习水资源后，让学生调查本小区家庭用水情况；学习了燃料的燃烧与利用之后，学生进行了家用燃料使用情况的调查；学习了化肥之后，学生调查了农村化肥的使用情况等。调查活动之前教师要设计具体的调查方案，在调查中让学生带着方案、带着目的去做；调查之后，组织学生撰写调查小报告，然后对学生的调查报告进行交流评比。

家庭小实验和社会调查的开展可以使课堂教学延伸至课外，可以丰富学生的课余生活，扩大学生的视野，培养其实验动手能力和观察分析能力。而且由于它们与课堂教学内容同步，对教材知识的理解和巩固也能起到促进作用，更好地落实新课标要求。

以上是我在实验教学中的一些具体的做法，当然，学生学习兴趣的激发，不是一蹴而就的，它需要长此以往的坚持和用多样化的方式来不断巩固和提升，然而实验教学方式的改变无疑是激发学生学习化学兴趣最行之有效的方法。学生的进步与教师的成长相辅相成，不断地改进教学模式，有助于促进教师的职业发展与成长。

参考文献：

[1] 教育部基础教育课程教材专家工作委员会. 义务教育化学新课程标准 [M]. 北京：高等教育出版社，2011.
[2] 刘知新. 化学教学论 [M]. 北京：高等教育出版社，2004.

贝壳创作融入小学美术教学的研究

茂名市电白区第一小学　张丽平

摘要：乡土教材是审美教育最直观、最贴近学生生活的教材。把贝壳创作融入课堂教学，不仅能为美术教学提供丰富的课内外探索活动，而且能方便学生探究与实践，提供多方位的体验机会；把贝壳创作融入或替换原教材部分内容，有利于打破教学资源匮乏、课前准备、学生认知缺陷等困境，从而更有效地开展美术教学活动。以贝壳创作作为小学美术教育的突破口，充分利用贝壳融入美术课堂，必定能为茂名电白地区的美术教育开辟一条地方特色的发展之路。

关键词：贝壳；贝壳创作；贝壳工艺；融入；美术教学

从古至今，贝壳就是人类生活的一部分，贝壳的用途非常广泛。从最早的货币，到今天生活的方方面面，生活上的、艺术上的，贝壳被应用于很多领域，在有形、无形中成了我们生活的一部分，与我们的生活息息相关。

一、贝壳运用的背景及意义

人类使用贝壳的历史悠久，贝壳的美丽及用途早已享誉中外。从网络资料了解到，早在旧石器时代，北京周口店山顶洞人就以贝壳作为装饰品。公元前15世纪，中国以经过加工的小椭圆形贝壳作为货币，称为货贝。周代普遍运用贝壳镶拼在漆器上的装饰技法。三国时，魏武帝（155—220）的酒杯就用砗磲（海贝，表面有如同车轮渠道的纹理，内层色如白玉）制成。唐代《岭表录异》中记载，南海有鹦鹉螺，表皮光滑，呈红褐色放射状斑纹，其尖端处弯曲而呈朱色，如同鹦鹉嘴，故得名。明代，在鹦鹉杯上镶金，并雕琢鹦鹉的头、翅、足等，更显华贵。

除中国外，意大利、英国、美国等国也有贝壳雕刻。文艺复兴时期，意大利匠师把贝壳雕刻成有浮雕侧面肖像的小徽章（cameo）、胸针、首饰、

19世纪末，那不勒斯成立了贝壳、珊瑚雕刻学校。17世纪，荷兰阿姆斯特丹工匠以鹦鹉螺雕刻成工艺品。美国印第安人用贝壳装饰服装，或将其制成首饰，成为传统的手工艺品。

到了现代，人们还把贝壳粉碎研磨制成粉末用来做食品、化妆品、干燥剂以及室内装修的高档材料等等。贝壳粉涂料是近年来新兴的家装内墙涂料，自然环保，是贝壳粉新的应用之一。

由此可见，贝壳是一种用途非常广泛的资源。美术新课程标准中提出：尽可能运用自然环境资源，（如自然景观、自然材料等）以及校园和社会生活中的资源，（如活动、事件和环境等）进行美术教学。对茂名电白而言，贝壳就是一种很好的乡土资源，因此，我们可以挖掘与利用到美术课堂教学上来。

二、把贝壳创作融入课堂教学，为美术教学提供丰富的课内外探索活动

美术是人类文化的一个重要组成部分，具有人文教育的功能，与社会生活的方方面面有千丝万缕的联系。对于一个小学生来说，他对社会、文化的认知主要靠在生活环境中体悟，范围主要集中在家乡层面上。茂名电白是一座美丽的海滨小城，得天独厚的地理位置给我们带来了五彩斑斓、形状各异的贝壳。电白的祖先也在很早以前就开始使用贝壳了，所做的贝壳工艺品千姿百态，尤其贝雕作品更是远销海外。

为进一步弘扬本土艺术文化，可以在美术课堂实践中传承贝壳创作，美术实践本就是一种创造性的活动，把贝壳创作融入课堂教学，不仅能为美术教学提供丰富的课内外探索活动，而且能方便学生探究与实践，提供多方位的体验机会。

2016年9月，电白一小在龚彩虹校长的倡导和大力支持下，开展了"创意贝壳"工作坊第二课堂，工作坊一直以"培养兴趣，开发潜能，丰富生活，变废为宝"为目标，引导学生充分利用家乡海滩的贝壳资源，大胆创作贝壳贴画作品，让学生在实践中发现贝壳的美，感受用贝壳创造的美，分享贝壳创意作品的独特美。学生不管是在贝壳的重构还是在色彩运用方面都敢于创新，他们的创意作品种类丰富，题材多样。创意贝壳工作坊第二课堂不仅培养了孩子们的兴趣爱好，激发了孩子们的家乡情怀，还丰富了他们课内外的探索活动，锻炼了他们多方面的能力，同时凸显了学校的办学特色，弘扬了本土艺术文化。

三、把贝壳创作替换或融入原教材部分内容，有利于打破教学资源匮乏的困境

目前茂名地区使用的岭南版教科书都是依据《义务教育美术课程标准》（2011年版）编写的，但是由于所依托的社会文化环境和经济环境的不同、使用地区和使用对象的不同、编者的不同等多种因素影响，有其各自的特色、优势与不足（注释：参考网络信息）。例如，五年级下册第18课"活动彩车模型"，要求以环保材料与科技意识，设计制作主题性的活动彩车模型。这一课对于一些农村小学生来说难度非常大，首先，由于农村小学教学资源匮乏，基本没有专业、专用的美术教室，没有相关的工具材料；其次，跟学生的实际生活有太大的差距，学生对这方面的认知存在太多缺陷，因此，可以考虑用贝壳工艺代替这一课的内容，让学生通过团结协作方式制作出自己喜欢的作品，这样学生在课前也容易准备，操作起来也更加得心应手，有利于学生打破认知缺陷的困境，从而更有效地开展美术教学活动。

另外，五年级下册第14课"别致的灯饰"，此课教材围绕学生在生活中常见的灯为题材，引导学生进行学习和探索，学习设计的形式原理，观察、分析灯饰作品的造型、色彩、结构与功能的关系，选用不同的纸材进行工艺制作灯饰。老师们把贝壳创意的教学内容融入这一课中来，与课本教材内容对接融合，用贝壳打破纸的限制，代替不同的纸材制作灯饰，使美术课堂教学富有乡土文化气息，更贴近学生的现实生活。

在课堂教学实践中，老师以欣赏、观察、合作探究等多种方式让学生了解贝壳的可塑性，感知贝壳花灯的造型，掌握贝壳花灯设计的形式原理及美感，培养了学生的观察及动手能力，激发了学生对贝壳工艺和中国传统灯饰的探索，进一步培养了学生对我国灯饰传统文化的热爱，达成了学生创造美好生活的愿望。

在这一课的教学研究过程中,老师们根据课堂实际不断调整教学设计,不断积累经验,使得教学效果越来越明显,学生的作品也越来越成熟,后来从众多的作品中挑选一部分进行展览,得到全校师生一致好评。因此可以肯定,用贝壳创作替代或融入原教材内容是可以取得很好成效的。

四、利用贝壳融入美术课堂，可以为本地的美术教育开辟一条地方特色的发展之路

渔乡资源——贝壳，作为一种新型的教育资源为学校的特色建设注入了新的"血液"和活力，为本地的美术教育开辟了一条地方特色的发展之路。

电白一小创意贝壳工作坊第二课堂开展至今，广受师生欢迎，取得显著成果：2018年6月，"创意贝壳"工作坊被评为"茂名市优秀红领巾小社团"；7月，学生梁天丽、陈晓雯创作的贝壳贴画《滨海之花》荣获茂名市中小学生手工艺术作品大赛一等奖。2019年3月，"创意贝壳"工作坊荣获广东省第六届中小学生艺术展演活动三等奖，张丽平、李培新、钟燕琴三位老师荣获"优秀指导教师奖"；12月，学生张文琳的贝壳贴画作品《幸福的旋律》、邓雅文的贝壳贴画作品《美丽的冬天》均荣获电白区中小学"祖国好，家乡美"美术比赛一等奖，张丽平老师被评为"优秀指导老师"。2020年4月，学生张文琳、邓雅文的贝壳贴画作品在茂名市中小学践行社会主义核心价值观主题教育系列活动中均荣获一等奖，张丽平老师荣获"优秀指导教师奖"；8月，张丽平等老师指导的展示项目《创意贝壳工作坊》在第三届粤澳大湾区学校美术作品展暨第五届广东省高校美术作品学院奖双年展市级评选中荣获二等奖。2021年7月，学生李稀奇的贝壳贴画作品《我们都是龙的传人》在电白区艺术展演活动中获得一等奖。

创意贝壳工作坊的孩子们在艺术造诣上都得到了更好的提升，也为兄弟学校在艺术教育探讨方面搭建了一个互相学习、互相交流的平台。2019年9月，电白一小创意贝壳工作坊在茂名市图书馆举办"贝壳贴画"师生作品展。此次展览的"贝壳贴画"作品琳琅满目、丰富多彩，参观者犹如来到绚丽多姿的贝壳世界，来到孩子们创设的童话世界。电白一小"贝壳贴画"作品展在茂名引起很大的轰动，获得社会各界的一致好评。

电白小学的美术教学只要以"贝壳特色"为契机，求真务实，用心经营，相信随着时间的积淀，经验的积累，"创意贝壳"特色教育之路一定会有更广阔的发展空间和更加灿烂的未来，为本土艺术文化锦上添花。

参考文献：

［1］钱初熹.美术教学理论与方法［M］.北京：高等教育出版社，2013：12.

［2］朱立元.美学［M］.上海：华东师范大学出版社，2007：7.

课教相伴，师生相长

——浅谈送课下乡与送教下乡相结合的策略与好处

茂名市祥和中学 毛明宇

摘要：为缩小城乡教育差距，提升贫困落后地区的教育水平，送教下乡和送课下乡都受到了广泛重视。通过送教下乡和送课下乡相伴活动的开展，不仅乡村教师的教学水平得到显著提高，乡村教育的质量也得到了显著改善。新时期，为进一步凸显送教下乡与送课下乡的职能和作用，我们需对送教下乡和送课下乡培训模式不断优化和创新。

关键词：送课下乡；送教下乡；物理；师生共成长

一、现阶段乡村教师培训中存在的不足

（一）培训内容缺乏针对性

部分培训机构在实施培训活动之前，调研工作没有得到深入开展，培训内容、培训形式和培训方式不符合乡村教师的发展需求。也有一些培训机构没有对送教地区的差异性充分考虑，培训课程的针对性缺乏，进而降低了培训成效。[1]

（二）培训方式缺乏多样性

由于乡村教育条件的局限，大部分的培训方式都比较单一，一般都是短期集中培训，培训方式不新颖，一般都是上一两节示范课，然后评课，甚至都没有经历一个完整的选课、磨课、上课、评课，再上课的环节。所以，不仅教师的教学水平没有得到显著的提升，而且学生上课的质量没有得到根本性的提高。

（三）培训活动连续性不足

目前，我们主要将短期集中培训作为线下培训的主要形式，但由于没有连续设计培训内容，导致培训效果大打折扣。如设计的培训内容关联性不足，培训教师只是为乡村教师上几节示范课，没有后续的课程与培训，乡村教师的专业水平无法得到满足。同时，受时间因素影响，培训课程和自由交流时间分配不当，这样教师与送教专家之间的沟通需求就难以满足，乡村教师的各种疑惑无法得到解决，进而对乡村教师的专业发展产生制约。

二、现阶段乡村教学存在的问题

通过调研论证工作的深入开展，能够促使培训内容、培训形式的针对性得到保证，进而促使培训效果得到提升，调研工作不能停留于表面，必须深入了解乡村教师的教学、教研现状与问题。主要原因在于乡村教师的思维定式、教学观念已经形成，他们安于现状，懒于改变。针对这种情况，培训团队不仅需要了解教师的学历水平、教学设施条件，还要深入课堂听课、评课，全面观察、了解乡村教师的专业能力状况，如教学设计、课堂教学组织能力、课堂应对能力、课后反思能力。完成调研工作之后，合理设计与规划上课内容，送课下乡，示范课就要精准到位。为了帮助乡村教师不断改进教学方式，提升教学能力，促使乡村教师的专业发展需求得到满足，不仅仅是常规的送课下乡，还需结合送教下乡，也是教会受训教师如何备课、如何上课。此外，在培训课程研发过程中，培训课程设计要持续优化，促使培训内容、培训形式等与符合乡村教师的实际需求，提高乡村教师的教学水平。

三、送课下乡与送教下乡相结合，引领乡村教师的专业发展

把送课下乡和送教下乡相结合，融入每一个培训的环节中，可以极大地提高乡村教师的教学水平，引领乡村教师的专业发展。

结合物理教学的特点，我们物理项目组决定培训内容包括诊断示范、研课磨课、成果展示、总结提升四个环节。

（一）诊断示范

由于前期的调研论证工作得到深入开展，我们大概了解乡村教师课堂教学的不足和问题。但是，为了更好地进行后面的工作，还需更仔细地对受训教师的常态课认真观察和思考，诊断出问题所在，一一对症，解决问题。

我们物理项目组为了解决这个问题，主要采用同课异构的方式。参训教师和培训教师同上一个课题，培训教师是之前分析了参训教师的常态课后再有针对性地设计自己的示范课，送课下乡，示范课必须精准到位。示范课上完后，乡村教师对自己的课堂深入解剖，认真分析自己的优点和不足，及时纠正和反思。

在乡村教师的常态课和示范课中，我们都可以发现一个问题，就是物理课堂上缺少实验，不少老师都是口头简单叙述实验甚至有的老师直接跳过不讲。可是物理课堂中实验是必不可少的，甚至是最重要的一部分，那么在乡村教学中由于物理实验器材的匮乏，又该如何设计物理实验呢？这个问题也是我们物理项目组认真思考的问题。为了解决这个问题，我们在网上搜索了大量的资料与视频，决定"偷梁换柱"，把生活中常见的器材来代替实验器材。比如，阿基米德原理实验中的铜柱用石头米代替；电学中的带电体可以吸引轻小物体，可以利用身边的塑料棒与毛巾摩擦，然后吸引小纸屑；光在同种均匀介质中沿直线传播，可以用激光笔照射烟雾；等等。我们应该引导乡村教师积极开发思维，善于观察生活，积极参与物理实验，让课堂更具趣味性。

（二）研课磨课

研课环节则着力于开展课例研讨，进行对照反思，突出经验学习。学员在研课活动中通过开展主题研究活动，深挖课堂教学中出现的问题，找出原因和提出解决的办法，并总结成绩和找出具体的例证，供大家在工作中运用。"教"和"研"的有机结合，提升了参训教师的思考和研究能力，使他们逐渐由经验型教师向研究型教师转变。

磨课活动则突出课堂教学问题的解决，围绕教学目标、教学内容、教学方法与手段、教学评价等进行打磨，不断改进教学设计，体现了送教下乡，授人以鱼不如授人以渔。磨课，除了对示范课进行磨课，我们物理项目组还针对性地提供培训专家录制的讲课视频和微课，线上线下相结合。

在研课磨课的过程中，专家团队要从教学理念、教育观念等方面进行培训，大家有效地进行互动，畅所欲言，各抒己见，在专家的引领下，受训教师以"抓得着、看得见"的求知心态去审视和反思自己的教育教学实践，从而改善自己的课堂教学。通过本环节的实施，既能够帮助乡村教师对个人教学能力的薄弱环节进行明确，又可以引导乡村教师及时改进和优化教学理念与教学方法，进而达到教学能力提升的目标。

（三）成果展示

经过了前面两个环节，参训教师就需要把自己所学的成果用自己喜欢方式展示出来。

成果展示的形式多样，一般有说课、优秀教学片段、微课、现场进行教学点评、讲课等，还可以对他人的教学录像进行具体的分析等。参训教师要把学到的新观念、新知识和新方法等应用到展示活动中，真正做到学以致用，理论与教学实践有机结合。在展示过程中，参训教师都希望把自己最精彩的设计、最新颖的思路、最有效的活动等展示给大家。大家相互学习和取长补短，再加上专家的精准点评，把活动推向了高潮。

（四）总结提升

为了提高培训的实效，让教师把培训所学的知识和方法应用到教学中去，训后的跟踪指导是非常重要的。我们物理项目组为了提升教师的教育教学综合能力，使教师成为持续、自主的专业学习者，认真制定了训后跟踪指导活动的实施方案，确立了送教下乡训后跟踪指导主题。专家团队利用网络平台提供指导服务，通过QQ群、钉钉群、微信群、电话回访等方式及时了解学员的实践情况；建立学员与专家的交流平台，聚焦问题开展主题研讨，探求问题解决策略；定期推送学习资料，提供学习资源，为他们自主学习提供帮助。

培训团队专家随时入校听课指导，参与校本教研，帮助参训教师解决实际问题和提高他们的自身素养和教学能力，提高了培训的实效性和巩固了培训的实践成果，促进了教师专业能力持续发展。

经过了四个环节，教师的教学水平和专业素质都得到了很大的提高。为拓宽参训教师视野，我们物理项目组决定组织教师到区域外的优秀学校进行交流学习，听优秀教师的示范课，让教师与区域外同学科教师进行同课异构、座谈交流等。这给参训教师带来思想观念上的变化，使他们的学习热情和自觉性主动提高，看问题的视野更开阔。项目结束后，乡村教师对学年度送教下乡培训工作进行系统总结，梳理经验、反思问题和明确改进方向,并生成代表性成果。比如,优秀的教学案例、教学论文及课程、精彩的教学故事、精妙的问题设计,表现优异的参训教师、最受欢迎的专家、科学高效的组织环节等。

四、送课下乡和送教下乡相结合,师生共成长

为了提高乡村教学质量,不仅需要提升教师的教学水平,还需改善学生的学习态度、学习方法和学习习惯。培训教师通过示范课、送课下乡在课堂上与学生良好地互动,让学生知道良好的课堂互动也是好的学习方法的一种。通过培训教师专心设计的各个方案,开展集会、讲座、实验开放课、书信互动、主题班会和交流会等形式培训乡村学生,从思想上改变学生的学习态度,也让学生形成预习、上课和复习的学习习惯,在课堂上和学生探讨好的学习方法,从而让学生知道好的学习方法可以使学习事半功倍,学会主动和同学交流学习,争论问题。为了给学生好的示范,我们物理项目组组织部分学生到区域外的优秀学校进行观摩交流学习,在好的学习氛围中熏陶自己。这让乡村学生带来思想上质的变化,并找到自己的不足。回到乡村,他们会和周围同学说起自己的所见所闻,慢慢地就会改变周围同学,大家一起改善学习态度和学习习惯等。为了使学生进一步提高,还可以让乡村学生写日记、演讲稿、总结等,并评选出优秀代表作品。

通过培训,不但教师的教学水平和专业素质得到大大的提高,而且学生的学习态度、学习方法和学习习惯都有质的改变。在课堂上,教师的课越来越有趣,知识面越来越广,学生认真听讲,互动良好,两者相辅相成,相互影响,相互成长。

送课下乡和送教下乡都是中小学教师队伍建设的重要路径,可是,如何把两者充分结合,让两者共同发挥非一般的作用,还需我们不断地探索与优化。

参考文献:

姚自林. 实施绿色"送教下乡"打造乡村学校田园教研新常态[J]. 中国农村教育,2019(7):31-33.

修德修能，共研共进

——茂南区羊角镇小学教师专业成长之路

茂名市茂南区羊角镇中心学校　蔡耀明

摘要：新课标背景下提质增效的教师培训，必须结合教育实践进行。通过真实的教育实践案例，研训一体，修德修能，共研共进，促使教师们对教学行为从过程到结果进行审视和分析。在案例分析研究中，反省自己，修正自己，完善自己；在案例研究分析中，与同行交流，互相学习，与专家对话，增长智慧，从而促进教师的专业成长，打造德艺双馨的教师队伍，为新课改的深入开展和教学质量的全面提升打下坚实的基础。

关键词：修德；修能；共研；共进

迎着新课标的春风，沐浴着新课改的阳光，羊角镇中心学校开启了"修德修能，共研共进"的教师培训之旅，步履坚实地行走在团队研修的道路上，通过经典案例分析研究，培养骨干，塑造名师，打造德艺双馨的教师队伍，为我镇新课改的深入开展和教学质量的全面提升打下了坚实的基础。

一、修德——补灵魂之钙

"德者，师之魂也。"我镇把"修德"作为教师培训的首要任务，给老师们补灵魂之钙，使我镇广大教师成为习近平总书记说的"有理想信念、有道德情操、有扎实知识、有仁爱之心"的好老师。我镇定期举行"羊角镇师德报告会"，由本镇的师德模范介绍自己的先进事迹。例如，羊角镇爱群小学爱岗敬业的楷模朱玫霏老师，爱人病故也未请假，仍在上课；祸不单行，后来又摔断手臂骨，但仍坚持给学生上课。在报告会上，她说："失去丈夫我心痛，摔断骨头我身痛，我身心俱痛！但是，我更加心疼我的学生，我不能因为自己的不幸而影响学生的成长，我要让学生看到并体会到，当一个人足够坚强的时候，当一个人内心足够强大的时候，就没有克服不了的困难!"这是朱老师心灵的告白,这是"用生命影响生命"的教育!在我镇历期师德报告会上分享的师德楷模还有羊角镇实验小学的梁钦梅老师(茂名市第四届道德模范)、羊角镇田心小学"仁爱之心"的楷模李治模老师等。他们感人的事迹,铿锵的话语,优秀的品格,高尚的情操,就像一缕缕春风,直达参会教师的心灵,触碰他们的心弦,植入他们的灵魂。我们要求老师们在会后回去阅读《特级教师教育思想录》,在学校的业务学习时间,每人讲一个自己最有感触的特级教师的师德故事,然后把学习心得发到本校教师微信群,各校再择优发到羊角镇校长微信上传群。我们从老师们的心得体会中发现,老师们已经深刻地体会到:所有的名师、优秀教师、特级教师,他们都是师德的表率、育人的模范和教育的专家。

二、修能——启源头活水

想给学生一杯水,教师必须有源头活水。教师的源头活水来源于不断地进修和实践,不断地扩大自己的认知领域,不断地提高自身的专业素养。"学以博识,践以赋能。"我们通过真实的实践案例,启发教师对教学行为从过程到结果进行审视和分析,在案例分析研究中,反省自己,修正自己,完善自己。在与同行的交流中,互相学习,取长补短,提升素质。

(一)备课:教案学案二合一,共案个案两保留

备课是教师在读懂教材、读懂学生、读懂课堂之后,在正确的教育思想和教学理念指导下,根据一定的教学模式进行的。我镇的集体备课研讨会,安排在片区集体备课日进行(我镇小规模学校每个年级只有一个班,无法实现校内同级集体备课,因此,我们把学校集体备课调整为片区集体备课),提前一周告知教师集体备课内容,主备教师提前两天把备好的教(学)案发到片区集体备课群,其他参加集体备课研讨的老师除了自己备好课,还要准备好给主备教师的修改建议及理由、自己对本备课内容的理解和困惑等。研讨当天,参加研讨的教师带上自己的备课及发言资料、教材和教师用书等资料参会。研讨会由中心学校教研员主持,会议流程包括展示、审视、交流、定案四个环节。

1. 展示

主备教师展示自己备好的教(学)案,并就本案进行15分钟以内的说课。

2. 审视

参会教师一起审视主备教师的教(学)案,重点审视:①是否根据本

节课的教学目标、教学重难点，把学生要学的新知识变成学生先学（或者先思考）的习题或者问题（即把教材打造成学材）。②是否体现了我镇新课改"先学后教，以学定教。先练后导，以生为本"的教学理念。③这样的教学设计是否能突破重难点、落实教学目标等。

3. 交流

与会教师就主备教师的教（学）案提出各自的建议和困惑，由主备教师进行答疑解惑，若有争执不下的建议，则先分组讨论交流，再由中心学校的教研员统一意见。经历一个"提出建议—答疑解惑—思维碰撞—求同存异"的过程。

4. 定案

中心学校的教研员对以上的研讨环节做指导性发言，进行专业引领并总结，最后由主备教师收集有效建议，修改、完善原来的教（学）案，定案后分享到片区集体备课微信群，作为本片区集体备课组的共享资源，我们把此案称为"共案"。老师们再结合自己班学生的实际情况对"共案"进行取舍，形成自己的"个案"。

我镇集体备课强调"教案学案二合一，共案个案两保留"。"教案学案二合一"是为了减轻教师写教案的工作量，同时提醒教师备课时把教材打造成学材，在课堂教学中以学为本。"共案个案两保留"是为了在接下来的课堂教学研讨活动中，利用"共案"开展"同课同构"活动，利用"个案"或两个不同备课组的"共案"开展"同课异构"活动。

（二）上课：同课同构展风采，同课异构各千秋

新课标的颁布实施和新课改的深入开展，要求教师重新审视自己的教学思想、教学理念和教学行为，使自己的课堂教学符合新课标的理念，适应新时代的要求。我们通过"同课同构"和"同课异构"提供的教学案例，开展课堂教学实践研究，提升教师专业素养，使课堂结构不断优化，教学方法更加得当，课堂教学更加高效。

1. 同课同构

我镇的"同课同构"教研活动，是指各片区集体备课组（全镇分为六个片区集体备课组）把本片区研究的"共案"制作成课件，由本片区不同的教师使用相同的课件，在同一间学校不同的教学班进行课堂教学展示，本片区（或全镇）同级同科教师共同参与听课、观课、听执教老师说课、互相议课、教研员评课等课堂教学实践研究活动。

2. 同课异构

我镇的"同课异构"教研活动,是指各片区集体备课组就同一教学内容开展集体备课,把本片区形成的"共案"制作成课件,由两到三个不同片区各派一名教师使用自己片区集体备课组的课件,在同一间学校不同的教学班进行课堂教学展示,全镇同级同科教师共同参与听课、观课、听执教老师说课、互相议课、教研员评课等课堂教学实践研究活动。

由于"同课同构"教学的执教老师和听课的学生不同,而使用的课件相同,因此,我们重点关注不同教师各自的教学风格,以及在相同教学环节中,他们怎样引导、启发和激励学生,学生的课堂表现如何、学习效果如何等情况,然后对这些关注的点进行对比分析。而"同课异构"教学,执教者不同,学生不同,使用的课件也来自不同的备课组,我们不仅要关注"同课同构"所关注的点,还要关注不同备课组的教(学)案各个环节设计的异同。

"同课同构"展风采,"同课异构"各千秋。这两种形式的教学研讨活动在全镇六个片区集体备课组分别开展,扩大了参与面,为更多教师提供了展现风采的舞台,使人人都有出彩的机会,让每个教师都能在这个舞台中不断成长,不断提高教学能力、教育艺术和教研水平。

(三) 说课:课前说课重理念,课后说课重反思

说课是教师在充分备课的基础上,口述怎样教,为什么要这样教的教研活动。实践证明,说课活动有利于提高教师的备课质量、教学效率、表达能力和理论水平。

1. 说课培训

说课作为教师的一项基本功,我们要求全镇老师人人都会说课,就像人人都要会备课、上课一样。因此,我们组织了说课培训活动。由镇教研员做"如何说课"专题讲座,对说课的定义、说课的意义和说课的流程等进行综述,再由我镇近年来在市、区说课比赛中获奖的教师进行获奖作品展示(现场说课),镇教研员结合专题讲座对现场说课进行点评,与参会教师互动交流、答疑解惑,最后主持人做总结。通过专题讲座和实践案例分析,使参加培训的老师对说课有一个比较全面而深刻的认识。

2. 说课实践

我们把说课实践与集体备课和课堂教学研究结合在一起来开展。

(1)课前说课重理念。分片集体备课每次的主备教师都由不同的老师担任,他们在片区集体备课组展示自己的教(学)案时要进行说课,这是

课前说课，重点说清楚如何设计，以及为什么要这样设计（设计理念）。

（2）课后说课重反思。开展课堂教学研究活动时，执教老师上完课之后要进行说课。课后说课要注重教学反思，教师要从研究者的角度，去反思自己的教学过程。反思不是简单地回头看看，而是对教学设计和教学实践的再认识和再思考，从自己的教育实践中，反观得失，总结成败，从而提升自己和启迪他人。

另外，我们还定期开展说课比赛活动，为老师们提供更多的实践机会和展示舞台。通过说课，提升了教师们的教育理论水平和口头表达能力。通过说课，"说"出了教师们不一样的精彩。

三、共研——与多方对话

（一）校本教研——与自己同事对话

校本教研是以本学校的教师在教学中遇到的具体问题为研究对象，以学校为教研基地、以教师为教研主体、在理论指导下进行的实践性教研活动形式。通过校本教研，解决教师的实际问题、总结实践经验、提升教师的理论水平和探索教育规律，时间灵活，节省经费，是教师专业发展和提升学校教学质量的有效途径。为了加强对学校校本教研的监控，我们要求各小学每个学期初提交校本教研活动计划，开展活动时要做好记录台账，同时把活动照片上传到羊角镇各小学校本教研活动微信群，中心学校把校本教研纳入学校教学常规工作检查的考核内容。

（二）片区联动——与邻校教师对话

我镇以实验、中心、爱群、凰渐、禄段、上庵为龙头学校，把全镇31间小学分为六个教学协作区，每周二、三、四、五上午分别为语文、数学、英语、天然科（科学、图、音、体）的教研活动时间，以教学协作区为教研阵地，开展集体备课、课堂教学研讨、教学热点难点问题座谈会等片区教研活动，为老师们搭建了一个与邻校老师对话交流的平台。

（三）线上培训——与各级专家对话

不管是校本教研还是片区教研，都需要专家的智慧指导和专业引领，以避免"白菜炒白菜还是白菜"的尴尬。我们可以"走出去"也可以"请进来"，但是时间和资金成本太高，只能偶尔为之。于是，我们组织老师们参加各级线上的教材培训、教学研讨等培训活动。线上培训以其"打破时空限制、随时随地上线"的特点深受我镇广大教师的喜爱。

四、共进——赏百花齐放

"催桃培李育英才，繁花竞放不负春。"几年来，羊角镇中心学校不遗余力狠抓师资培训，片区教研活动常态化开展，各小学的校本教研活动遍地开花，全镇小学教师的专业素养得到整体提升。何熙、裴亚广等被评为南粤优秀教师。黄冰被评为广东省最美乡村教师。陈海珠、布宇虹、何小悠等被评为茂南区第一批骨干教师。徐晓聪、黄冰、陈海珠等被聘为茂南区兼职教研员。镇的骨干教师队伍李美红、何茶、周李香等共30人，是我们镇的名师培养对象。近三年，我中心学校共373名教师在各级各类论文评选中获奖，其中43人获省级奖励，27人获市级奖励，303人获区级奖励。实验小学裴亚广出版了《语文教学杂谈》。在"一师一优课，一课一名师"晒课活动中，有2人获省级优课，17人获市级优课，30人获区级优课。微课比赛，我中心学校共66人获市级奖励。教学大赛，有10人获市级奖励，15人获区级奖励。演讲比赛，有1人获市级奖励，2人获区级奖励。说课比赛，有2人获市级奖励，4人获区级奖励。全镇申报区级以上教研课题的共9个，其中省级1个（立项），市级、区级各4个（结项），成立茂名市名师工作室1个。教育教学信息化交流展示活动，共26人获市级奖励，44人获区级奖励。教师的成长带来了全镇教学质量的提升，近三年茂南区小学教学质量监测，我中心学校六年级学生的总平均分连续两年居全区第一，2020年屈居第二，其他年级的总平均分均进入全区前三。茂名市小学生素养展评活动，四、六年级数学科我镇共31人参加，全部获奖，实验小学荣获集体奖。三、五年级语文科全镇共32人获奖。茂名市第一届"小小科学家"中小学科学教育体验活动，全镇共55人获奖，其中有10名学生参加广东省比赛5人获奖，1人获得参加全国赛资格，南华小学荣获团体三等奖和市优秀组织奖。

过去可喜，未来可期。我们将继续走在"修德修能，共研共进"的道路上。

参考文献：

[1] 吴正宪，李兰瑛，武维民. 创建研修共同体：吴正宪小学数学教师工作站的实践探索 [J]. 中国教师，2016（15）.

[2] 胡永红. 大学体育课教案重点要素探析 [J]. 韶关学院报. 2017（5）.

有效开展校本研修，促进教师专业发展

文明路小学　朱海云

摘要：校本研修能够有效促进教师的专业发展，根据学校实际建立学习型校园，促进教师教学方法和学生学习方式的转变，改进教师评价机制有利于教师专业成长。

关键词：校本研修；教师专业发展

在改革的风潮下，面对教师队伍庞大、新进校教师多达教师总数的1/3、教师资历差异大、学校领导层变化多、教学质量有待更进一步的情况，课程改革能否顺利实施，在很大程度上依赖于教师的教育思想是否能够转轨、教学能力是否能够提高，以及对学生的评价方式是否合理。为此，我校在学习中思考、在思考中实践，扎实开展校本研修，促进了教师专业成长。

一、建设学习型学校，促进教师思想转变

21世纪是一个知识经济化、信息网络化、文化多元化的世纪，学习成了知识经济时代社会群体的显著特征。我校积极开展"学习型学校建设"活动，提高教师思想素质，使我校在新改革实施中永处于时代制高点。

（一）确定办学理念，凝聚团队精神

我校在长期的教育教学探索过程中，以《中国教育改革和发展纲要》为指导，以学校自身发展为需要、教育质量提高为目的，结合新课改对教师素质的要求，在集思广益、理性思考的基础上，确定了学校校训为"文雅、明智、毅行"；校风为"文明、和谐、务实、创新"；形成了"启智、善导、明德、致远"的教育风尚和"乐学、善思、明辨、笃行"的学习风气，并且确立了长远办学奋斗目标为"志高毅行 齐济天下"，毅行教学成了学校的特色教育。

新课改要求学校对教师实行规范管理和人文关怀，因此，学校脚踏实

地，在继续优秀教育管理传统的基础上，紧跟时代步伐，编写出了要求师生自律的《文明路小学教师管理手册》供学习和参考。长远目标和具体要求的确定，与时代发展同步，成了教师和学生互动的纽带。其中学校长远办学奋斗目标更是成了教师们工作学习的核心精神，大家都愿意为了新一轮教学改革的成功去努力奋斗，完善自己，最终实现个人的人生价值。

（二）开展互助学习，助力教师专业成长

在活动中，学校特别注意把新改课的落实与学习结合起来，以实现教师教学三个意识的转变。课程意识——实现教师的角色由课程的执行者转变为课程的设计者和开发者；反思意识——实现教师的角色由知识的传授者转变为学生学习的指导者和创造性思维的培育者；资源意识——实现教师的角色由"个人劳动者"转变为大教育的"合作者"，创造性地开发和利用教育资源。采用师徒结对的方式把资深教师和新教师结合在一起，一对一的帮扶政策实现了新旧教师为期一年的互相听课、相互评课以及相互进步。部分教师由学校外派广州、肇庆等优秀学校学习取经，采它山之石为我校所用。教师践行新理论，以报告会议的方式或者课程展示的方式把新课标理念转化到行动之中，全方位体现"知识与技能、过程与方法以及情感态度价值观"三位一体的课程功能。在学校的有序指导下，教师互听互评互学互帮互助已蔚然成风。

学生的学习方式因教师教学方式的转变而转变。学生成了学习的主体，学生在课堂上自由发言、自主学习、表达个人的见解，与教师、同学们一起热烈探讨、思辨，把自己所获取的各方面知识横向交流，与大家共享拥有知识、学有所得的快乐。小组合作共同进步成了学习习惯。并且班级学生自发的成立了各种学习团体，如"读书兴趣小组""朗诵兴趣小组""讲故事兴趣小组"和"小作家爱好组"等，学习伴随着学生身心愉悦地成长。

二、开展教学科研培训，提高教师业务能力

在建设学习型学校、促使教师自觉更新思想的前提下，学校以教科研和集体备课活动等途径，提高教师的业务能力，以适应新课程改革的需要。

（一）在教育科研专题中培训与提高

1. 教师自拟研究课题和课题方案

在开展"创新教育教学模式与学习方式的研究"课题时，教师们围绕

新课程提出的问题深入思考，形成所要研究的子课题，然后申报到教科室进行审核、确定。

2. 合理编组，合作科研

教科室根据教师的课题研究目标和教师任教学科、年级合理编组，如数学组分成了自主学习类课题组，探究学习类课题组，合作学习类课题组等。充分发挥国家、省、市校级骨干教师的作用，对全体教师进行引领、向导、示范。开展"一帮一"结对子活动，讨论解决实验中遇到的问题，实现优势互补，共同提高。

3. 实验研究，反馈调整，提炼升华

以课堂教学作为科研实验的主阵地，推进"课题—教课—研讨—提炼"的研究模式。每学期组织实验教师上实验展示课活动：①制定创新教育课堂教学评价表，组织评委、教师学习，明确实验思路，以评导教。②每位实验教师必须按教科室排出的讲课时间表讲实验展示课，并纳入年终考核。③课后立即开小型研讨会，由作课人谈如何在教学中落实课题研究，然后由评委评课打分。④讲课教师写出说课稿，进行教学反思。⑤每学期写出一份课题实验理论探索和案例分析小结，学期末围绕实验课题写出实验论文和阶段性小结。

（二）在集体备课中培训与提高

从本校教师的整体素质状况来看，实施新课程对教师的突破包括：用实践性知识支撑各科教学教研，以及利用教育心理学知识反思和研究教育教学活动的能力。集体备课活动利于教师们共同"同素材对话""同情境对话"，更有利于研训反思，达成共识，共同提高。因此，我校在集体备课中开展了研训反思结合培训活动。

1. 集体备课培训有章可循

（1）个人钻研备课。备课组成员自主学习教材、教学参考、课程标准，提前一周完成个人备课，写出规范的教案，并在教案左侧留出修改的空白位置。每次集体备课活动前，确定一个中心发言人，写出说课稿，内容包括：本单元（章、节、组）教材的分析，教学目标、重难点；确定所讲课在本单元中的地位与作用，以及选择此课的理由，并结合自己的研究课题；所讲课的教材分析，学情分析，设计思想，教学程序及理论依据；练习及检测设计。说课稿写好后，交给备课组长审阅、修改。

（2）小组听课。组织全组教师听中心发言人讲研究课，课后进行简单的评课，围绕着教学理念、教学方法、教学手段和研究课题等进行评价。

（3）小组研课。全组教师根据中心发言人的说课，就单元教学目标、重难点及突破方法、主要教学过程设计的科学性等进行评议研讨，做到不就课评课，而立足于新的教学理念的贯彻，立足于研讨一个单元的教学来展开。由备课组长结合研讨意见，对本单元的教学提出明确而具体的要求，形成"集体备课决议"。同时，教师对各自所备课进行适当的修改，形成适合各自班级情况的个案。

（4）全组教师讲课。小组成员根据决议要求，按修改后教案上好所研究单元的课。

（5）写教学反思。一是个人教学反思，教师写教后反思、反思随笔、反思日记，反思自己教学的成功与失败，要两周写一篇，字数不得少于100字。二是集体备课决议执行情况反思，修改集体备课决议。也可放在下次集体备课开始时进行。

2．强化集体备课，定期抽查

实行每周一次年级集体备课，备课组长每周四下午第三节对研究的课检查签字后，教师才能上课；年级领导定期检查教师备课本、教学反思和各种作业一次并签名；学校组织专班每学期检查一次并签名；学校分管领导每月不定期地深入备课组进行研讨，指导教学，同时抽查督办备课、教学反思等情况。各种检查结果及时张榜公布，作为教师个人、备课组评先的重要依据。

三、构建科学评价机制，促进教师育人方式转变

评价方式决定了教师为什么教及怎样教，是新课改实施效果的晴雨表。为配合新课改的实施，学校积极探索学生学习评价机制，构建了实行过程与结果相结合的完整评价体系，全面关心爱护学生，以评价为载体和手段，促进学生全面发展，提高了新课改实施的成效。

（一）采用"毅行之星"奖励制，找回学生的学习自信

评价学生不仅要关注学生的学业成绩，而且要发现和发展学生多方面的潜能，了解学生发展中的需求，帮助学生认识自我，建立自信。全体教师采取观察法、活动法、考试法、自评法等方式对学生一学期的学习进行全过程、全方位的评价。各班每学期末召开全班性的综合评定会，由学生自己申报荣誉称号，或师生推荐，由全班师生认可后，给学生授予相应称号，保证每一个学生每一学期都能得到一个与个人成长相衬的荣誉称号。

(二) 实行展示性评价，营造激励性的学习氛围

（1）使用《学生成长毅行记录表》，记录表张贴在教室内，由科任教师随时记录下每一位学生的学科成绩、爱好特长、动手动脑能力、爱心表现和道德品质。通过评价，既达到学生综合素质不断提高和完善的目标，又起到鞭策后进、鼓励先进的目的。

（2）坚持开展"三节两会"活动。一年上下两学期分别开展科技节和体育节，一年一届艺术节，分学期开展"爱国主义歌咏会""诗歌朗诵会"，搭建一个师生才艺展示的舞台，鼓励师生人人参与，同台献技献艺，教学相长，和谐进取。

(三) 改革作业评价方式，实行等级评价

为了切实减轻学生课业负担，让学生乐学会学，学校制定了《文明路小学常规教学管理规定》，对学生各科作业的布置与批改做了明确规定。对语文、数学、英语学科的作业的形式、次数都做了具体规定，作业实行全批全改。作业批改均采用"分数加激励语"的形式，100分表示正确与整洁。在书面文字评价上多采取"优秀""良好""有进步""要努力"等描述性评价，这些评价比较全面、合理，容易让学生接受，以此激励学生上进。

经过多方面的努力工作，我校新课改取得了阶段性成果。近几年，我校一百多人次在各级各类赛讲、论文竞赛中获奖及在各级报纸杂志上发表文章，全校教师斩获市级以上成果奖多项。一支高素质的教师队伍已初步形成，基本适应了新课改的需要，为学校可持续发展奠定了良好的基础。

发挥名师示范引领作用，助推教师专业成长

——观看"夏献平——我是生物学教师"讲座有感

信宜砺儒中学　萧丽慧

摘要： 名师工作室是一个名师带领成员成长的队伍。本文通过以观看"名师工作室所举办的联合教研活动——讲座"作为案例，对主讲人所讲内容中感触比较深刻的方面进行简单的分析和反思，为日常教学活动中积累经验。

关键词： 名师工作室；讲座

2021年8月，我很荣幸能成为广东省新一轮名教师工作室——广东省刘水明名师工作室成员之一。接下来的三年（2021—2023年）时间内，我将会在主持人刘水明教师以及其他成员的带领下，进行集中研修、跟岗实践、学科教研、课题研究、送教下乡、网络研修等环节，提高自身教育教学水平。我们工作室的成员主要分布在佛山、云浮和茂名三个地区，聚在一起进行教研活动的时间有限。为了及时交流和解决大家在日常教学中遇到的问题，工作室专门组建了工作室微信工作群，主持人刘水明老师建议大家把自己平时遇到的困惑或疑难问题以及经验心得发布在群里，其他成员可以及时了解相关信息，并能通过研讨达成共识。

2021年8月10日下午，我们工作室利用网络研讨的方式进行了第一次的联合教研活动"中学生物名师专业成长分享会（第1期）"：观看夏献平老师的讲座"夏献平——我是生物学教师"。在观看讲座的过程中，我们还与名师夏老师进行了互动研讨，大家对这次讲座都赞不绝口，感觉受益匪浅。会后，我们每个成员都上传一份观后感至微信工作群，集思广益，供大家参考学习。通过观看夏老师的讲座以及与工作室成员的研讨，我最大的感触包括以下几点。

一、细节决定成败，态度决定高度

夏老师在讲座中讲述了自己在刚踏上讲台的时候，虚心地向自己的老师和同事学习如何当教师。每个老师都有不同的教学特点和方式，夏老师学习模仿各老师的优点并集于一身，最终超越了老师，成了一位名师，真正做到了"青出于蓝而胜于蓝"。

夏老师在讲座中还提到，他将教材的内容和页码都背熟，上课的时候基本上不翻看教材，目的是有更加多的精力关注学生。这一细节，一方面可以及时知道学生在教学上的反馈并做出相应的策略；另一方面也给学生树立了威信，让学生从心底真正认同和接受老师，为以后的教学活动奠定了良好的人际关系基础。

夏老师严谨、敢质疑的精神也非常值得我们学习。他为生物课本上的专有名词标上拼音，而且还因此而发现《新华字典》上的不妥之处，发现课本上实验数据不科学等。生物学是一门科学的学科，严谨是科学必需的一环。个人的教学也是在自我质疑、自我批评中进步。

二、让学习成为一种基本生活方式

夏老师为了提高自身的教学能力，自费订阅了《生物学通报》和相关的教学用书，还做了不少读书笔记。夏老师时刻保持学习这一生活方式值得我们反思。由于各种原因，我们外出学习的机会很少，也没有订阅相关书籍，所以我们上课教学的思维相对比较保守，缺乏创新性。因此，我们年轻的一线教师要开阔眼界，多接触外面的信息，不断地提升自己的教育教学水平。名师工作室更是一个很好的平台，让我们成员与名师为伍，既可以学习到相关的理论知识，也可以借鉴学习名师的实践经历，更可以通过相互研讨获取更多的看法和建议。

写论文对于很多一线老师而言，都是很头疼的。夏老师结合自己的名师成长过程谈了论文撰写的灵感来源，通过详细的案例给我们带来很多启发。有时候论文就是来源于教育教学过程中遇到的问题，甚至可以是学生提出来的问题，深入分析整理后也可以撰写出很好的文章。更重要的是，论文不是临时抱佛脚两三天就写出来的，主要是靠平时教育教学后的反思如写日记的形式，慢慢地积累，形成自己的想法和理念，将理论和实践相结合。

三、"三动两情"促发展

夏老师在讲座中提到"三动两情",三动是指互动、感动和冲动,两情是指激情和真情。互动一方面是指课堂上教学的师生互动,这可以活跃课堂氛围,提高学生的注意力,使学生积极参与课堂活动,进而提高教学质量。互动另一方面是指教师与教师之间的互动,教师的专业成长过程不可闭门造车,也需要"走出去",教师之间相互沟通,交流意见,取长补短,更有利于教师的成长。名师工作室更是一个很好的互动平台,工作室成员可以与不同地区的名师为伍,可以接触到更多的学习理念和创新方法。

感动是调节心理的良方。我们教师在教育教学过程中,要保持一颗爱心,对每位学生都要有感动之情,潜移默化,学生也会有感恩之心,这有助于学生的身心的健康发展。

有激情才有动力,我感觉在刚踏上讲台的那几年,自己对教育教学是充满激情的,所以课堂上与学生的互动也算活跃,课堂还算生动。在学校进行高效课堂改革的过程中,小组合作学习要求我们教师多与学生沟通交流。但是随着教龄的增加,激情在走下坡路,如何保持这份激情很值得深思。

夏老师提道:"有了激情,上课才会幽默,自己不开心,还能让学生开心吗?"这个提问值得我们思考,有时候我们教师带着负面情绪去上课,确实会影响到课堂的质量。因此为了让每节课都高效且充满激情,我们教师在进入课堂前一定要调整好自己的情绪。

夏老师在讲座结束时建议名师工作室要成为教研问题互动的平台,我们教学备课有问题也要多在微信工作群讨论,头脑风暴才能打破自己的惯性思维!

四、结语

名师工作室是团队合作的场所,是主持人带领我们成员专业成长的地方。在名师的引领下,工作室成员可以在教育教学这条路上少走很多弯路,可以帮助我们在实践中学会分析问题和解决问题。有了名师工作室这个大家庭,我们相互监督相互学习,克服自己的惰性、自满,会在平时的教学中不断地反思、总结,在理论研究和文字功底方面多下功夫;能在校内发挥典型示范和辐射作用,将高效的教学理念和方法在校内推广,共同提高教师队伍的整体教学水平。加入名师工作室是一条辛苦之路，但是能催我们前行，更是一条充满工作快乐的幸福之路。相信我们教育理想这个火把会在名师工作室的指导下，越来越红火，为我们的学校以至区域范围内的教育事业的良性发展提供一份力量！

第五部分 信技赋能

运用信息技术打造初中语文高效课堂

——基于2.0提升工程促进教师专业成长的思考与实践

化州市第一初级中学 黄舒玲

摘要：在信息技术飞速发展的环境下，《教育信息化2.0行动计划》走进了初中语文课堂，为教师转变传统语文教学方式带来了新思路，促进了教师的专业成长。教师可以借助信息技术有效激发学生的参与热情；可以有效运用网络课堂等先进的教学手段，不断拓展学生的语文学习视野；可以发挥信息技术教学方式的优势作用，引导学生攻克语文学习中的重点与难点知识；等等。本文主要从以上几方面入手，探索运用信息技术来构建初中语文高效课堂的方法及策略。

关键词：信息技术；初中语文；高效课堂；教学策略

在信息技术飞速发展的环境下，《教育信息化2.0行动计划》走进了初中语文课堂，为教师转变传统语文教学方式带来了新思路，促进了教师的专业成长。你准备好了吗？你跟上时代步伐了吗？

在新课改背景下，运用信息技术对原有的教学模式进行优化与创新，这样才能够满足新课改对语文教学发展的新诉求。现阶段，教师应重视对信息技术的有效运用，借助信息技术对语文教学发展的优势作用，强化初中语文课堂教学效果，同时解决现阶段初中语文教学中出现的突出性问题。据此，教师应不断探索信息技术与初中语文教学有效结合的路径，为学生创造良好的课堂环境支撑，这样才能够促进语文教学工作的发展与进步。[1]

一、运用信息技术开展课堂导入，有效激发学生兴趣

在初中阶段，学生接触的语文知识相比于小学的较为灵活和抽象。据此，教师在引导学生开展语文学习的过程中，要重视发展学生对语文学习

的兴趣，只有这样才能够使学生对语文学习保有源源不断的学习动力。借助信息技术教学手段开展课堂导学，引导学生观看有趣的动画或图片，能够使学生分散的注意力快速集中到课堂之中，是激发学生课堂学习兴趣的有效方式之一。

比如，在引导学生开展语文阅读之前，教师可结合文本内容引导学生观看相关的视频，吸引学生对文本开展深入阅读和研究的兴趣。同时，教师可以发挥信息技术教学方式的生动性特点，调动学生感官系统参与学习和思考，增加学生对文本内容的感知理解，使他们积极主动地展开探知，这样有利于提高学生在语文教学中的参与感，燃起学生对语文知识的探究热情。比如，在上"围绕中心选材"作文课时，我给学生播放了袁隆平勉励青年的视频，我设计了一个问题："同学们，看完这个视频，你有什么感想？"我课前通过博学智云模板导入学生名单，在课堂上随机抽查学生回答问题，有效激发了学生的兴趣，让不同的学生发表他们的见解，通过这些不同的见解，引导学生思考生活，引导学生思考中心与材料的关系，引导学生学习围绕中心选材的写法。

二、运用信息技术开展网络课堂，拓展学生知识视野

教师可结合语文内容的特点，指导学生通过网络课堂的方式开展语文学习，增加学生在教学活动中的自主权。[2]

例如，教师可以通过粤教翔云平台给学生布置预习、练习、作业等，可以指导学生在信息技术教室中借助校园内部的共享网络资源进行独立学习。在上"围绕中心选材"作文课时，我给学生布置了一道片段作文训练题：写一写班里的"牛人"，100字左右。学生写完后，把作业上传，老师可以和学生一起交流点评。

在设计网络课堂平台的过程中，教师应关注网页板面的多样化，结合教材知识模块来创建和设计网页内容，比如其中要包含教材中的预习目标、教材中的重点难点、教材中的课后练习以及自我测试等知识板块。此外，教师可以将多样化的教学信息分享在这些网络版面之中，引导学生亲自操作计算机来搜索相关学习资料，使学生在独立探究中完成语文教学任务。而教师在课堂中需要将更多时间用来为学生答疑解惑，这种方法促进了语文教学效率的提升。基于网络课堂的特点，教师还可以引导学生在云学习平台中完成课后作业或测试，教师可以在线上对学生的作业或试题完成情况进行评价，利用数据统计等功能更好地掌握学生对知识的真实情况与反

馈，有利于教师实现语文课堂的动态化生成，促进语文教学有效性的不断提升。

三、运用信息技术创设良好环境，提高语文课堂效率

在引导学生进行初中语文学习的过程中，教师要对信息化教学手段进行灵活运用，为学生开展语文学习提供良好的环境支撑。众所周知，课堂教学环境对学生在学习中的态度和行为都会产生直接的影响，创设优越的教学环境能够使学生在语文课堂中保持积极活跃的心态，从而达到良好的教学效果。[3]

例如，在上《从百草园到三味书屋》这课时，由于课文较有难度，我在教学开始前，利用班级中的多媒体信息设备，为学生搜索和展示文章创作的时代背景与作者创作目的等信息，为学生播放相关影片或视频，增加学生对课文进行深度探究的欲望，为学生后续理解课文主题与情感奠定良好的环境基础。在这样宽松和谐的课堂氛围中，学生积极配合教师完成课堂问题，并提高了学生的主动阅读意愿，从而提高语文课堂效率。

四、运用信息技术攻克重点难点，降低学生理解难度

在现阶段初中语文教学过程中，学生的课堂时间有限且宝贵，教师如果利用课堂有限的几十分钟来引导学生学习难点知识，很可能会花费过多的课堂教学时间，而学生对知识只是一知半解，这样的教学方式低效且不可取。

为解决这一教学问题，教师可将信息技术教学方式与语文难点知识相结合，将难点拆分成几个小的知识点并录制微课视频，分享在云学习平台中，引导学生课余时间自行观看。在微课视频中学生可以使用暂停、重播等功能，根据自己的学习情况进行反复观看，从而增加对重点知识的认识与理解。这样一来，不仅能够帮助教师省下许多课堂教学时间，还可以为学生提供新颖的学习路径。教师可发挥微课生动性强的特点，将枯燥的文字内容加入图片、音频和视频的元素，使学生调动自身的听觉与视觉，对课文内容进行联想与想象，降低学生在学习中的理解难度，使学生在图文并茂、影音结合的微视频中，不断增加对难点知识的印象，提高学生解决问题的能力并激发学生对知识的运用意识，从而达到高效的语文教学效果。

例如，在教授《济南的冬天》这篇课文时，由于中学生对济南这个地

方不够了解，在阅读中就无法理解作者所描述的关于济南冬天的景色。面对这种教学情形，我基于教学内容提前准备好课堂所需的 PPT 课件，引导学生观看济南的地形地貌图，使学生感受到济南小山围城的地理特征，结合图片突出文本写作的主题，使学生一下子就能够对文章所描写的景物形成具体感知和认识。此外，还可以结合文中的景物描写方法这部分重点内容来录制微课，使学生在短小精悍的微视频中学习写景抒情散文的描写手法，特别是对比喻和拟人两种手法的运用，同时可以利用视频或图片使学生产生感官刺激，引发学生与文本产生心理上的共鸣，从而达到培养学生对祖国大好河山热爱之情的深层教育效果。

五、运用信息技术优化教学方法，减轻教师教学负担

初中阶段，在语文教材中收录的一些具有较强文学性与艺术性的文章，比如一些名家的经典诗歌与散文等，这些内容在文字表达方面较为抽象，学生在理解过程中也会面对较大的难度。假若教师采用传统说教式的教学方式，很难达到高效的课堂教学效果，还容易引起学生对语文学习的厌恶心理。据此，教师就可以借助信息技术，基于教学内容创建生动的教学情境，不断增加学生对课文的感知能力，这样就能够使学生更好地理解文本所表达的意境美。同时，教师也能够相对减轻自己的教学压力和负担，利用先进的教学技术来打造高效的语文课堂。

综上所述，教育信息化 2.0 时代气息已经来临，我校作为茂名市示范单位，我作为学校的语文科组长，和科组老师一起，正在尝试"吃螃蟹"的味道，经历从无知的担心和困惑，到深入实践的喜悦和开悟。我们认为，初中语文教师应做到与时俱进，对原有的语文课堂进行革新，运用 2.0 信息技术与学科结合，充分合理地发挥粤教翔云、希沃助手、博学智云等平台工具制作 PPT、微课、抽查回答问题、进行知识竞赛、布置及批改作业、进行学情诊断及教学评价等技术优势对语文教学改革的积极作用，在实践中总结出有效的教学经验与方法，使语文课堂为学生带来焕然一新的感受，提高学生在语文教学中的参与度和积极性，打造高效的语文课堂，从而实现培养学生语文核心素养的教育目标。此外，教师应对有效的信息技术教学方式进行长期坚持，不断探索提高语文教学有效性的方法与策略，这样才能够达到构建高效初中语文课堂的最终目标。不要惧怕，不要畏缩，要敢为人先，让信息技术 2.0 工程促进我们教师的专业成长。

参考文献:

[1] 王永青. 信息技术在初中语文教学中的应用分析 [J]. 中国教育技术装备, 2013 (5): 45-46.

[2] 罗静兰. 浅谈信息技术在构建初中语文高效课堂中的实践与探索 [J]. 新课程学习 (下), 2012 (5).

[3] 冯之才. 如何利用信息技术构建初中语文高效课堂的探讨 [J]. 科学大众 (科学教育), 2011 (10).

开展区域交流研讨,助力教师专业成长

——互联网环境下小学高年级儿童文学有效阅读研究实践案例

茂名市向阳小学　黄晓明

摘要：本研究以新课程改革理论为研究基础,针对当前学生在互联网环境下儿童文学阅读存在的一些问题,通过研究,力图做到让教师通过儿童文学阅读指导,特别是互联网阅读比较普遍的情况下,有效利用这个新媒介促进学生对于儿童文学读物的有效阅读,特别是小学高年级学生的阅读指导,通过家校合作亲子阅读,监督引导学生去阅读相关作品,提高阅读质量,同时在教学中也有助教师的专业成长,极大地推动了教师专业成长,教师有效的阅读指导也使学生的语文水平和积累得到提高,儿童文学阅读推广有效指导方法经验的推广,使老师的教学行为得到了不断优化,同时促进了学校的发展。

关键词：互联网；儿童文学；小学高年级；有效阅读；实践案例

一、背景与问题

(一) 本研究国内外研究现状

国外有效教学的理念源于 20 世纪上半叶西方的教学科学化运动。随着研究的深入,大家普遍认为：教学也是科学。教师应该经常考虑怎样使得教学内容被学生接受,使得学生真正学到知识。合理地运用不同的教学策略、教学方法和教学思想,可以使得学生学到更深、更多和更广泛的知识。国内的有效教学研究也很活跃。

由华南师范大学李克东教授、北京师范大学何克抗教授主持的"小语四结合研究",把学生计算机技能的培养与小学语文识字、阅读、写作教学结合起来,在信息技术教育与其他课程整合方面进行了有益的探讨,也取得了显著成果。因此，本研究具有一定的前瞻性和创新性。

（二）选题的背景

信息技术是当今世界科学技术领域最活跃、发展最迅速、影响最广泛的因素之一。我们已步入了全新的信息时代，网络已经成为人类最重要的工具，它对教育的影响巨大而且深远。信息技术的飞速发展，不仅深刻地改变着人类的生活方式和工作方式，而且深刻地改变着人类的教育方式、学习方式乃至思维方式。信息网络化时代，人们获取、分析、处理与加工信息的能力是最基本的，与读写算同等重要的能力之一。

因此，本研究的开展根源于时代及教育的发展需求，是符合时代潮流的。

（三）选题的意义

通过研究有利于全面提高小学语文的教学效率，培养出一批信息技术应用的骨干教师，提高教学水平，促进学生有效的进步或发展。通过研究和教学实践，总结出信息技术环境下小学语文有效教学的方式，这些新的方式，将会丰富已有的教学方式，为学校推进有效教学相关决策提供参考，为教学一线教师提供实际操作经验与借鉴。

（四）研究存在的问题

教育部在全国中小学信息技术教育工作会议上提出：在中小学加快普及信息技术教育，在开好信息技术课程的同时，要努力推进信息技术与其他课程的整合，在其他课程的教学中广泛应用信息技术手段，把信息技术教育融合到其他课程的学习中，让信息技术真正成为学生学习的认知工具，探索信息技术教育与其他课程整合的方法、模式和规律。

实际调查情况显示，很多学生在儿童文学方面存在被动性阅读、缺乏指导性阅读、阅读方式单一、阅读的效率不高、家庭阅读和学校阅读指导方面没有衔接等问题，主要有以下表现。

1. 没有针对性

学生是独立的个体，每个学生都有自己的成长背景和能力差异，在互联网阅读中也是如此，同样的阅读任务，教师对不同的学生可以给出不同的指导，以适应学生的学习情况，提升学生的阅读水平，训练学生的阅读能力。据了解，很多教师在指导学生进行互联网阅读时没有针对性，主要表现在以下几个方面：不能够按照各个学生个人的心理特点和学习基础进行有针对性的指导；对学生认知不足，不能够根据学生的阅读能力制订科学的阅读计划；个别学生有互联网阅读问题时不能及时跟进，根据个人的情况进行个别指导。

2. 不重视筛选

小学生年龄较小，判断能力有限，容易受到不良因素的干扰，对于课外阅读材料的选择往往比较盲目，即使是教师提供的阅读内容，学生在选择相关参考阅读时还是需要筛选的。对于互联网上的信息阅读或为了某些任务寻找素材的阅读，信息种类多、内容繁杂，学生在自己进行阅读时，往往是看到哪是哪，选择一些自己感兴趣的，比较容易接受的，有时会选择一些内容较浅，甚至是庸俗的材料进行阅读，因此教师要合理引导学生、帮助学生对阅读材料进行筛选，为学生提供优质的阅读资源。

3. 缺乏连续性

连续性阅读是阅读能力的体现，也是教师训练学生阅读能力的方法。在互联网上的阅读也可以是连续性的，包括主题阅读、群文阅读、整本书阅读。在学习了课内的文章之后，教师可以让学生利用互联网进行扩展阅读，根据文章的主题阅读相关的文章、介绍、书籍，在扩展学生阅读的广泛性和深入性的同时让阅读具有连续性。然而，在实际的教学中，很多教师在让学生进行互联网扩展阅读时没有帮助学生制订合理的阅读计划，学生的阅读往往是零碎的，缺乏系统性、连续性，久而久之，学生无法形成良好的阅读习惯，不能够坚持，而且部分学生容易产生懈怠心理，把阅读当成任务，没有切实体会到阅读所带来的乐趣。

二、方法与策略

（一）研究方法

由于本研究活动实践性强，故需要采用多种研究方法，主要有比较研究法、个案研究法、行动研究法、经验总结法、调查研究法、文献研究法等。

（二）研究策略

1. 对儿童文学阅读指导事件的研究

阅读指导事件是儿童文学阅读阅读指导真相的表达，说明学生在阅读实际中的真实情况。阅读指导事件是最为生动、最为重要的境遇。所以，教师的阅读指导反思往往关注学生在儿童文学的境遇中生长，侧重于境遇的独特性。通过互联网的儿童文学阅读让学生发现问题、形成能力、学会做事，生成态度情感价值观。

2. 对儿童文学阅读对象的研究

教师职业的劳动对象不是无生命的自然物质，而是具有思想、感情、个性和主动性、独立性、发展性的活生生的人。教师的教学的研究当然离不开对教学对象——学生的研究。从学生的角度来反思自己的在儿童文学行为及其结果是教学质量的重要保证。许多优秀教师正是通过学生的反应和学习效果来调控自己的教学进程和教学行为的，并把学生的学习效果作为自己教学成效的日常反思尺度。因此，来自对学生儿童文学阅读指导方面的反思无疑会增进教师更理性化的教育行为。

3. 对儿童文学阅读过程的研究

教师对教学过程的研究不仅可以针对某一个具体的教学事件，还可以在一个教学阶段结束后，对教学质量进行全面的分析、评判。对日常的教学过程进行全方位考察，在互联网环境下的儿童文学阅读研究就是要打破原来近乎沉寂的平静，将所有理所当然的理念悬置起来，以怀疑、批判的态度重新审视它，以积极的心态分析过程与结果的教学意义与价值，反观自己的教学理念与教学行为。

4. 对儿童文学文本阅读素材教学方法的研究

教师在指导阅读的过程中，教师既要知道"教会学生阅读"，掌握所教学科及其相关的内容，又要知道"怎么教会学生阅读"，掌握教学的方法，二者缺一不可。

三、经验与展望

（1）探索有效的学生阅读儿童文学的方法和途径，促进学生阅读的习惯和能力的形成。

（2）通过学生阅读儿童文学作品和自我学习，改善课堂教学，积累实践知识，提高课堂教学质量。

（3）提高实验教师的教学能力、科研能力和理论素养，促进实验教师的专业发展。

（4）形成互联网儿童文学阅读的理论体系。

四、案例实践情况与举证

学校其他区域学校语文教师也参与了本研究的听教研课、写听课反思。研究用时两年分三个阶段，主要做了以下几个方面的工作。

（一）现状调查

（1）对教师的问卷调查前测。本次调查的目的是对学生在"互联网环境下小学高年级儿童文学有效阅读研究"研究前的情况进行了解。本次调查是全体调查，调查对象是学校部分学生。采取电子问卷的形式进行。共回收有效问卷29份。（见图1）

图1 电子问卷及结果

（2）通过座谈、访问、专题会议等形式，了解教师在教学反思中的先进做法以及存在的问题，倾听一线教师的意见。

（3）收集互联网小学高年级儿童文学有效阅读研究文献资料，阅读相关理论，对课题相关资料有个全面深入的了解。

（4）开展相关教研活动，活跃教师开展以互联网方式小学高年级儿童文学有效阅读的氛围，进行阅读能力培养以及阅读方式的推广，所收集的主要儿童文学阅读网站有："儿童文学" http://www.ccppg.com.cn、"中国儿童文学网" http://www.61w.cn/。

（二）研究阶段

1. 确立实验班和非实验班

为了使实验研究顺利进行，确保科学、客观地分析和验证实验效果，研究组从本校一至六年级各抽2个班进行实验对照，一个是实验班，一个是非实验班，对这些班的期末成绩进行了对照。

通过微信、家长会等方式向学生及家长推荐相关儿童文学阅读的网址和作品。

2. 加强学习，提升教师素养

实践研究的成功与否，与研究组成员的素质有着密切的关系。为了使研究工作朝着科学的方向发展，研究组坚持以理论为先导，先后组织研究组成员认真学习了互联网儿童文学阅读指导的视频，以及相关教育理论。开展有关教学反思的专题讲座，通过看、听、写、议等，提高了教师素养，为课题研究工作的顺利开展提供了有力的保障。

如：2017年6月8日，研究组全体成员及学校语文老师召开课题开题会议，交流、学习课题理论。（见图2）

3. 开展日常教研活动

为了在实践研究中及时发现问题并解决问题，课题组依托学校语文教研组每月定期开展活动，以课堂教学研究为主阵地，根据实施方案进行研究探索，针对课堂教学中的问题进行集体讨论与反思。在实际教学过程中，我们的要求得到落实。这一阶段主要以行动研究法、个案研究法为主举行了全校公开探讨课，以黄晓明老师上的"儿童文学阅读的另一种方式——互联网阅读"所涉及的内容和各册儿童文学阅读作品具有代表性的内容为主。

教师们跨区域到电白区交流，通过这些研讨课，我们共同探讨出写教学反思的有效策略，边实践、边探索、边总结，顺利推进课题的研究。

图2 主持人黄晓明和研究组成员赏析名师关于网络阅读教例

在学校开展学校个人选修科课程"互联网+课程教学研究",学校老师人人参与,取得了良好的效果。(见图3)

图3 个人选修课程"互联网+课程教学研究"

图4为研究实验班学生在互联网阅读成果展示活动进行互联网阅读知识抢答环节。

图4　互联网阅读知识抢答环节

实验学生在家通过多媒体方式阅读儿童文学作品，撰写学习笔记，家长和孩子进行亲子阅读，督促和引导孩子进行儿童文学阅读。（见图5）

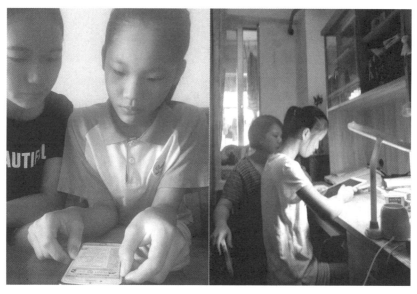

图5　实验学生在家通过多媒体方式阅读儿童文学作品

电白区坡心镇排河小学的学生在互联网阅读儿童文学作品后,以电子邮件的形式上交的读后感。(见图6)

图6 学生以电子邮件的形式上交的读后感

4. 举行专题研讨活动

研究组围绕不同阶段的研究任务,组织专题研讨活动,从而落实研究内容,明确工作重点。组织研究组成员和学校领导参加的专题研讨活动,就"互联网环境下小学高年级儿童文学有效阅读研究"的实践研究交流经验和思想,达成共识。(见图7)

图7 主持人为语文教师开展互联网儿童文学有效阅读经验推广活动

五、研究的主要成果与结论

两年多来,研究组成员团结协作,互相学习研讨,共同进步,取得了一定的成效。探索出了适合我校和农村小学实际的儿童文学有效阅读的实施方式。

我校教师在互联网阅读指导方面进行尝试。在实验中,我们采取循序渐进的办法,终于使教师们的该项能力得到了显著提高。

(1)开展研究实践以来,我们感觉学生的改变真的非常明显:经过教师常抓不懈的努力,特别是从高年级的研究经验推广到低年级,学生对儿童文学的阅读兴趣有了很大的提高,学生的写作兴趣也有了很大的提高。(见表1、表2)

表1 课题实施前

年级	非常喜欢(%)	喜欢(%)	不喜欢(%)
一年级	42	26	32
二年级	28	48	24
三年级	25	52	23
四年级	28	42	30
五年级	26	39	35
六年级	28	35	38

表2 课题实施后

年级	非常喜欢(%)	喜欢(%)	不喜欢(%)
一年级	68	29	3
二年级	65	28	7
三年级	56	42	2
四年级	48	46	6
五年级	47	45	8
六年级	50	48	2

(2)教师的业务素质普遍得到提高。通过对"互联网小学高年级儿童文学阅读"的研究与实践,研究组成员的专业素质在各方面都得到了有效提高。教师的教学水平得到提高,教学质量也大大提高,从实验班与非实

验班的成绩、实验班实验前后成绩的统计检测情况来看，实验班学生的语文成绩明显高于非实验班。

根据"学校每年学生期末考试语文学科成绩统计表"发现，学生的合格率、优秀率和平均分都有了明显的进步。（见表3）

表3 学校每年学生期末考试语文科成绩统计

班别	2017年（实验前）			2019年（实验后）		
	平均分	合格率（%）	优秀率（%）	平均分	合格率（%）	优秀率（%）
实验班（1）	91.5	69.6	85	88.6	98.5	73.8
对比班（1）	91.8	98.2	85	83.2	95.6	56.8
实验班（2）	87.6	100	65.2	89.8	100	70.8
对比班（2）	85.3	89.7	50.6	86.1	92.3	58.3
实验班（3）	86.5	98.5	86.9	90.5	100	83.5
对比班（3）	86.9	90.4	83.5	86.2	91.2	65.2
实验班（4）	85	96.5	60.7	86.3	98.5	75.5
对比班（4）	83.5	93.6	53.5	82.7	93.5	68.7

两年多来，每一位参加实验的老师在参与过程中不断学习，深入思考，在实践中成长。他们在研究活动的过程中变得更主动，教育教学水平得以迅速提高，全体成员在实验论文、活动设计、赛课评比中获奖。

参考文献：

[1] 蒋国平. 做课题并不难：教育科研课题的程序与技巧 [M]. 桂林：广西师范大学出版社, 2011.

[2] 申继亮. 教学反思与行动研究 [M]. 北京：北京师范大学出版社, 2006.

[3] 徐世贵. 教师自主成长：基于名师成长案例分析 [M]. 上海：外语教学与研究出版社. 2008.

[4] 刘晓东. 儿童精神哲学 [M]. 南京：南京师范大学出版社, 1999.

[5] 张丽. 小学高年级课外阅读的指导和推进策略 [D]. 大连：辽宁师范大学, 2011.

[6] 俞文静. 网络环境下小学语文阅读教学研究 [D]. 杭州：杭州师范大学, 2016.

中小学教师信息技术应用能力提升的实践研究

——以茂名市为例

茂名市教师发展中心　林荣忠

摘要：中小学教师信息技术应用能力提升工程是教育部自2013年年底在全国推进的重大教师队伍建设工程。茂名市通过实施中小学教师信息技术应用能力提升培训，取得一定成绩，其在实施规划、培训模式、管理体系、团队建设、送教下乡等方面进行了有益探索。

关键词：教师培训；信息技术；能力提升；实践研究

中小学教师信息技术应用能力提升工程是教育部2013年年底在全国范围内启动教师培训重点工程，旨在全面提升中小学教师信息技术应用能力，促进信息技术与教育教学深度融合。按照教育部的总体要求，到2017年年底要完成全国1000多万中小学（含幼儿园）教师提升培训任务。

茂名市中小学教师信息技术应用能力培训于2015年8月启动，采取集中面授、网络研修与校本研修相结合的混合培训模式，以微课培训为抓手，打造信息技术应用培训者团队，通过团队示范引领，以点带面，以帮带学，用传帮带面向全体教师的方式，实现了"全员培训、人人提升"的预定目标，全市教师信息技术应用能力显著提升。下面将就茂名市中小学教师信息技术应用能力培训的实施进行探讨。

一、方法与策略

（一）领导重视，资金制度保障有力

2015年，茂名市成立信息技术应用能力提升工程项目办公室，2015—2017年，安排专项培训经费2000多万元，出台相关文件53份，重点加强全市中小学校推进信息技术应用的绩效评估，将教师信息技术应用能力作为教师资格认定、资格定期注册、职务（职称）评聘和考核的必备条件，将学校信息技术应用等级列入中小学办学水平评估和校长考评的指标体系。

（二）机制完善，行政业务双线配合

项目办公室和学校建立一体化管理体系，分别设专人负责行政和业务工作，层层落实。其中，业务线由项目指导专家、市级指导教师、各级学科组组长等组成多层次指导体系。在项目开展过程中，行政线与业务线两者相互配合，注重发挥校本研修管理者对培训的规划统筹及指导教师团队对校本研修的示范引领作用。

（三）网络研修，过程监控严密到位

茂名市中小学教师信息技术应用能力提升工程网络研修于2015年8月—2016年12月开展实施。网络研修过程中，茂名市紧紧围绕"规范引导"和"有效培训"这两个目标进行过程监控和项目管理。

（四）校本试点，积累经验全面实施

茂名市中小学教师信息技术应用能力提升工程校本研修分三个阶段实施。

1. 试点推行阶段（2016年9月—2017年6月）

（1）多方调研，了解需求。与教师座谈，举行校本研修方案研讨会，围绕学校教研活动需求、网络研修开展、网络研修社区建设、教师信息技术使用情况、校本研修经验等展开调研，了解学校校本研修需求。

（2）初定方案，选试点校。根据调研结果，印制《茂名市中小学教师信息技术应用能力提升工程试点区域校本研修指南》，确定以市直辖区和茂南区作为茂名市中小学教师信息技术应用能力提升工程校本研修试点区域，茂名市龙岭学校、行知中学等20间学校作为校本研修试点学校。

（3）骨干面授，明晰职责。开展多维度的骨干面授培训，打造一批能发挥示范引领作用的核心团队，并明晰团队各自职责。2016年9月—2017年6月，茂名市举办了中小学校长信息化领导力提升培训7期次、项目管理者培训5期次、市县两级骨干指导教师（含应用骨干和培训讲师）培训12期次。

（4）积累经验，调整策略。在试点区域实施过程中，茂名市不断积累经验，并及时调整校本研修实施方案。

2. 全面实施阶段（2017年7—12月）

（1）专家团队现场指导，学校切入研修主题。专家团队带领市县指导教师到各区（市），与学校校长、学校项目管理者一起诊断学校研修主题。试点区、试点学校作校本研修实施经验介绍。

（2）指导教师到校引领，研训一体过程跟进。指导教师下校听课、送培送教，指导各校生成培训成果。

（3）校本研修经验分享，同课异构网络直播。示范学校作经验分享，骨干教师同课异构信息技术与各学段各学科教学深度融合示范课并通过"互联网+平台"进行全市直播。

3. 查漏补缺阶段（2018年1—6月）

根据需求，对乡镇薄弱学校开展诊断式送培送教活动。

二、成效与评估

（一）形成订单式送培送教"四步三抓"模式

通过系统化的微课培训及团队打造，全市100多名学员成为信息技术应用指导教师，经常受邀到各地各校作信息技术应用示范课展示和专题培训。2017年9月至2018年6月，茂名市信息技术应用指导团队开展送培送教下乡活动近300场次，助力全市实现"示范引领全覆盖、辐射带动无死角"的目标，形成了订单式送培送教"四步三抓"模式。

订单式送培送教"四步三抓"模式对欠发达地区的中小学师资培养培训有较大的推广意义。

1. 学校提出需求、全市进行统筹

各义务教育阶段学校（乡镇小学、幼儿园统一以中心学校为单位）根据学校实际需要，填写送培送教下乡活动需求表。市、县提升工程项目办公室根据培训需求，统筹安排送培送教下乡活动。

2. 开展训前调研、明确学科需求

市提升工程项目办公室成立送培送教下乡活动工作小组。工作小组通过与学校领导座谈、师生访谈、实地观察、问卷调查等方式了解申请学校的信息化环境、教师信息技术应用水平和细化需求。

3. 团队示范带学、专家点拨提升

送培送教团队通过研讨、诊断分析申请学校的信息化教育现状，找准切入点，开展富有针对性和实效性的示范带学活动。活动内容含示范课展

示（或同课异构）和专题讲座。其中示范课（或同课异构）展示结束后，安排教学研讨会，研讨会参与人员含教研专家（县市级学科教研员或省市级名教师工作室主持人）和技术专家（信息技术应用指导教师）。

4. 实施训后评价、加强跟踪指导

茂名市提升工程项目办公室通过参训教师训后评价了解培训实效，据此制定持续帮扶计划，并通过跟踪指导促使培训成果实现更大转化。

三抓：一是抓好上下联动，二是抓好过程管理，三是抓好服务保障。

（二）形成基于"互联网＋平台"集训、用、研于一体的教师培养培训模式

送培送教下乡活动将教学信息化领军人才（信息技术应用指导教师）培养与薄弱学校信息技术应用培训融为一体，通过"点动成线、线动成面、面动成体"的方式，逐层形成示范辐射效应，全面提升薄弱学校教师的信息技术应用能力，同时，信息化领军人才（信息技术应用指导教师）也锻炼了自己的指导力、创新力和研究力。2018 年 1—6 月，茂名市信息技术应用团队 15 个工作小组开展送培送教下乡活动近 300 场次，撰写研究报告《茂名市乡镇中小学教育信息化现状及其应对策略——以×××送培送教学校为例》，探索出一套基于"互联网＋平台"，集训、用、研于一体的教师培养培训模式。茂名市"提升工程"项目研究成果"教学信息化创新人才示范团队的模式研究"被列为 2018 年广东省基础教育信息化融合创新示范培育推广项目，省级补助经费 20 万元。

（三）培育了一批示范区、示范校

通过提炼研修成果和组织研修活动，发掘了一批信息技术应用及混合研修示范区、示范校，并帮助其深入探索实践，促进信息技术与学科教学的深度融合，形成了常态化网络研修与教学实践相结合的区域研修和校本研修模式，如龙岭学校"基于茂名云课堂的校本教研模式"、福华小学"平板电脑与微课辅助教学的校本教研模式"、行知中学"活用微课的'五步走'校本研修模式"、祥和中学"基于慕课（MOOC）的一体化教学模式"等，为区域校本研修的开展发挥了借鉴作用。

（四）生成区域示范性资源，推动学科资源库建设

茂名市通过项目驱动，在参训教师中发掘、研磨和提炼一批信息技术应用精品资源，推动了本地的学科资源库建设。其中特色微课培训资源——码书码课创造了新的学习方式,让人人、时时、处处学习变为现实。

(五)教师信息技术应用能力显著提升

经过两年多的培训,茂名市中小学教师信息技术应用能力显著提升。2016—2017 年,全市中小学教师获得省级及以上奖励的课例 730 节、微课 1640 个(其中 2017 年在全国微课大赛,茂名市荣获一等奖人数居全国地级市第一),晒课数量连续两年稳居广东省前列;2017 年 12 月,全市教师获得广东省中小学教师信息技术应用能力提升工程优秀个人成果奖 22 项(其中一等奖 2 项)。

三、经验与展望

中小学教师信息技术应用能力培训促进了信息技术与教育教学的深度融合,改变了教学方式和学习方式,但由于考核的对象是教师个体,学科教研员和学校校长没有很好地参与进来,培训成效还有较大的提升空间。随着新一周期信息技术应用能力培训的实施,定位学科教研员为指导专家、校长为学校第一责任人,整校推进实施应是区域管理者的工作方向。

未来已来,将至已至。随着中小学信息技术应用能力提升工程 2.0 的启动,"促进信息技术与学科教学融合创新"是摆在区域管理者和培训者面前的又一艰巨任务。茂名市将以信息技术应用能力提升工程 2.0 培训为契机,把先进的教育技术有机地融入学校管理、教育教学各个方面,在思想观念转变、资源配置投入、信息技术培训、应用能力普及、信息化平台搭建等方面下功夫,在推进教育现代化的道路上继续努力前行。

希沃学苑助力教师信息化教学能力提升

——聚焦"互联网+"背景下教师个人研修成长

信宜市信宜中学 吴世玉

摘要：随着教育信息化2.0的来临，每位教师都急需提升信息素养和信息化教学能力来适应现代化教育。而在"互联网+教育"的时代，互联网为教师提供了多种多样的学习平台和海量的网上课程，助力教师个人研修成长。希沃学苑是一个专注于教师信息化教学技能提升的学习、培训、互动交流在线教育平台，能帮助教师快速提升信息化教学能力、涉猎前沿教学经验、推动信息技术与教育融合，让每个教师都得到优质的教育资源的共享，满足教师的个性化发展。

关键词：互联网+；希沃学苑；教师能力提升

一、背景与问题

2018年4月13日，教育部印发了《教育信息化2.0行动计划》，标志着我国教育信息化从"1.0时代"迈进了"2.0时代"。[1]2019年4月3日，教育部发布《关于实施全国中小学教师信息技术能力提升工程2.0的意见》，对教师信息技术应用能力提出了新要求、指明了新方向，当代教师应当适应时代发展的需要，学习并提升在实际教学中合理使用信息技术的能力。[2]而当前大部分教师的信息化教学能力严重不足，课件制作技术水平不高，信息化教学设计能力差，学科教学工具使用率低，网上资源下载能力差，缺乏应用数据辅助教学的能力……部分教师信息技术应用能力甚至连1.0都没达到。另外，目前教师信息技术应用能力培训还有部分流于形式，一间学校或一个科组能参加培训的教师名额也有限。那么，用怎样的方式或模式开展教师信息技术应用能力培训，才能更有效、更高效地提升我们教师的信息素养呢？这也是教育部门在近两年积极探讨的主题。

二、方法与策略

一所学校、一位老师、一间教室，这是传统教育。一个教育专用网、一部移动终端，几百万学生，学校任你挑、老师由你选，这就是"互联网+教育"。[3]可以说"互联网+"产生了新型学习生态环境。在"互联网+教育"时代，互联网为教师提供了多种多样的学习平台和海量的网上课程，助力教师个人研修成长。课件制作、微课制作、教学设计与方法、学科工具的使用……都可以在互联网中被一一检索，只要你想提升，只要你需要，一键便可以获取你想要资料。而学习的平台也数不胜数，比较常见有UMU、大学慕课、爱课程、CCtalk、七点半学院、不倦课堂、希沃学苑等。笔者近些年都分别有参加过以上学习、培训平台的线上课程或讲座，发现各有各的优点或侧重点，笔者认为参加希沃学苑里的课程培训是一种比较高效的研修方式。下面笔者将通过一次"课件美化训练营"的研修经历来分析基于希沃学苑来提高教师信息技术能力的案例，探讨一下"互联网+"背景下教师个人研修成长的有效途径和策略。

三、实践案例分享

笔者曾经参加过一个为期10天的综合培训，当时培训内容中有一天上午是关于课件的制作能力提升，涉及文字、配图、色彩搭配……可以肯定，讲师的水平是很高的，笔者当时学习时也觉得长见识了。然而因为当时是在一个大教室中培训，接受的内容较多，很多老师也没带笔记本电脑，虽然有实操时间，但实操时间也较短。很多老师包括笔者都打算过后慢慢尝试、实操。但随着其他课程的进展，培训结束回校后忙于补回因外出培训而落下的教学进度，说好的实操提升完全抛之脑后。而在今年暑假，考虑到平时教学虽然很认真备课，但重在教学的设计，但课件的美化方面花的时间实在少，笔者打算好好利用假期美化一下自己教学用的课件。正巧笔者在希沃学苑上发现了"5天课件美化训练营"免费抢购课程的信息推送，考虑到自己课件的美化制作水平也有待提高，于是我果断报名学习，加入了这个课程的微信学习群，并进行了为期5天的课程学习。通过本次课程的学习，笔者实实在在地提高了自己制作课件的能力。

(一) 希沃学苑的培训模式

1. 任务单

每天早上学习群里都会发布当天的任务清单,像极了任务式学习,"5天课件美化训练营"每天的任务清单包括"完成视频""小测""打卡""实操分享"四步(见图1)。其中每天的视频一般有3~6个(见图2),用时不多,可以调速,以满足不同水平的教师观看,但不能拉进度,否则无法达到当天的学习进度值。

图1 任务清单　　　　　　图2 每日视频

2. 小测

小测一般有五六道题目,题目形式以单选题、多选题或判断题为主。小测难度适中,但教师要认真观看课程才能比较容易拿到合格分数,小测如果不合格会影响学习任务进度条，学员可以返回课程重新看视频，然后再重新小测。也可以查看自己的答题详情仔细思考，自我校正后直接重新测试，直到分数合格为止（见图3）。

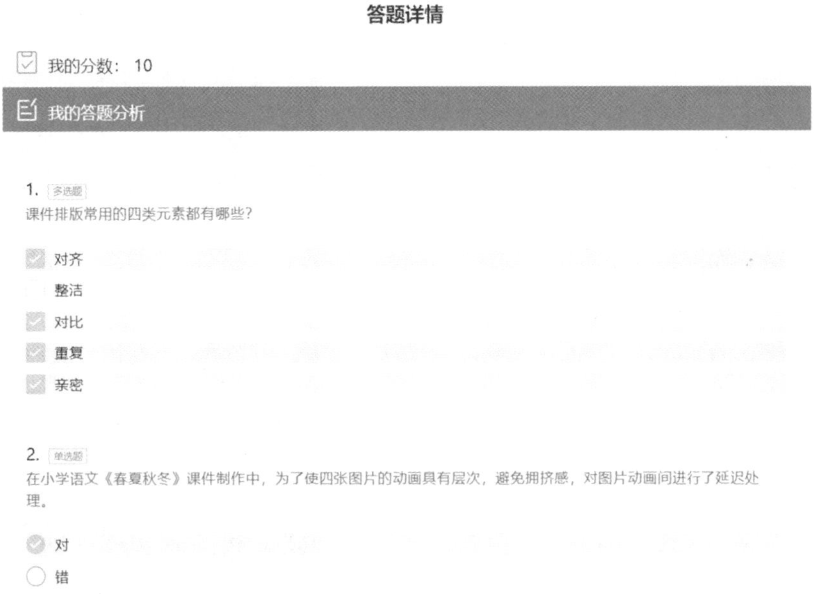

图3　小测题目

3. 打卡

教师每天学完课程，就可以根据实操任务在电脑上进行实操，然后将学习当天课程的心得和实操的图片截图提交打卡记录（见图4、图5）。忘记打卡可以补，但有时间限制。学完课程后每天的打卡记录必须完整，否则会影响结营，无法取得结营证书。

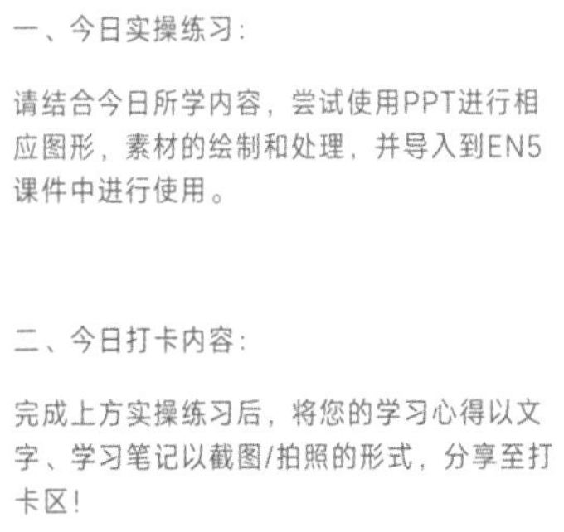

图4　打卡内容 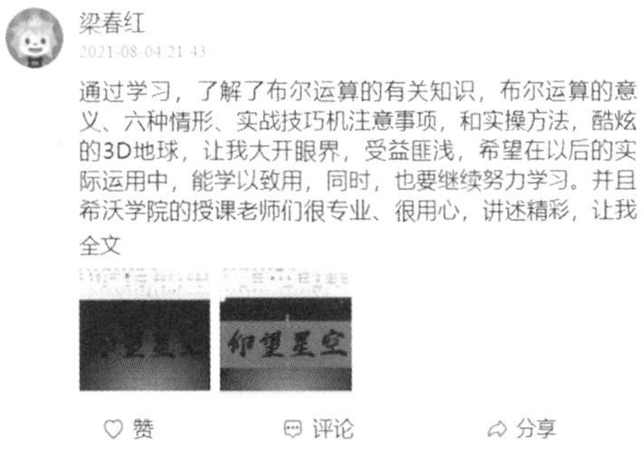　　　　　图5　打卡记录

4. 实操分享学习群

每天实操作业时,学员要将实操录屏分享到学习群上展示,并交流。学习群里的班长、班委会进行实操的打卡视频的收集、整理和点评(见图6、图7)。

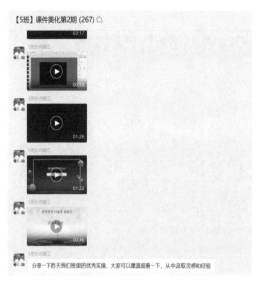

图6　打卡视频　　　　　　图7　实操分享名单

这一步是最重要的一个环节,教师只有真正去实操了,分享与交流了,才能真正提升自己的能力。

5. 大作业与结营

完成所有课程后三天内要提交大作业(见图8),也就是一份原创课件,课件要能体现你学习完课程后明确了课件的美化方向,纠正了文字、配色、排版等误区,打造了合理又惊艳的动画效果等。大作业审核合格后可获得经营证书(见图9)。

作业要求

1. **课件内容**：任选一节课堂教学内容制作课件，学科不限，请务必是您的原创作品，与希沃学院原有课件相似度过高的作业，**将不予审核通过**。

2. **课件功能**：参照所学内容，在课件中体现其交互性（备课工具、动画效果、特色功能、学科工具四大类中至少选择3类），并在课件中进行呈现。

* 命名格式：学段学科-课件名称-姓名（例：小学数学-搭配中的学问-陈小明）

3. **课件页数**：课件页数务必大于10页，以11页-15页为宜，并参照下图课件美观度要求，对课件的排版、文字、素材进行优化，使课件美观、大方。

课件美观度要求	
文字	★ 字号不要小于24号，尽量使用风格相近的字体； ★ 使用与主题搭配的字体颜色，合理突出重点；（避免大篇幅使用红色字体） ★ 预留合理的字间距，提高可阅读性
配色	★ 背景美观、大方、简洁，与字体颜色对比简洁 ★ 整体颜色最好不要超过三个色系 ★ 选择颜色与主题合理搭配
排版	★ 一页课件最多不超过7行文字； ★ 整体颜色最好不要超过三个色系 ★ 选择颜色与主题合理搭配
图片	★ 图片清晰度高、大小适中
动画	★ 动画数量不宜过多，动画形式不要过于繁杂

图 8　大作业要求

图 9　结营证书

（二）希沃学苑训练营研修优点

经过本次研修，笔者认为这种训练营的培训模式非常好，收效大。主要优点体现在以下四点。

（1）这种免费课程抢购方式都是老师们自愿报名参加，自觉性不用质疑，更符合教师个人需求，能真正满足教师个性化发展。

（2）这种培训学习周期短，每天课程的视频量不多，每个视频内容短小精悍，完成当天学习任务共用时在 40 分钟左右，方便老师最大化利用碎片时间进行学习，如笔者很多时候都是早上起床前翻手机时先把课堂看了，然后白天或晚上再利用碎片时间打开电脑实操一下，这样的培训可以大大减少学校和教师的时间成本，更能发挥教师的主动性。

（3）学习任务清单包括完成视频、小测、打卡、实操分享学习群四步，最后通过提交大作业验收学员的成果，最后验收过关的发证书，操作性强，实效性强。当学员经过几天学习获得了结营证书，那种成功的喜悦是继续学习的持久动力，于是笔者在完成了《5 天快速提升课件美化技能训练营》后又继续免费抢购了《【T1】交互式课件制作入门训练营 第 15 期（2021.8.12—2021.8.18）》，完成 T1 后打算继续抢购《【T2】交互式课堂教学实战训练营（8月30日—9月1日）》。

（4）希沃学苑的课程体系丰富完整，有涵盖教师信息化教学必备素养、工具教程、教学设计等信息素养课程；有前沿教学理念与方法、学科精品课例、趣味授课技等学科教学课程；有针对课堂管理、班级管理、学校管理场景等教学管理课程；也有聚焦教师职业生涯管理，覆盖职业晋升、职业素养、通识技能等职业成长课程。这为2.0信息化能力提升工程实施与推进提供了很大的助力。

四、经验与展望

由于这种免费课程是开放的，抢课的教师来自不同的地区，虽然他们的年龄不同、学校不同、学段不同、区域不同，但他们的目标都是一样的，就是要提高一项技能。而训练营中的学员，尤其是学委、班长等不但好学，还热心助人，大家在一起相互交流、相互学习、相互分享。久而久之，教师形成一种分享和学习的良好习惯。其间，笔者也曾通过其中一名湖南省耒阳市第二中学的周伟华绑定他们学校，加入了他们学校的校本培训《手把手教你玩"转"微课程制作训练营01-4（湖南）》并获得了结营证书（见图10），这也让我的线上个人研修之旅尝到了甜头，信息技术能力得以进一步提升。

图10　结营证书

此外，希沃学苑还推出了希沃"杏坛计划"，参与希沃学院或所在区域组织的初阶（T1）、中阶（T2）、高阶（T3）训练营学习，即有可能直通杏坛，成为导师。助力有梦想的教师职业成长。

在教育信息化2.0时代，教师信息素养水平对我国教育事业发展具有至关重要的作用。在此形势下，教师个人应充分利用"互联网+"，主动提升自己的信息化能力，积极应对信息时代的教育挑战。

参考文献：

[1] 胡钦太，刘丽清，张彦. 教育信息化2.0时代教师信息素养提升路径 [J]. 中小学数字化教学，2019（11）：22-25.

[2] 曹国华. 小学教师信息化教学能力提升的校本实践研究 [J]. 教育传播与技术，2020（3）：71-74.

[3] 穆静."互联网+"时代的教师专业发展 [J]. 中国校外教育（中旬），2016（12）.

浅析网络研训对教师专业成长的作用

信宜市第五小学 吴林蔚

摘要：如今是信息技术高速发展的时代，网络研训与传统的研训相比也有着十分明显的优势。网络研训能给教师带来很多帮助，解决很多教师在工作中遇到的问题和困惑，也让教师通过网络研训获得知识积累和经验学习，对促进教师专业成长有显著的作用。本文从网络研训的内涵与必要性入手，对网络研训促进教师专业化成长的作用和策略进行阐述，最终促进教师的专业化成长。

关键词：网络研训；教师；专业成长

教育家艾利与特曾说："新课改是人的改革，课程发展是人的发展。没有教师的发展就没有课程的发展。"所以，提高教师的专业知识与技能，更新教师的教育思想与理念，促进教师的专业化发展，是社会发展的必然要求。教师的专业成长是我们教育工作的重点，旨在强化校本培训、引领教师专业成长的研修活动日益频繁。随着网络技术的不断进步，信息技术对教师的专业成长和研修活动同样有着重要影响，利用网络平台进行远程教师研训成为时代发展的必然，为教师的专业成长开辟了一条新路径，对教师专业成长势必起到显著的作用。

一、网络研训的定义和特点

网络研训是一种以网络为基础开展教师教研活动的新方式，它借助网络，不受时空和人员限制，为广大一线教师提供了内容丰富、理念新颖、技术先进的优秀课程资源，创设教师与教师、教师与专业人员及时交流、平等探讨的活动平台和环境，促进课程改革实验的决策者、设计者、研究者与实施者的多元对话。

网络研训能发挥教师在教研活动中的主体作用，使城乡学校的教师能够平等获取信息资源和对话交流，弥补传统研训模式的不足。开展基于网络的教学研训，是创新研训形式、拓宽教学研究途径、缩小城乡教育资源差异、实现教育均衡发展的有效途径。

二、网络研训促进教师专业知识的提升

在《国务院关于基础教育改革与发展的决定》里指出："建设一支高素质的教师队伍，是实施素质教育的关键。"而素质教育的实施对教师提出了更高的要求。教师的专业知识要适应学生德、智、体、美、劳等全面发展的需要，教师必须一专多能。而在教师踏上工作岗位后，面对繁重的教学任务之后，能够外出参加培训，获得能力提升的机会就更少了。网络研训便能很好地弥补这方面的不足。正如我们每年都接受的广东省专业技术人员继续教育一样，通过继续教育的学习，教师能够更好地丰富自己的专业知识，同时开阔自己的视野，让自己的理论知识得到进一步的提升。

网络研训为教师的学习和知识的积累提供了更为广阔的学习空间和丰富的学习资源。这是教师快速成长的有效途径。教师在网络资源的基础上，通过比较、整合资源信息，从而内化和吸收知识。古语言："书山有路勤为径，学海无涯苦作舟。"而网络研训便是信息技术时代下，教师们最好的"书"了。教师在经过一定时间的积累后，可以把网络资源内化为个人知识体系的一部分，积累了大量的专业知识，提高了教师自身的专业素养。

三、网络研训让教研的形式更加丰富多彩

传统的研训形式大多是一部分教师集中在一块，聆听专家的讲座，然后几个教师代表发言。于大部分教师而言，参加研训的形式就类似于一个旁观者或者是听众，而不能进入一种参与式的互动、沉浸式的研修中。而网络研训可以不受时间、空间和地域的限制，将不同地区、不同学科、不同阅历的教师联结在一起。为教师营造出一种自由平等、广泛参与、互动交流、畅所欲言的研修氛围。它犹如一缕清风，为教师的教研形式注入了新的元素，让教师的教学生活更加丰富多彩。

通过网络教研，教师在观看教学视频来进行听课和评课，教学视频可以反复播放，授课教师的教学语言、教学姿态，甚至在教学过程中出现的问题都可以作为研究的内容。观看视频后，教师可以发表自己的评价，促进自我教学反思。教师也可以把自己在观摩教学中的困惑、体会的教学观点、领悟的教学经验，在网络上与大家一起分享。借助网络，一线教师可

以全方位解读名师、走进名师，体悟名师在教学中的精髓，从而获得专业的提升，使教师在专业成长过程中的脚步变得踏实而有力。教师利用网络研训参与交流，充分展示自我，促进了学习能力的提高，改变了教师以往的个体学习状态，从独学无友的学习状态，进入自主开放的学习状态中，从而提升了自身的教研能力。

2020年，我校与广西忻城民族小学组成了结对帮扶关系。如果从我校去到广西忻城参加教研活动，那可真是舟车劳顿啊！在信息技术的支撑下，我们在录播室里利用远程系统，直接和广西忻城民族小学进行了别开生面的远程教研活动。我们每周都安排一个学科进行远程集体备课。教师们对这样的远程备课形式都十分感兴趣，并且都在集体备课前做了充分的准备。后来，在信宜市的课例评选活动中。我们还远程同步直播给广西民族忻城小学观看。对于这样的网络研训活动，节约了来回路上的时间，让研训变得高效、高质量。这种活动大大丰富了教师的教学生活，激发了教师的研修兴趣，促进了教师的专业成长。

四、网络研训让教师专业技能更加丰富

在信息技术高速发展的背景下，我们也许会有这么一个疑问：当信息技术发展到一定程度的时候，"机器人教师"会取代真人教师吗？在我看来，信息技术不会取代真人教师。但是，会淘汰拒绝使用信息技术的教师。为了不让社会淘汰，这就需要我们教师的专业技能更加丰富了。而网络研训便是丰富教师专业技能的很好途径。

在去年新冠病毒疫情的影响下，线上教学奠定了信息技术在教育教学中的地位。而作为线上教学的实施者，教师们的技能则需更加丰富了。网络研训，让教师学会了制作微课；网络研训，让教师学会了直播；网络研训，让教师学会了剪辑视频；等等。通过网络研训，能够让教师的专业技能更加丰富。

五、网络研训是催生"研究型"教师的有效方式

"活到老，学到老"，这是新时代社会的一个共识。对教师而言，终身学习更是职业赋予的要求。时代是发展变化的，学生也是处于变化之中的。通过网络研训，能让教师的专业知识紧跟时代的步伐。

同时，网络研训也是催生"研究型"教师的有效方式。在学校里，网

络研训可以细分到科组施行。让教师在自己的网络空间进行备课,并发送到学校的空间进行共享。教师们互相评价,各抒己见,可以有效地形成科组资源和学校资源平台。教师在自我的研训历程中,由要我学,变成自主的我想学、我要学,这就更加容易催生出"研究型"的教师。

总的来说,网络研训是常规教研活动的延伸和升华,让教师参与研训活动不再受时间、地点、空间的限制。网络研训能在最大程度上满足教师专业发展的要求。在信息技术支撑下,促进教师自身发展正成为教育改革及教育信息化对教师提出的迫切要求。充分利用好网络研训平台,对教师专业成长起着重要作用。

参考文献:

[1] "教育信息化2.0时代的教育新生态"学术研讨会在苏州召开[J].现代远程教育研究,2019,31(3):115.

[2] 严鲜财.网络教研加快教师专业成长[J].新校园理论,2012(2):164.

[3] 顾昌茂.有效利用网络教研促进教师专业成长的策略[J].技术物理教学,2012(20):116-117.

基于2.0提升工程
促进教师专业成长的思考与实践

高州市高文小学 刘小娟

摘要：基于2.0提升工程，造就一支高素质的专业化教师队伍，是以质强校、推进素质教育的一个根本策略。通过创新校本研修形式、完善教学研讨机制、专业引领、同伴互助、搭建平台、实施课题等实践活动，积极探索教师专业成长的有效途径与方式，有力地促进教师的专业成长。

关键词：提升工程2.0；教师专业成长；实践

教育部《信息技术应用能力提升工程2.0的意见》中指出，到2022年，构建以校为本、基于课堂、应用驱动、注重创新、精准测评的教师信息素养发展新机制，通过示范项目带动各地开展教师信息技术应用能力培训，基本实现"三提升一全面"的总体发展目标：校长信息化领导力、教师信息化、教学能力培训团队信息化指导能力显著提升，全面促进信息技术与教育教学融合创新发展。提升工程2.0的实施，信息技术以前所未有的速度进入课堂，这就督促教师要不断学习新的知识和技能，特别是通过变革学习方式，以促进学习者发展适应信息时代所需的知识、能力和素养，并逐步探索新型信息化教学模式，以适应这种新的变化和挑战。在这样的信息技术环境下，如何架设自己专业成长的通道，如何提升自己实施课程改革的能力，是摆在每一位教师面前的重大课题。我校从深刻认识教师专业成长的内涵出发，立足学校实际，积极探索基于2.0提升工程教师专业成长的有效途径与方式。

一、创新校本研修形式，促进教师专业成长

提升工程2.0总计培训学时为50学时，其中基于网络的专业研修为25学时，校本实践应用为25学时。我校全员培训采取混合式培训模式，即

"网络研修+校本研修+课堂教学实践成效培训",鼓励老师线上学、线下用,从而提升技术,学以致用。基于此,我校举办了在多技术融合课堂教学比赛活动,上课老师精心备课,认真上课,把一节课上好并展示出来。听课老师专心听课,在考核表上进行公平公正的评分,课后进行教学研讨并评课。最后把小组内组员的得分情况进行排名。此次教学比赛活动,从电子备课、说课、评课、共案修改、课例点评、板书设计、课件制作与展示、资源应用等多项专业技能入手,倡导自我修炼,形成有特点的校本研修活动和方式,促进教师专业成长。

二、完善教学研讨机制,促进教师专业成长

随着提升工程2.0的推进,为搞好教学研讨活动提供了难得的机遇。提升工程2.0的校本网络培训具有开放性、共享性和互动性等特点,它使得校本教研可能突破时空限制,使得学校教研机构、教研人员、学科教师更加广泛地参与进来,有利于促进教研工作的大众化普及,促进学校人人参与教研的局面,从而做到有效、高效地推进教研工作。而教研组的活动,能有效地激活学科的教学研究,营造互动式对话的氛围,引起教师个体之间的反思与共鸣,帮助教师实现理念的更新,观念的变革,行为的转变。

我校的教研活动每周安排固定的时间以集中和分散相结合的方式开展(周一下课后5:20—6:10分为备课组、周一、周二、周三、周四分别为艺术科、语文科、英语科、数学科组的学习研讨时间)。我校充分利用网络,精心组织了"教学设计—说课评点—课堂实践—评课研讨"开放式教学系列研讨活动。

基于2.0提升工程的完善的教学研究机制和丰富的教学研究活动,推动了教师的专业化成长。

三、搭建平台,促进教师专业成长

提升工程2.0确定了到2022年总体发展目标:提升校长信息化领导力、研训团队信息化指导能力、教师信息化教学能力,全面促进信息技术与教育教学融合创新发展,确保教育教学质量得到进一步提高。而要达到这一个总体目标,需要搭建各种平台促进教师专业成长。

(一) 学习培训

开展多种形式的学习培训活动促进教师成长。

(1)"请进来":积极邀请专家为教师举办专题讲座。

(2)"走出去":采用外出学习的方式,让骨干教师、青年教师外出拜师学习,并参加各种研讨会、教学成果交流会等。学校要求,所有外培教师要撰写学习心得,向全校老师汇报学习成果,介绍学习经验,对学校教师实施二次培训。把自己学到的经验辐射到全校老师,达到一人学习、全校受惠的事半功倍的效果,实施教师外训促进教师专业成长。

(3)每学期至少举办1～2次学习培训研讨会,组织教育集团和共同体学校进行研讨交流,通过现场观摩课、理论学习、互动评课等活动提升教师的专业水平。

(二) 区域联动

通过区域联动、城乡结合,以强扶弱,缩小城乡之间的整体差距,实现城乡资源的优势共享与互补。与联合学校做到"三个一":每期城区学校学科带头人、骨干教师"送教下乡"一次;每学期作课改示范、专题讲座一次;每期开展"教学沙龙",零距离交流探讨,解决教学问题一次,例如开展专题教研,确保"研一题通一类"。

(三) 网络平台

为保障我校信息化"多技术融合"应用模式的顺利开展,我校充分发挥现代教育技术优势,构筑网络交流平台。

(1)设立教师QQ群和微信群,教师可随时随地以文字、多媒体等方式,将自己日常的生活感悟、教学心得、教案设计、课堂实录、课件等上传发表,超越传统时空局限,促进教师个人隐性知识显性化,让全体教师可以共享自己的知识和思想。

(2)建立"公众号"和资源库,及时向教师传递教育教学信息。利用网络组织视频教学,实现一人上课、多人远程听课的目标。

(3)举办现代信息技术培训,提高教师的计算机、网络应用技术以及学科教学与多媒体整合应用能力。

教学活动的网络化、科学化管理,不仅大大降低了管理成本,促进了教师的共同学习和成长,也进一步优化了学校教研活动,成为当前形势下促进教师专业成长的有效助推器。

（四）赛课评优

定期逐级开展教学比赛评优活动，体现"全员参与、以赛促学、突出新理念、落实新课程"的特点，开展"教师教学基本功"比赛、"课堂教学优质课"比赛、"小学数学说课"比赛等竞赛活动。通过活动，促进了教师由教学"新手"向"能手"的成长转变。

四、专业引领，同伴互助，促进教师专业成长

提升工程2.0的课程体系是确定学校总的应用能力点，每位教师从中选择不少于3个应用能力点，且涵盖3个维度，完成25学时的在线学习和25学时的校本实践。为了落实"整校推进"全员研训，我校采用专业引领、同伴互助的形式促进教师专业成长。

（1）学校信息化管理团队成员轮流做学习辅导讲座、上示范课。引领教师以问题为驱动，以课例为基础，以研讨为核心环节，帮助教师建立"实践—反思—再实践"的智慧生成路径，有效提升教师的教育教学智慧水平。与此同时，积极主动地争取专业研究人员的引领，借助专家、教研和科研人员的高水准学术系列讲座和跟进式指导，提升专业引领的层次。

（2）切实发挥名师培养对象、学科带头人等骨干教师的骨干引领作用，形成一支由"骨干教师、校级名师"组成的梯队"长链式"发展规模。制定明确的学校梯队教师培养方案，重点做好各级骨干、能手、学科带头人及名师培养对象的培养工作。

（3）充分发挥骨干教师的"传、帮、带"作用，安排了骨干教师与部分教师"结对子"，以密切跟进、结伴同行的形式，使教师尽快地投入基于2.0提升工程的教育教学活动中，使全校每个老师都可以紧跟信息化团队步伐，顺利开展提升工程2.0的工作。

（4）学校定期开展的有效教学研讨课、微型课题展示课、学科带头人展示课、青年教师汇报课、"青蓝工程"验收课和具有学科特点的教学基本功比赛等活动，展示了教师的风采，开阔了听课老师的视野，形成了自我成长与同伴互助的有机结合，加速了教师的专业化成长的步伐。

五、课题研究促进教师专业成长

提升工程2.0要求组织教师开展课题研究和教学创新实践。为了加大信

息化课题研究、信息化帮扶力度和示范引领作用，我校信息化管理团队提出基于提升工程2.0的课题研究应以实施过程中遇到的问题为研究对象，通过"发现问题—查阅资料—编成研究方案—根据方案去行动—反思总结"的基本流程，围绕同一专题多次多人反复研究，探寻教学对策，逐步解决，从而提高教师实施提升工程2.0的能力。

我校以立项的茂名市中小学教师信息技术应用能力提升工程2.0专项科研课题"基于多技术环境的教研活动组织与开展研究"为核心，围绕这个主课题，分解成若干个子课题和次级子课题，也称为小课题，通过小课题招标的方式，形成"主课题—子课题—小课题"的课题研究网络。另外，我们把课题研究与教师日常教育教学紧密结合，以年级组和学科组为单位组成课题组，形成"学校—年级组—学科组"不同层级课题组组成的科研管理网络。开展全校全员参与科研的合作研究，有效拓展课题研究的深度和力度。我们倡导"小题实做"，扎实开展小课题研究。小课题研究是一种行之有效的校本研究，使教师人人有课题、人人会研究。课题组老师共同探讨，交流与分享，得到大量的信息，共同感受成功与困惑，整个过程就是组内成员一个互助互学互进的过程。

实践证明，提升工程2.0中，促进教师专业成长，提高教师质量，应该作为永恒的主题，当我们将教师专业成长和整校推进根植于教育事业的丰田沃土之时，我们的信念便指引了努力的方向。不管今后的工作过程多苦多累，坚信通过我们扎扎实实的不断努力与奋斗，每天进步一点点，就能让我们的教学质量有所提高，能让我们的课堂教学焕发出别样的光彩！

参考文献：

[1] 李晓东. 促进教师专业成长的思考与实践［J］. 中小学教学研究，2009（9）.

[2] 曾庆锋，陈庆云. 基于中小学教师信息技术应用能力提升工程2.0的策略研究［J］. 进展：科学视界，2021（6）：154-155.

智慧共融，驱动发展

——名校长工作室促进教师专业成长的实践研究

茂名市第九小学　冯汉娟

摘要：名校长工作室是教师成长的助推器。本工作室在实践中主要是通过三种路径促进教师专业成长：率先垂范，引发教师自觉成长；搭建平台，助力教师专业成长；勤于笔耕，升华教师能力成长。其中搭建的平台分别是阅读平台、培训平台和出彩平台，有效促进了教师专业成长。

关键词：名校长工作室；教师专业成长；阅读；培训；出彩

"美美与共，和而不同"，名校长工作室的功能主要是博采众长，发挥主持人、各成员的榜样影响、示范引领的作用，从而促进学校内涵发展及教师专业成长。以"智慧共融，驱动发展"的途径达成"成就学校、完善自我"的愿景。

笔者主持的茂名市冯汉娟名校长工作室自2018年3月成立以来，在摸索中行进，在交流中分享，在践行中反思，是教师专业化成长、学校内涵发展以及教学质量提高的助推器。工作室成立的这三年来，在成员、学员学校开展区域研训交流活动18次，参加区、市级活动5次，送培送教10次；笔者在2019年被评为"茂名市家长学校优秀校长"、2020年被评为"电白区优秀校长"；工作室成员潘晓霞校长成立茂名市名师工作室，5人被评为"电白好老师"；发表论文50余篇。本文以工作室为例，谈谈名校长工作室促进教师专业成长的几点实践。

一、率先垂范，引发教师自觉成长

"其身正，不令而行，其身不正，虽令不从。"要促进教师的成长，校长是关键的引领者和指导者。作为校长，其本身就应该是一名优秀教师，是教学能手，不管是课堂教学能力还是教科研水平都要在教师中起示范引领作用。现在的许多名校长，同时也是一名教师，他们通过工作室平台培养出一批批优秀教师，部分成员在成长中当上正副校长，走上领导岗位。在工作室的研修活动中，笔者带头开设讲座"打造绿色校园文化，促进学校内涵发展"，上四年级数学公开课"优化"，主持省级课题"利用校本研修有效开展小学语文综合性学习的策略研究"、市级课题"新时期心理健康家校共育工作的研究"（课题编号：2020MJDY17）均已立项研究。在这样的影响下，工作室的成员每次研修活动都非常积极主动报名上公开课或做讲座，并在学校自发组织团队开展课题研究。要促进教师的成长，校长就先要身体力行，率先垂范，用行动示范引领，从而引发教师的自觉成长。

二、搭建平台，助力教师专业成长

成长需要平台，为此，工作室自开创以来，搭建了多个平台，助力教师专业成长。

（一）搭建阅读平台，助力教师提升气质

"问渠那得清如许？为有源头活水来"，阅读对教师终身学习有着其他途径无可替代的作用，工作室成员想要更好地实现专业发展，必须坚持阅读，用阅读厚植内涵，提升气质。工作室创建后就明确提出，工作室要构建一个专业阅读的学习共同体，对阅读的类型、数量以及体系做出三点要求：一是阅读要针对性地选择教育教学与学科专业发展之类的书籍作专业性阅读，而不仅仅局限于文学阅读和泛阅读，如《教师阅读地图》《爱心与教育》等；二是成员和学员两个月至少要读一本书；三是根据专业发展之需，阅读力求形成专业体系，如《今天怎样"管"学生》《教师人文读本》《听王荣生教授评课》等。

一般情况下，如果工作室成员两个月能读一本书，那么一年下来就可以精读五六本书，并结合教学与科研实践将读书心得撰写成文，不定期开展阅读交流会。主持人、成员、学员也可以在交流微信群开展线上交流会，形成思想碰撞，探求读教合一的有效途径。三年来，成员们互相督促，培养了阅读韧劲，并通过阅读完善自我，把自己培养成学习型的教师和学者型的管理者。读之则思，思之则深，深之则进，搭建阅读平台，就是助力提升教师的内涵气质和专业水平。

（二）搭建研训平台，助力教师理论觅智

另外，工作室应发挥校本研训的作用，创设学习培训平台，利用外力促进教师参与学习培训。根据工作室的发展规划和工作目标，不定期举行读书会、专题研修、名师讲座等活动，提高成员的道德修养、理论水平和教学教研能力。为此，我们除了"走出去"的外出培训，还邀请了广东省特级教师、广东省名教师工作室主持人、广东省中小学新一轮"百千万人才培养工程"第二批初中理科名教师培养对象、茂名市东湾学校副校长吕进智，广东省名校长工作室主持人、广东省特级教师、水东街道中心学校校长杨鼎芳，特级教师、小学语文正高级教师、广东省名校长工作室主持人、茂南区露天矿小学校长赖晓妍给我们开设专题讲座，让工作室成员与专家面对面，感受专家深邃的思想领域和卓越的研究成果。通过"走出去"的外出培训，使工作室成员开阔了视野，更新了教育教学理念，在理论中觅智，用理论指导行动。

（三）搭建出彩平台，助力教师展示风采

教师要敢于亮风采，因为在展示自我风采的同时专业水平才得以提升。因此，工作室积极搭建各类让教师展示风采的平台，让他们在出彩的同时提升自我。例如，为传递新的教学思想，展示新的教学手段，充分发挥骨干教师的引领示范作用，工作室定期在成员学校之间搭建示范课展示、讲座交流、主题式分享活动等平台，并在课后组织评课议课和课后反思活动。在这个出彩平台上，亮风采的老师不仅展示个人风采，而且每一次出彩就是一次蜕变，其他参与活动的成员也能经历一次教学指导，从而得到成长。由于有了工作室这个出彩平台的磨炼，工作室成员积极主动参加各类活动比赛，并获得喜人成绩。张智婷、蔡柳清指导的红色主题朗诵节目《吃水不忘挖井人》先后获得区特等奖和市一等奖的好成绩，两位老师都被评为优秀指导老师；2021年林海滨获茂名市小学语文教师比赛二等奖，蔡柳清、杨晓丹的课例参加2019年度"一师一优课，一课一名师"活动被评为茂名市级优课；黄进海选送的微课荣获茂名市一等奖；吴小芳老师分别在"实验操作与创新技能竞赛、茂名初赛和电白初赛"中荣获一等奖；何智妮荣获茂名市第九届中小学生英语听说素养展评优秀指导老师奖；曾法武、崔锦媚荣获广东省中小学劳动教育暨信息素养提升实践活动指导老师奖。

三、勤于笔耕，升华教师能力成长

教育学博士、北京师范大学肖川教授说过，会写论文的教师是一个好教师。因为会写论文的教师一定是一个善于捕捉细节、发现问题、勤于探求、乐于思考、热爱阅读且愿意表达的教师。要想成为一名优秀教师，就要勤于反思，在反思中把课堂教学实践的亮点及不足进行总结，并提炼观点撰写成文，这就需要勤于思考、勤于笔耕。

工作室定期开设论文写作专题讲座。首先是引导成员善于捕捉课堂问题，生成论文话题。如评讲试卷时学生的注意力都在分数上，而没有用心听题目分析，这个课堂问题即可生成论文的话题——如何在课堂上有效地评讲试卷。其次是要注意选题价值，论文中提出的问题不仅是在教育教学中"管用""有效"，并具有"新颖""独到"的价值。最后是谋篇布局方面，论文的题目指向性要具体明确，摘要简洁全面，关键词精准有效，正文用语规范流畅观点清晰明确，引用规范可查。

在科学的理论指引下，再加上独到的思考和不断尝试努力，工作室的成员、学员专业表达水平大幅度提升，课题、论文全面开花。潘晓霞的主持的省级课题"小学语义教学培养学生核心素养的实践与研究"（批准号：2020YQJK421）、市级课题"新时代下提升城区小学学生校园幸福感的研究"（批准号：2020MJDY24）均已立项研究；刘宏主持的省级课题"小学语文教学中构建'童本课堂'的研究"（批准号：2014YQJK182）已结题；杨晓丹、黄进海在2020年茂名市电白区中小学优秀德育论文比赛中荣获一等奖，潘海萍、何智妮获得二等奖；曾宪法、何少妍、张智婷、杨晓丹、崔锦媚、黄进海撰写的作品参加区教育局"我的线上故事"主题征文评选活动荣获小学组一等奖，何智妮获得二等奖，潘海萍获得三等奖；何少妍撰写的《儿童阅读＋互联网推动书香校园建设》荣获教学论文评选小学语文科一等奖，吴小芳的论文《资源共享下的小学弟子规美术自主探究课堂》荣获美术科一等奖，曾法武的论文《"互联网＋"信息化在小学体育游戏教学中的应用》荣获体育科一等奖，何智妮的论文《英语微课线上教学的探索》荣获英语科一等奖，杨晓丹的论文《大数据让数学教学更有智慧》荣获数学科二等奖；何少妍撰写的《介绍一种美食》参加电白区2020年中小学优秀教学论文评选荣获语文科一等奖，崔锦媚撰写的教学设计《认识"画图"新朋友》荣获信息技术科二等奖，杨晓丹撰写的教学设计《确定位置（一）》荣获小学数学科二等奖，黄进海撰写的教学设计《卢沟谣》荣获音乐科二等奖；黄进海制作的课件《小骆驼》参加广东省教育"双融双创"行动暨2020年教育教学信息化交流展示活动并被评为电白区特等奖，崔锦媚的课件《认识新朋友画图软件》被评为电白区二等奖；黄进海制作的微课《节奏拓展听我说谢谢你》被评为电白区特等奖，崔锦媚的微课《认识新朋友——画图软件》、杨晓丹的微课《比的应用2》获得一等奖。

三年来，工作室全体人员立足岗位，积极工作，默默奉献，在尽力做好自己工作的同时带动他人，在各级综合评价中也得到了充分的肯定。近年来，笔者获得茂名市名校长、茂名市优秀校长、茂名市家长学校优秀校长、电白区优秀校长、电白区优秀共产党员、茂名市优秀教师等个人综合性荣誉30多项次。撰写的论文《促进留守儿童健康成长的策略》2016年9月发表于《教师》；《彰显学校文化特色 促进留守儿童成长》2016年10月发表于《科教文汇》；《给留守儿童另外一个"家"》2017年7月发表于《华声教育》；2015年7月，论文《"数学阅读"为"计算"铺垫护航》获区级一等奖；2015年7月，《"数学阅读"为"计算"铺垫护航》《让迟开的花儿更绚丽》《让阅读的火焰在数学课上升温》获区级一等奖。论文《学校管理，三分管理七分情》《加快校长专业化发展，促进留守儿童学校建设》获市级一、二等奖。2019年撰写的《基于校园"绿文化"探索"德育教育"有效途径的思考》荣获区一等奖。成员曾宪法被评为首届电白好老师，潘晓霞被评为第二届电白好老师，冯彩云、张智婷、刘宏被评选为第三届"电白好老师"候选人，张智婷被评为茂名市优秀辅导员，李春花老师被评为"茂名市教坛新秀"。

三年来，作为工作室的主持人，笔者深感肩负的责任重大。道阻且长，行则将至。工作室所有人员将继续发挥"智慧共融，驱动发展"这个有效途径，以热爱教育的情怀自觉成长、用饱含生命的激情终身学习，在工作室这个大平台上努力成长，共同追寻教育的诗意和远方。

参考文献：

诸定国. 基于名师工作室的教师专业成长［J］江苏教育，2019（54）：44-47.

如何有效利用极简技术，
促进教师专业发展

高州市第二小学　莫秋燕

摘要：在教育信息化2.0全面推进的大背景下，信息技术在教育领域的应用也越来越广泛、越来越深入。早期我们学习的教育技术太专业、复杂，一般教师难以上手。而极简技术，关键在于"极简"二字，倡导方便、实用、易学、易用，能够有效提高教师的工作学习效率。本文通过在教育信息化推进中有效利用极简技术，探索适合教师根据实际情况促进融合创新的新思路，寻找促进教师专业发展的有效途径。

关键词：极简技术；学习；实践；交流；发展

社会在发展，科技在进步，信息技术在教育领域的应用越来越广泛、越来越深入。教师接触到的新媒体、新技术、新方法不计其数，一些技术或软件的使用太专业、复杂，如制作动画的 Flash 软件等，一般教师难以上手，更不用说利用它们促进学习及提高工作效率。

而极简技术，关键在于"极简"二字，即用简单实用的技术，提高工作、学习的效率。它具有三大特点：掌握简便——易学、易用、方便、省时；解决问题——实用、有效；提高效率——减轻工作强度，提高效率和质量。伴随着"互联网+"时代的发展和智能手机的普及，越来越多简单实用的 App、微信小程序、小技巧，可以让教师快速上手，其中微信小程序以不需要安装下载使用极其简便、应用服务广泛、大多数免费、便于分享和传播的优势，成为教师量身定做的学习和移动办公的好工具，深受欢迎。正因为极简技术具有如此多的优点，有效利用极简技术对教师进行培训，对教师的专业成长定会产生促进作用。

一、有效利用极简技术，搭建教师专业发展学习平台

教育信息化2.0全面推进成为学校信息技术普及的助推器，为此学校乘借东风，有效利用极简技术，搭建教师专业发展学习平台。

（一）开展立体式极简技术校本培训

学校构建学习型的集体，采取理论培训与教学示范相结合、校本培训与分科组培训相结合、集中培训与分散培训相结合、统一组织与自主学习相结合的方式，使教师在原有教学技能的基础上，又掌握新形势下搜集、处理、整合极简技术信息的能力。

1. 开展极简技术专题讲座活动

通过培训，教师对极简技术有了新的认知，有了全新体验，在教育教学理念、信息技术创新应用、课堂教学活动设计等多个方面得到了有效提升。

2. 开展典型案例研讨活动

学校充分引导教师利用现代教育资源，组织教师集中开展典型案例研讨活动，引领教师在反复研讨优秀案例的过程中，反思自己的教学过程与方法、教学行为与理念，发挥集体研讨的优势，提升教师的教育理念和教学智慧。

3. 组织课堂教学、微课制作比赛

通过听课、评课、赛课活动，通过微课制作比赛、"粤教翔云"数字化教材优秀课例评选等活动，发挥骨干教师的示范引领、辐射普及的作用。

（二）开展辐射式极简技术研讨联动

充分发挥教育集团化办学力量，搭建教育集团龙头学校与成员学校之间、城乡教师之间互相学习极简技术的桥梁，力争实现各校资源共享、教研联动，共同发展。

二、有效利用极简技术，搭建教师专业发展实践平台

教师的学习是专业发展的重要途径，但同样重要的是在日常的教育教学中进行实践探索，主要体现在以下几方面。

（一）极简技术，班级管理的好助手

教师有效利用极简技术，对班级管理起到事半功倍的作用。在班级管理中，很多时候需要收集、统计数据。这时"问卷星"这微信小程序无疑是班级数据统计的好助手。相比于传统的纸质资料和问卷，问卷星有着无可比拟的优势：成本低、效率高，可谓问卷制作的佼佼者。利用它们，教师可以轻松地进行导入问卷、大数据统计和分析等各种操作。如教师在疫情期间，利用问卷星收集并统计学生接种新冠疫苗的情况、暑假离开茂名情况调查等，是一线教师不可多得的好助手。

又如利用"美篇"微信小程序，将家长做志愿者、学生综合实践活动、优秀作业情况，制成图文并茂的美篇，进行表扬、学习、留存，更好地架起家校沟通的桥梁。

（二）极简技术，教学工作的好帮手

1. 极简技术，促使教师多媒体课件制作更简易

当今的课堂教学，利用图片、视频、动画、微课等多媒体辅助教学已经成为多数教师的选择。如今，随着各种各样小程序的发展和普及，多媒体课件的制作也变得越来越简单，易上手。例如，利用"美图秀秀"处理简单的图片；利用"微软听听文档"，可快捷制作PPT，并可快速把PPT做成微课。具体操作是：首先整理PPT，在备注栏输入需朗读的文字，可充实PPT画面上的内容，使其更具体、更生动；再在微软听听文档的网址上传PPT；等微软听听文档处理好PPT后，会自动生成二维码；接着手机扫码，进入配音（① AI配音，将PPT备注栏的文字变成播音员朗读；② 人工配音，用自己朗读的语音；③配音完成，确定，生成二维码，传送）。微课就这样大功告成。大多数时候，辅助教学所用到的多媒体素材只是简单加工，并不需要太复杂的处理，所以教师如果灵活选择和利用各种小程序，就可不用再大费周折去学习Flash等专业软件了。

2. 极简技术，促使教师教学课堂更灵动

在课堂上，实物展台和PPT演示是常用的教育技术手段，而巧妙地利用一些授课助手，则能够实现手机移动投屏。如"希沃授课助手"等，教师可更方便地记录、展示学生的课堂学习状态和作品，学生也能够更加方便地看到自己及同伴在课堂中的反馈情况，激发学生的主观能动性。

3. 极简技术，促进教师教学反馈更高效

教师将极简技术应用到家庭作业里，提高了检查、批改作业的效率。

如利用"作业登记簿"微信小程序，学生将语文课文朗读、儿童诗诵读等作业内容，以声音或者视频的形式上传小程序，教师及时给予评价，促进教学反馈更及时、高效。

（三）极简技术，进修培训的好副手

进修、培训是教师日常工作的一部分，通过进修培训，教师可提高自身的知识水平和工作能力，促进专业成长。在培训时，常常需要做笔记，俗话说："好记性不如烂笔头。"但教师在培训时记纸质笔记有几个弊端：一是书写量大，易劳累，用时长；二是培训后，时间久了，笔记里的关键内容不便查找，也常懒得去翻看。而用手机或平板电脑打字很慢，也不方便。这时，可使用"微软 AI 识图"或"传图识字"微信小程序，将讲座的课件或者教材内容拍照并上传，上传的图片转为 PPT 或 PDF，同时还支持传图识字、翻译，表格还原以及长图拼合的功能，十分便捷。

三、有效利用极简技术，搭建教师专业发展交流平台

教师的专业化成长离不开交流，而交流的主要内容应该是教育教学经验及反思。美国学者波斯认为："没有反思的经验是狭隘的经验，至多只能形成肤浅的知识，只有经过反思，教师的经验方能上升到一定的高度，对后续的行为产生影响。"在"互联网+"背景下，学校构建了全方位、多层面的教师交流研讨格局。

（1）加强集体备课。采用个人备课和集体备课相结合的模式，开放的、合作的、发散的、多样的备课方式为同课异构交流奠定基础。

（2）教师建立个人交流空间，利用博客空间、QQ空间、微信朋友圈，可以自由发表自己观点、教学反思及心得体会。

（3）教师加入学科交流微信群、QQ群，实现网络教研，教研方式由一对一扩大为一对多，面对面、层对层的立体化教研，在互动中实现思维的碰撞，灵感的迸发。

（4）学校创建资源库，为不同学科教师互相学习、交流、借鉴奠定基础。

（5）积极参加县市学科教研，使学科交流成为互动的舞台。

总之，社会在进步，科技在发展，信息技术与教学活动和结合将会越来越紧密，但我们还是要回归到技术是工具、技术在于服务、技术不能凌驾于人的基础上。当然，我们也要活到老，学到老。保持年轻的心态对待

生活与工作，把极简技术运用到我们的教育教学中来，这样才能把极简技术的价值最大化，实现学生的个性化学习和教师的专业化成长。

参考文献：

［1］黎加厚. 极简教育技术在基础教育领域的兴起［J］. 中国电化教育，2019（2）：6－9.

［2］刘文. "洋为中用"的翻转课堂［N］. 中国教师报·现代课堂周刊，2014－05－07（6）.

"提升工程2.0"背景下中职教师信息技术应用能力培训策略研究

茂名市第二职业技术学校　王嫄嫄

摘要：本文以"提升工程2.0"下的中职教师信息技术应用能力培训为背景，对中职学校教师信息技术应用能力现状进行调查并分析，从而提出"提升工程2.0"背景下教师信息技术能力提升培训策略。

关键词：提升工程2.0；教师培训；信息技术应用能力

一、引言

近几年，随着教育信息化的逐步推进，VR（虚拟现实）、人工智能、大数据、数字化教育资源等开始在教学中普及，对教师的信息技术应用能力提出了更高的要求。2019年3月，教育部发布《关于实施全国中小学教师信息技术应用能力提升工程2.0的意见》（简称《提升工程2.0》），提出要"大力提升教师信息技术应用能力"之后，各级教育部门高度重视，2020年3月广东省教育厅发布了《广东省中小学教师信息技术应用能力提升工程2.0实施方案》，对我省提升工程2.0工作进行总体部署，并上线"广东省中小学教师信息技术应用能力提升工程2.0公共服务平台"对项目进行管理。

茂名市教育局也积极响应，根据上级文件并结合本市实际情况，紧密出台了《茂名市中小学教师信息技术应用能力提升工程2.0实施方案》（茂教发〔2020〕72号）、《茂名市中小学教师信息化教学能力测评指南》（茂教发〔2020〕125号）、《茂名市中小学教师信息技术应用能力提升工程2.0学校及区（市）绩效考核指标体系（试行）》（茂教发〔2020〕125号），《茂名市中小学教师信息技术应用能力提升工程2.0省级试点区及市级试点校实施方案》（茂教发〔2021〕52号）等一系列相关文件，明晰提升工程

2.0实施路线，对我市中小学教师信息技术应用能力的提升进行详细部署。要求所有学校组建"提升工程2.0"管理团队，整校推进，认真组织，积极开展培训工作，学校95%以上的专任教师完成培训任务才能验收达标。

本次提升工程2.0的培训是近年来最大规模的教师培训，其范围之广、力度之大，为笔者从教12年以来首次遇到。作为茂名市第二职业技术学校"提升工程2.0"管理团队的一员，笔者积极研究如何能够有效开展教师信息技术应用能力提升的培训。通过设计问卷对我校教师信息技术应用能力的现状进行调查分析，并提出"提升工程2.0"背景下教师信息技术能力提升培训策略。

二、中职学校教师信息技术应用能力现状调查

为准确了解我校教师信息技术应用能力现状，以便进行有针对性的培训，我们设计了《茂名二职教师信息技术应用能力情况调研》问卷，从教师提升信息技术应用能力的意愿、教师在日常教学中使用信息技术手段的情况、教师进行信息化教学时遇到的困难、教师想在"提升工程2.0"培训中得到的帮助等方面进行调查。使用"问卷星"发放问卷给茂名市第二职业技术学校专任教师填写，共回收有效问卷141份。

三、中职教师信息技术应用能力现状分析

（一）教师提升信息技术应用能力的意愿强烈，但自主性不够

在调查教师提升信息技术应用能力的意愿方面，主要针对教师是否愿意提升自己的信息化水平来反映，调查结果如图1所示：愿意提升自己信息化水平139人，占99%，不愿意提升自身信息化水平仅2人，且这2名教师为年龄超过50岁的临退休老教师，说明教师普遍愿意提升自身信息技术应用能力。但是在另外一道题目"你是否经常在公共教育资源平台观看优秀课例、上传课例，进行自主研修学习？"的调查结果如图2所示，仅51%的教师会进行自主研修以提升自身信息技术能力。说明教师虽然认可信息技术应用能力的重要性，纵然有强烈的求知欲，但是缺乏长期维持的自主性，如果要教师自觉进行网络研修来提升信息技术应用能力效果不够明显。

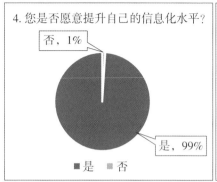
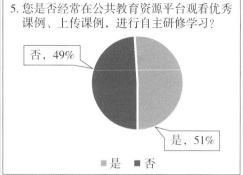

图1　教师提升信息技术应用能力的意愿　　图2　教师提升信息技术应用能力的自主性

（二）教师的"信息素养"尚可，但个别能力亟待提高

在调查教师信息素养方面，主要针对教师在日常教学中使用信息化技术手段备课和授课情况来反映，调查结果如图3、图4所示：在备课阶段，能够使用网络搜索引擎（百度、谷歌等）查找资料的教师占82.27%，能够使用PPT制作课件的教师占85.11%；在课堂授课阶段，能够使用常规软件如PPT、WORD辅助教学的教师占85.82%，能够使用音频、视频辅助教学的教师占80.85%。说明经过多年来信息化1.0的普及和培训，教师普遍具备了信息素养和信息化教学的基本技能。但是问卷调查结果也显示教师在备课和授课阶段使用微课、学习通、UMU互动平台、虚拟仿真软件、交互式白板、大数据等信息化教学手段还很少。

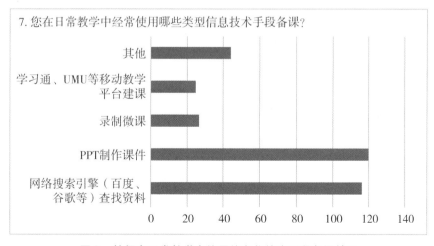

图3　教师在日常教学中使用信息化技术手段备课情况

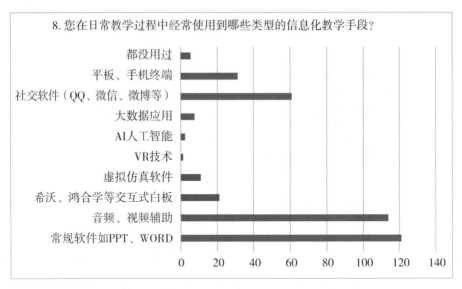

图4 教师在日常教学中使用信息化技术手段辅助授课情况

（三）影响教师进行信息化教学的因素复杂多样

在调查教师信息化教学的影响因素方面，主要针对教师在运用信息技术应用手段进行信息化教学时遇到的主要困难来反映，问卷调查结果如图5所示：选择信息技术与学科融合的应用手段不熟练、自己的信息技术水平不够、缺少信息化教学平台和资源、缺少时间准备等四个方面的教师占比均超过50%，说明这四个方面均为影响教师信息化教学的因素。

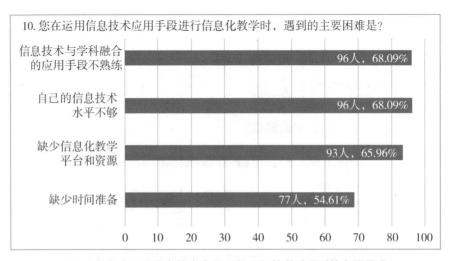

图5 教师在运用信息技术应用手段进行教学时遇到的主要困难

四、"提升工程2.0"背景下教师信息技术能力提升培训策略

（一）培训内容要有针对性

培训的需求调查是极其重要的环节，它决定着培训团队能否定制具有针对性、实效性和科学性的培训方案。本着"需什么，学什么，缺什么，补什么"的原则，对我校教师在"提升工程2.0"培训中希望能够提供的帮助进行了调研，结果显示教师希望提供的帮助中排名前三的分别为：信息技术与学科教学融合创新指导、信息化教学设计和信息化手段的使用。我校项目管理团队根据调查结果有针对性地设计培训方案，开展校本研修。

（二）实施个性化培训

当前的教师培训，大多数按照既定的培训标准进行统一教学，难以兼顾教师的年龄、学科、信息技术应用能力水平的差异。这既不利于培训者授课，也大大影响参训者的学习效果。对于中职学校而言，不同专业的教师信息化水平差异明显，因此，在本次"提升工程2.0"培训中，以科组为单位进行校本研修，同一科组内的成员信息化水平相当、培训需求更加相近，小组内的成员可以互相学习，达到共同进步。通过对受训学员进行合理分组，提高培训的效果。

（三）培训方式要多样化

按照上级文件要求，本次"提升工程2.0"培训采用"25学时网络研修"+"25学时校本研修"的混合培训模式。这是对传统培训的升级和发展，混合培训近年来逐渐成为教师培训的主流。教师常常有繁重的教学任务，无法进行脱产培训，网络研修能够为教师提供灵活的学习时间和空间。而单纯的网络研修不利于参训者之间进行交流，学习的过程也无法监控，导致学习效果大打折扣。而混合培训刚好可以发挥两者的优势，消除两者的弊端，使培训达到最优效果。在校本研修环节可以采取讲授式、研讨式、互动式教学，融入破冰活动、观摩考察、成果展示等突出受训教师的主体地位的培训方式，提高培训效率。

（四）培训评价方式要多元化

为科学合理评估教师信息技术应用能力培训的成果，应该设计多元化

的培训方式。可以在培训前、中、后分别进行诊断性评价、过程性评价和总结性评价。首先，在培训前可以通过问卷等方式对教师信息技术水平进行诊断性评价，调查其培训需求；其次，在培训中从学习态度、课程作业等多方面进行过程性评价；最后，在培训结束后，对参训学员进行考核测试，通过测试结果发现培训的不足之处。通过全方位多元化的培训评价达到以评促学、提升培训效果的目的。

（五）注重教师培训成果的转化

"提升工程2.0"培训的最终目的是将信息技术应用能力用于实际教学中，从而提高教学效果。参加培训的教师只有将自身的培训成果有效地应用在实际工作中，将理论知识应用于实践，才能将培训的价值最大化。因此，受训教师要有意识地促进培训结果的转化，在培训过程中，主动以培训的主题为中心进行自由写作，自主式写作能使教师不知不觉中将培训结果内化为自己的知识、能力和价值观。在实际工作中主动将培训中学到的新技能、新理论应用于实践中，寻找与之前不一样的教学思路和方法，勤于反思、不断总结，使得培训的成果落地开花。学校也要营造相应的氛围，在培训结束后帮助受训教师解决培训成果转化所需的各种资源，并建立教师分享培训经验的交流平台，建立激励机制对优秀的培训成果给予奖励，创造教师转化成果的机会和平台。

信息技术与校本研修融合，助推教师专业成长（一）

茂名市愉园中学　李创茂

摘要：在信息技术发展的背景下，学校通过进行校本研修来实现教师专业能力的提升。在教师专业能力的培养过程中，可以通过开展读书活动、进行信息交流平台的建立来进行校本融合，整个过程中借助信息技术来进行校本研修培训。本文针对教师专业素质以及能力提升的意义进行分析，探讨校本研修开发对教师专业能力提升的重要性及信息技术与校本研修融合的措施。

关键词：信息技术；校本研修；教师专业成长

一、教师专业素质以及能力提升的意义

（一）有助于加强内部队伍的建设水准

教师能力培养的质量是通过教师的综合专业能力表现出来的，而学校的建设成果也是由教师的综合专业能力决定的。提升教师的专业能力可以提高学校的整体水平，同时加强学校内部队伍的建设，完善整体教学水平。

（二）有助于增强校本研修的效果

学校的校本研修需要热情高涨的教师参与，所以说增强教师的专业能力是非常有必要的，优质的校本研修建设能够协助管理者处理实际工作中遇到的思想问题，为校本研修的顺利推进奠定坚实的基础。只有学校的校本研修内容丰富，学校的教师才会对学校产生强烈的认同感和归属感，促进学校的发展。

(三) 有助于推动学校的健康发展和进步

一支高素质的教师队伍是保证学校课程教育方案顺利实施的重要前提。教师综合专业能力的提高也可以直接影响学校课程教育建设的进程，进而激发学校教职工的工作积极性，增强工作成效，推动学校朝着可持续发展的方向前进。此外，学校还可以优化管理者的专业能力，促进教师专业能力的提高。

二、校本研修开发对教师专业能力提升的重要性

(一) 校本研修是学校落实从严治学校的重要措施之一

我国经济经过改革开放40余年的发展，在校本研修暴露出了一系列的问题。如今随着我国经济进入深化改革发展阶段，对学校内的建设和管理工作也需要进行及时的调整和完善，促使学校内管理适应经济发展的新变化，革除在经济发展中暴露出的问题，使国家经济保持总体平稳运行。在学校建设工作中，基层学校组织需要充分落实相关改革理念，使校本研修工作落到实处，促使学校的综合管理能力和社会价值得到进一步的发展和提升，使学校维护良好形象，在社会发展中贡献出更多力量。

(二) 加强校本研修工作是促进学校长期发展的重要保障

学校的发展依赖于学校的综合管理能力和综合经济效益，但是从长远发展来看，学校有维持国家经济体系正常运行的重任，因此需要强化管理建设，保证学校组织管理的科学合理性，使学校在社会发展中发挥出更大的社会价值。因此，学校的校本研修便成为学校维持健康运转的重要一环。校本研修工作能够对学校的违规问题进行有效监督，促进学校综合管理效率的提升，使学校在长期发展上保持健康和稳定。

(三) 校本研修是学校健康可持续发展的重要保障

在学校经营管理的过程中，内部科学管理有助于维护学校教师的根本利益，维护学校的良好形象，促使学校教师在思想上保持团结统一，为学校的综合竞争实力提升奠定坚实基础。帮助学校机关干部进一步坚定理想信念，磨炼意志，加强组织纪律意识。当教师置身于拥有浓厚革命传统教育氛围的基地环境时，可通过聆听当年艰难曲折的革命历史，了解如今生

活的来之不易，继而更加主动地了解并接受学校的优良传统教育，并进一步坚定自身的理想与信念。对此，学校组织的校本研修工作能够有效地调动教师的能动性和积极性，促使教师对学校保持高度认同和爱护，使教师的专业能力得到进一步的发展和提升。

三、信息技术与校本研修融合的措施

（一）加强教师信息化教学能力

信息化教学能力是教师在现代教学理论指导下，以信息技术为支撑，运用教育技术进行教学的能力。它要求教师对概念、组织、内容、模式、技术、评价、环境等一系列与教学相关的要素进行设计和创新，以促进教师的专业发展。教师信息化教学能力具有多维性、动态性、阶段性、差异性等特点。在信息化教学手段背景下，教师需要具备掌握现代科学技术、提高教学认知能力、创新教学手段、科学教学指导能力、信息化问题处理能力等多种能力。在整个教学手段更新的过程中，教师需要明确自己的职责，对教学现状和学生之间存在的问题进行合理的分析。在信息化的教学手段下，学生的学习过程会产生很多问题，这对教师来说是一个新的挑战。教师也需要及时与学校沟通，了解相关行业的变化，为学生今后的工作提供合理的保障。在教学的同时，我们需要随时关注相关政策的变化，让学生了解课程教学方法的发展。

（二）开展教师读书活动

学校师资团队的建设质量是通过教师的综合教学能力表现出来的，而学校的政治文化建设成果也是由学校内部的团队建设水准和教师的综合教学能力决定的。增强学校内部团队的建设能力务必要强化教师的综合教学能力，聘用高质量的教师，对于学校内部的教师实施专业的内部文化培训，为学校的文化建设提供重要的思想支持。在开展教师读书活动时，需要明确读书形式，一是分散阅读。每位教师制定个人读书计划交教导处，并根据计划自由阅读。二是集体阅读。利用教研活动时间，组织教师共读一篇好文章或一本好书，并将读书活动与学校校本培训、教师专业发展规划紧密结合，围绕学校主课题，有重点地读、深入地读、细致地读，用理论指导实践。三是师生共读。教师与学生"同读一本书"或"同背一首诗"，营造"师生共读"的良好氛围。

(三) 提高校本研修培训质量

教师校本培训不是组织活动丰富教师生活，而是正视教师的思想政治问题并加以改进。从根本上改善教师教学过程中存在的问题，解决存在的问题，勇于创新，以新颖的方式改善教师问题，加强教师思想建设，用新时代的产品改变教师问题。在新媒体背景下，教师校本研究与培训需要采用"实"与"虚"相结合的方法，有效引导网络和私人教育宣传教师政治思想。完善教师教育体系，逐步形成校本培训、信息化、数字化、网络化。在教育的同时，加强教师运用新媒体技术的能力，增强教师的能力。根据新媒体的发展和网络背景下教师暴露的问题，校本研究和培训应有侧重地进行教育。由于互联网对教育的影响，我们迫切需要纠正这一现象，加强校本研究和教师培训，加强工作创新，同时注重策略和方法。加强教师专业能力的培养，应加强网络建设，利用新时代的产品，让教师更容易接受，用教师最熟悉的方式来加强教师的专业能力。

(四) 建设专业学习共同体团队

启动项目的意义是指项目获得批准，对项目进行相应的分析是本阶段要考虑的内容。决策层面对建设专业学习型社区团队的项目审批具有深远影响。在项目实施过程中，只能覆盖一个专业，不能与其他专业同时建立。因此，有必要由负责人制定团队建设所需的内容，并制定相应的规章制度。首先，分析项目的需求是非常重要的，并调查教师、学生和其他学校，从而准确分析项目实施需要哪些内容。例如，在组建一支专业的教师队伍时，可以先考察学校各专业的群体，再考察社会学校和社团。可以采用问卷调查法、访谈法、文献法和比较法。每种方法针对不同的人群，达到不同的效果。例如，比较法可以通过让学校和其他同类学校进行对比，从而在双方的共性中，找寻适合本校建设教师专业队伍的方法。

四、结语

随着社会治理创新的进一步发展，社会、社会组织和社会工作已成为社会治理的重要组成部分。在创新学校服务模式的同时，需要加强对教师服务意识的培养，提高教师的责任感以及综合能力。通过现代化教育的方式，创新对教师的培养模式，利用现代化技术提高教师的整体能力，促进社会稳定发展。

参考文献:

[1] 任光辉. 开展校本研修,促进教师专业成长 [J]. 基础教育论坛, 2016,(33):24-26.

[2] 赵春明,凌良才. 借力校本研修促进教师专业成长 [J]. 生活教育, 2017(5):31-33,36.

[3] 刘卫立. 借力现代教育技术,促进教师专业成长 [J]. 魅力中国,2020(8):266-267.

[4] 陈军力. 现代信息技术促进教师专业成长 [J]. 发明与创新·教育信息化,2015(12):53-55.

从"人人学习"到"高效课堂"

——教育现代化背景下校本研修深层次开展与教师成长

茂名滨海新区庄山中学　高金华

摘要：校本研修是教师专业成长的内在潜力。本文真实地概述了我校校本研修的背景、条件、过程、成效以及经验启发。重点概述了校本研修的做法与策略，并对校本专项研修作了案例实践概述，探讨在校本研修中促进教师成长的做法。

关键词：教育现代化；校本研修；案例实践；教师成长

校本研修是教师专业成长的内在潜力。推动校本研修工作规范化和科学化，特别是在教育现代化背景下，开展更深层次的实践探索和创新，提高校本研修针对性和实效性，对促进教师专业成长和学校发展具有十分重要的意义。

一、背景与问题

（一）学校现代化教育设备

我校一直重视教研工作的建设，经历了从"创强"到"创现"的发展之路。2018年9月定位茂名滨海新区"窗口"教研目标，2018年12月通过广东省创建教育现代化学校验收，2020年12月评定为茂名市校本研修示范学校，2021年2月评定为广东省信息技术2.0工程示范点。

目前，学校成立信息技术现代化工作室，由信息技术学科组专业负责学校信息化建设。2016年年底开通"校园网"，今年暑假又进行了设备更新和升级，学校信息化网络畅通，流量大；2018年学校建设了一间网络直播教室以及一套移动网络直播设备；每间教室都有教学平台，每位教师一人一台电脑，每位科组长都有一台笔记本电脑，全体教师都注册开通了茂名"人人通"，全校实现了"室室通"；教师上课做到资料投影、课件展示以及网络资源共享。学校有滨海新区兼职教研员 5 人，市第三批名师培养对象 2 人，区（县）名师 4 人及名师工作室 3 间。

（二）学校校本研修背景

一是校本专项与课题研究。2016 年 9 月至 2018 年 12 月，学校开展了"人人学习有效课堂教学研究与实践"的校本研究课题。随着学校教育"创现"的深入，我校"人人学习有效课堂"校本研究进一步深入和创新，2019 年 7 月，以黄国春主持的省级课题"教育现代化背景下农村中学高效课堂建构的研究"和高金华主持的市级课题"教育现代化背景下农村中学数学高效课堂建构的研究"为标志，校本研修从"人人学习有效课堂"提升到"教育现代化背景下高效课堂建构"的研究和实践。

二是集体备课。从 2016 年 9 月起，七年级数学备课组率先提出"五点"集体备课模式，经过近两年的研究与实践，建构了"五点"集体备课模式，并在全区推广。

三是教学研讨周活动。在校本研修活动中，2017 年 11 月以来，教研室组织开展了 4 次全区性"人人学习有效课堂"和"高效课堂"教学研讨周活动，向全区展示了 9 个学科 30 节研讨课，引起全区较大的反响，"人人学习有效课堂"和"高效课堂"的教学理念得到全区教师的认同。

（三）问题的提出

我校校本研修一路走来，一直在探索实践和创新中。近年来，在教育现代化背景下，遇到了新的问题。中心问题是在教育现代化背景下如何通过校本研修实现教师的专业成长，具体有三点：一是在教育现代化背景下校本研修如何实现从过去单一常规的层次、手段、制度和形式，向信息技术与校本研修的融合转变；二是在教育现代化背景下如何建设学科教研组和备课组的文化、制度、活动和评价；三是在教育现代化背景下如何实现校本研修与高效课堂教学的高度融合。

这些都是在校本研修中必须要解决的问题。

二、方法与策略

在校本研修过程中，我们坚守务实与创新的工作风格，扎实工作在教学教研第一线，以平实有效的校本研修活动取得突出的工作成效。主要有如下方法与策略。

（一）校本研修策略

总体策略是"精准、反复"。

精准：一是精准了解教师的教学理念、态度和水平，二是精准了解学校校本研修的设备，三是精准把握教育现代化背景下校本研修的理念。

反复：一是教育现代化背景下校本研修理念反复学习，二是"五点"集体备课反复，三是"磨课—公开课—集体研讨"反复，四是课题研究深入反复，五是总结评估反复。

（二）开展"五点"集体备课模式

集体备课是校本研修的基础工作。"五点"集体备课模式即每次集体备课都围绕"知识点、得分点、失分点、提高点、链接点"这五点开展研讨。"五点"集体备课使备课目标、内容、层次更加清晰，与各个层次班级和学生学情联系更加紧密。2020年10月至11月，学校承担滨海新区教育发展中心组织开展学科集体备课观摩活动，10多个备课组向全区展示了我校"五点"集体备课模式，得到新区领导和教师的高度好评，"五点"集体备课模式在全区学习推广。

（三）反复"磨课"

从2017年9月起开展"磨课"教学研讨活动，到2019年2月建构了"磨课—公开课—集体研讨"的教学研讨模式。

每一节校内或区级教学公开课，都有一个鲜明的教学研讨主题，都经过两至三周的"磨课"过程。"磨课"包括了备课组集体备课、主讲老师试课、备课老师听课评课、集体反复研讨、最终确定教案的过程。先在备课组内"磨课"两至三次，最后在全科组或全校上教学公开课，这样的公开课才有真正的意义。在这个"磨课"的过程里，备课组老师经历"磨课"过程，围绕教学主题反复研讨，对提高教师自身的专业水平和教学能力有着非常明显的作用，特别是主讲老师提升效果更加明显。

（四）校本专项研究与实践

2016年10月至2018年12月，学校开展了"人人学习有效课堂"教学研究与实践。同时，随着学校"创现"的深入，"人人学习有效课堂"进一步深入研究，2019年7月至今，学校开展了"教育现代化背景下高效课堂建构"的研究和实践。全体教师参与到研究和实践中来，教研气氛浓郁，效果显著。

（五）举办教学研讨周

2017年4月以来，以"人人学习有效课堂"和"高效课堂建构"为主题，教研室组织开展了4次全区性教学研讨周活动，向全区展示了9个学科30节教学研讨课。

（六）名师培养与名师工作室

学校现有滨海新区名师4人，新区名师工作室3间，茂名市第三批青年名师培养对象2人。名师及名师工作室辐射效应好，通过"十个一"培养校本教学青年骨干教师，引领校本研修的深入。

（七）开展课题研究

"人人学习有效课堂"以及"教育现代化背景下高效课堂建构"的研究最为深入，另外，语文、英语、数学和体育学科市课题正在研究之中。在课题研究的引领下，校本研修正在向着更深入的层次开展。

（八）名师联教

我校跟茂名市博雅中学以及阳江实验学校等名校建立了交流合作关系。每学期都组织科组骨干教师到名校学习观摩交流，提高自己。

三、成效与评估

近五年来，我校校本研修主要取得如下成效：

（1）19篇论文获市教育教学论文一、二、三等奖，200多篇论文获滨海新区一、二、三等奖。

（2）省立项课题3个（其中体育科重点课题已结题），市立项课题4个（其中语文科一般课题已结题）。

（3）广东省青年教师教学能力大赛2人获茂名市初赛一等奖，9人获二等奖。

（4）茂名市教师说题等各类比赛13人获一、二等奖。

（5）省物理教学创新成果活动1人获三等奖。

(6) 茂名市微课、信息技术 2.0 创新教学案例等比赛 6 人获得一、二、三等奖。

(7) 2016 年至 2020 年，中考综合评价连续居滨海新区第一，2020 年获茂名市二等奖。

(8) 2018 年 12 月通过广东省创建教育现代化学校验收，2020 年 12 月评定为茂名市校本研修示范学校，2021 年 2 月评定为广东省信息技术 2.0 工程示范点。

四、经验与展望

我们总结了校本研修的研究和实践，得到如下体会。

（一）正确定位，精准地认识自己

校本教研修是建立在本校师资实际、设备条件和学生学情之上，选项方向正确，思路清晰。

（二）依托理论指导，开拓创新之路

在"有效课堂"理论指导下，结合学校实际，开展了"人人学习有效课堂"教学研究和实践；随着教育和学校的发展，在教育现代化理念和"高效课堂"理论指导下，提升到了"教育现代化背景下高效课堂建构"的研究和实践，在研究和实践过程中，创造性地开展了"磨课—公开课—集体研讨"的研究模式。在整个研究和实践过程中，做到了理论和实践的结合，基础与创新的贯通。

（三）精准与反复的研修策略彰显深入和成效

精准和反复的研修策略使研修紧贴实际，做到了教师、研修、课堂和学生的四合一，信息技术与研修的高度融合。

（四）全员参与，全员提高

学校整体提升、全面发展，才是学校发展之道。在校本研修过程中，我们摒弃了少数教师参与活动的做法，采用全员参与"磨课—公开课—集体研讨"的研究模式，使全体教师教学理念、态度认识和专业水平都得到全面提高。

（五）树立榜样，示范引领

在校本研修过程中，我们培养了一批突出的名师和学科带头人，引领研修的深入开展和创新。

（六）展望

（1）努力提升学校校本研修在滨海新区的品牌。
（2）通过资源库进一步整合，拓展教师的视野，提升教师的素养。
（3）抓实各项校本研修活动的过程，使各项活动更加深入、高效。

五、案例实践情况与举证

以"人人学习有效课堂教学研究与实践"和"教育现代化背景下高效课堂建构"为例，概述我校校本研修的实践情况。主要有如下过程。

（一）问题的提出

2016年9月，七年级组思考上课时部分学生不认真学习的情况，首先提出"人人学习有效课堂"的研究设想，并制定了实施方案，第一次提出"人人学习有效课堂"的五大理念（切合学情的教学目标，能够学会的教学内容，可以完成的学习任务，乐于参与的教学活动，兴趣驱动人人学习）。

（二）教学研讨与第一次全区性教学研讨周

2016年9月至2017年6月，七年级组开展了第一阶段的研究和实践。并在滨海新区教育办公室的指导下，于2017年4月开展了第一次全区性教学研讨周活动。

（三）教学研讨与第二次全区性教学研讨周

2017年9月起，"人人学习有效课堂"教学研究与实践提升到学校研究层面，由教研室领导，组织开展研究和实践。2017年12月开展了第二次全区性教学研讨周活动。（见图1）

图1 第二次全区性教学研讨周活动总结表彰大会：小荷才露尖尖角。
（注：2009年2月至2019年7月，原电白区庄山中学与电白四中合并，更名为电白四中初中部）

（四）教学研讨与第三次全区性教学研讨周

2018年2月至7月，"人人学习有效课堂"教学进入到总结阶段推广阶段，3月26日至30日开展了全区性第三次教学研讨周。（见图2～图7）

图2 研讨周活动总结与表彰大全：映日荷花别样红

图3　黄华亮校长总结发言

图4　陈志文副校长总结发言

图5 八年级语文备课组部分教师

图6 八年级数学备课组团队（被评为茂名市2017年优秀备课组）

图 7　英语科研讨会现场

(五) 研究成果

经过两年的研究和实践,"人人学习有效课堂"教学研究与实践取得了显著成效。研究成果《人人学习有效课堂教学研究与实践概述》在全区学习交流(见附录)。

(六)"教育现代化背景下高效课堂建构"的研究与实践和第四次全区性教学研讨周

2019年7月起,以省级课题"教育现代化背景下农村中学高效课堂建构的研究"和市级课题"教育现代化背景下农村中学数学高效课堂建构的研究"为依托,"人人学习有效课堂"研究进入了"高效课堂建构"的研究和实践。2020年11月2日至6日,开展了第四次全区性教学研讨周。(见图8~图12)

图8 数学科组团队

（注：2019年8月起，原电白四中初中部更名为茂名滨海新区庄山中学）

图9 滨海新区历史科组团队

图 10　学校九年级数学备课组团队

图 11　研讨周现场（1）

图 12　研讨周现场（2）

（七）名师联教

在"人人学习有效课堂教学"和"高效课堂建构"的研究和实践过程中，跟茂名市博雅中学开展了教学研讨交流活动，使研究实践更加深入有效。（见图 13、图 14）

图 13　2018 年 11 月 8 日，我校九年级教师团队到茂名市博雅中学学习

图14　2021年5月19日，茂名市博雅中学教研团队莅临我校开展中考备考交流研讨活动

（八）研究与实践成果

从"人人学习有效课堂教学"到"信息化背景下高效课堂建构"的校本研修，经历了不平凡的探索实践之路，培养了一大批优秀教师，特别是名师的成长，也见证了学校从"创强"到"创现"的提升。（见图15～图18）

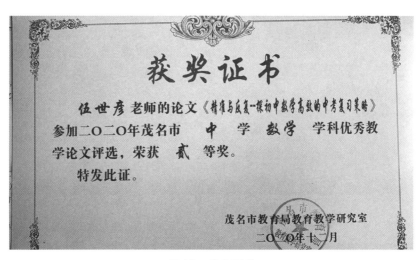

图15　获奖证书

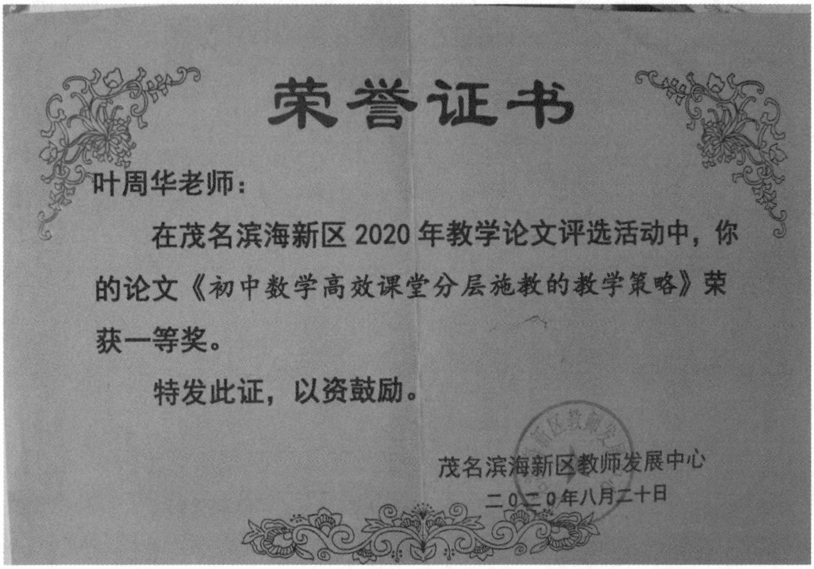

图16　荣誉证书（1）

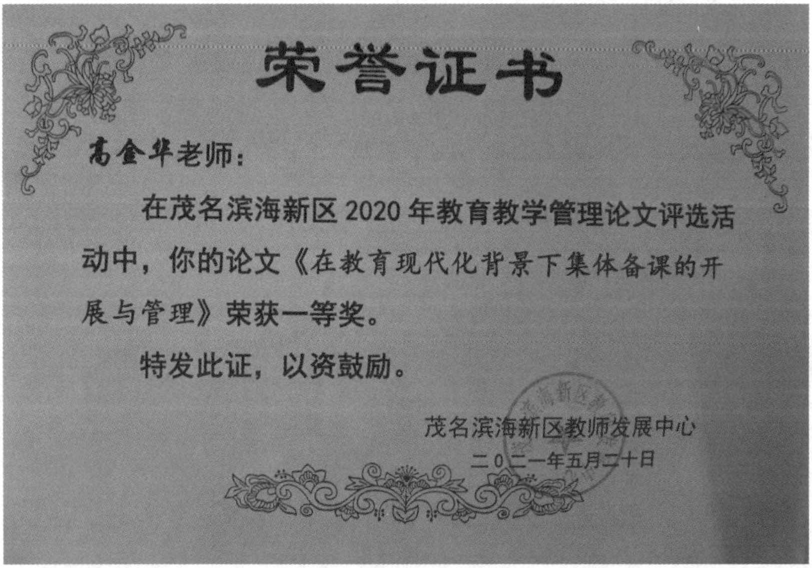

图17　荣誉证书（2）

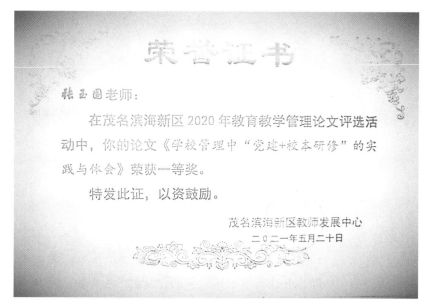

图18 荣誉证书（3）

校本研修正在路上，就没有停下来和回头望的理由，一个劲儿往前走，是庄山中学人的风格。我们将以更大的热情和动力，以茂名市校本研修示范学校和广东省信息技术2.0示范点为依托，做好下一阶段的研修工作，争取更多的教师不断成长。

参考文献：

[1] 苏战荣. 浅谈初中语文构建高效课堂的策略 [J]. 新课程，2019（8）.

[2] 张衡. 浅谈新课标下初中高效课堂的构建策略 [J]. 新课程，2016（7）.

[3] 蒋莉菁. 初中物理实验翻转课堂教学模式探究 [J]. 文理导航（中旬），2015（9）.

[4] 陈立. 初中教师开展有效教学的基本能力 [J]. 时代教育，2013（22）.

[5] 丁红. 初中物理实施有效课堂教学的初探 [J]. 新课程（教育学术），2010（10）.

[6] 代旭东. 初中物理八步课堂教学模式 [J]. 中学物理，1999（2）.

[7] 黄勇辉. 初中有效教学理论与实践研究 [D]. 赣州：赣南师范大学，2017.

[8] 周彤. 面向核心素养培养的初中"YPT教学"设计与实践 [D]. 西安：

陕西师范大学，2018.
[9] 秦文佩. 基于核心素养对初中教材的研究 [D]. 西安：陕西师范大学，2018.

附录 "人人学习有效课堂教学研究与实践"研究项目概述

一、问题提出的背景

我校是一所农村完全中学，学生来源主要是本镇农村小学，学生的学习习惯及知识基础存在着很明显的差异，在课堂教学中也存在着较普遍的"低效"课堂教学，特别是在常规班低效率的课堂教学更严重。究其原因主要有如下两点。

◆ 学生层面：在课堂上，有一些学生睡觉，还有一些在玩手机。尽管老师上课已经非常注意提醒学生不要睡觉，但是想要睡觉的学生仍然要睡。还有较多的学生在课堂上不知应该做什么，也不知老师在教什么，既听不明白老师所讲的知识，也做不了老师所提的问题和布置的练习，更参与不了课堂学习活动，傻乎乎地上了一节课，以致有些班级有些科目平均分才10多分，这是一个十分严峻的事实。究其原因有如下几点：一是学生学习兴趣不高。没有兴趣的驱动，在课堂上感到学习无味，无法参与到课堂学习中来。二是教学目标不切合学生学习实际。不考虑到学生学习的实际，教学目标使课堂教学偏离了课堂的主体，让学生无法接受和参与课堂学习。三是教学任务不切合学生学习实际。教师给学生所布置的学习任务，学生根本完成不了，让学生无法参与课堂学习。

◆ 教师层面：一是上课教师讲得太多，表现为教师一味不停地说，形成了"自问自答、自讲自听"的课堂模式，学生听多了就累了，不听你的了，因为老师你讲的跟他没关系，又不是他要做的，反正听与听都不会。二是因为教学目标以及学习任务偏离了学生的知识实际，学生完成不了。三是教学活动太过于单一，没有让学生可以参与的学习活动以及可以完成的学习任务，学生在课堂学习中很多时候都是望而生畏。

基于上述情况，课堂教学如何做到有效，如何做到人人学习，这就成了年级组所要思考的问题了。我们知道，单凭禁止和高压是行不通的。年级组经过反复讨论，多次跟部分老师座谈，针对课堂教学的实际情况，确定了在年级组里开展"人人学习有效课堂"的研究与实践。

二、"人人学习有效课堂"所倡导的理念

- ◆ 切合学情的教学目标。
- ◆ 学生能够学会的教学内容。
- ◆ 学生可以完成的学习任务。
- ◆ 学生乐于参与的教与学活动。
- ◆ 在兴趣的驱动下，有成功的激励，人人学习，人人进步。

三、研究的目标

◆ 更新教学理念：摒弃以往那种以完成教学任务为目标的思想，突出有效的理念。

◆ 准确定位学生：一是确定切合学生基础的教学目标。二是确定能够让学生可以完成的教学内容以及学生练习作业，对于普通班以及学困生，把简单作为关键。三是确定能够让学生易于接受的、乐于参与的教学活动。四是让学生在课堂学习得到激励。

◆ 精心设计教学过程：摒弃"自问自答、自讲自听"的教学方法，从最简单入手，把复杂的内容简单化，把学习内容融入有趣的、多样的教学活动之中。

◆ 实现学生学习方式的有效：在课堂教学中，基于学生学习差这个实情，一是对重点知识采用"读""抄""背"为根本的学习方式；二是把重点知识融入简单的练习之中，实现学生"一看就会做"；三是在兴趣的驱动下合作学习。

◆ 最终目标：实现教与学的高度融合，实现人人学习，人人进步。

四、研究的内容

◆ 研究如何准确地确定切合学生学情与能力发展的教学目标。把学生的知识基础、认知能力及习惯、兴趣与情感等方面都考虑到教学目标的确定之中。

◆ 研究如何准确地确定让学生能够完成的学习任务。对于成绩差的学

生来说，略为复杂一点的练习和问题，学生都完成不了，这样就是无效的学习。成绩差学生有个很明显的特点，就是在做练习时一眼看去能做的题就做，如果一看去不能做的题他是不做的。基于这个实际，在课堂上，教师要尽量多地给学生一眼看去就能做的练习题。通过一个比较长的时间的学习，学生就会有进步。因此，准确地确定让学生能够完成的学习任务，是一个看似简单其实却非常有难度的备课过程。

◆ 研究如何面对学生实施有效的教学过程。成绩差的学生学习存在困难，因此，在实施教学过程时，思考如下几点：一是把重点知识点标记出来，让学生读，在全班学生齐读的环境中，学生是不会睡觉的。二是把熟读的重点知识点抄写下来，最好作为作业抄下来，这样一般会使成绩有大幅提高，特别是历史地理等科目，效果会更明显。三是多做一些"一眼一看就能做"的练习题，让学生多一些"会做"，这样信心就来了，兴趣也就有了，更重要的是学生参与到了学习之中，实现了"人人学习"。四是多开展一些有趣的学习活动，如快速练习、小组比赛、情境游戏等活动，在培养注意力、兴趣等方面有重要的意义。

◆ 研究如何对普通班学生学习开展有效的检测。如果每次考试都是10多分或者稍多一点，长此以往，这些学生肯定是会放弃学习的。因此，备课组集体要进行研讨，准确地对普通班进行学习检测，并对检测效果进行分析，这也是一项重要的研究。

五、"人人学习有效课堂"教学模式

◆ 确定切合学生学情和能力发展的教学目标，在教学目标的指导下，确定能让学生可以学会的教学内容，突出简单的可以学会这个理念。

◆ 设计能让学生可以完成的学习任务，包括问题、练习和测试。掌握学生知识与能力基础，设定不同层次学生相应梯度的学习任务，突出学生可以完成这个理念。

◆ 设计让学生乐于参与的教与学活动，突出乐于参与这个理念。

◆ 在教学过程中，关注学生的学习情况，对积极参与的、完成学习表现好的学生及时给予激励表扬。突出"在兴趣的驱动下，有成功的激励，人人学习，人人进步"这个理念。

六、"人人学习有效课堂"操作策略

◆ 确定目标。确定切合学生知识基础和能力发展的学习目标。
◆ 确定重点。确定要求学生熟读、识记、背诵的重点知识和基本方法。
◆ 设计练习。把重点知识设计在简单的练习之中,达到成绩差学生"一看就能做"的要求。
◆ 设计教学活动。让教学活动给学生带来学习的乐趣,激发上进的信心。
◆ 师生对话。引导学生参与到课堂学习中来。
◆ 积极评价。重点做到即时激励评价。
◆ 课例展示。通过优秀课例展示的形式,把"人人学习有效课堂"教学研究进行提高和推广。

七、"人人学习有效课堂"基本环节

◆ 备课组集体备课。各个备课组开展集体备课,研讨如下几个问题:
(1) 充分学习教材。把握教材的教学目标、教学内容、教学思想以及各章节的教学设想。
(2) 研究分析每一个教学班学生的实际,给学生一个准确的定位,把学生定位在一个层次,并确定每一章节的教学目标。
(3) 确定每一章节各个知识点的重点内容,特别是与中考相关的题型、考查题目形式与要求。
(4) 研讨确定每一章节各个知识点的对应习题。
(5) 学习与"人人学习有效课堂"教学研究相关的学习材料。
◆ 研讨课教学实践。以备课组为研究小组,在备课组长的带领下,开展研讨课教学实践。分为两个阶段:一是年级组里开展研讨课教学活动,二是在初中部开展研讨课教学活动。具体是:①2016—2017学年度第二学期(初一年级)各个备课组开展8次以上研讨课,开展"人人学习有效课堂"教学实践,在研讨课中分析和总结。②2017—2018学年度第一学期(初二年级)各个备课组开展8次以上研讨课。
◆ 开展教学研讨活动周。分两个阶段:
一是2017—2018学年度第一学期(初二年级)第16、17周在初中部范围里开展"人人学习有效课堂"教学研讨活动周,共展示了11个研讨课例，得到听课领导和教师的高度评价，在初中部推广"人人学习有效课堂"教学。

二是在全区范围里开展教学研讨活动周，计划展示 5 节研讨课例，在全区推广"人人学习有效课堂"教学。

◆ 成果总结。以优秀课例与研究报告的形式总结成果。

八、"人人学习有效课堂"研究步骤

◆ 研究步骤。从 2016 年 10 月至今，《人人学习有效课堂教学研究与实践》已完成了三个阶段的研究与实践，整个研究步骤如下：

阶 段	时 间	研究内容	组 织	目 标
第一阶段	2016.9—2017.1	学习阶段	年级组	更新理念
第二阶段	2017.2—2017.6	公开课研讨	年级组	在实践中研讨探索
第三阶段	2017.9—2017.11	研讨课	教研室	在研讨课中总结
第四阶段	2017.12	研讨课展示	教研室	在初中部展示推广
第五阶段	2018.2—2018.6	研讨课展示	教研室	在全区展示推广
第六阶段	2018.7—2019.1	优秀课例、总结报告	教研室	成果展示

◆ 主要效果。

（1）教师教学理念得到有效更新。

（2）围绕"人人学习有效课堂"教学理念开展公开课研讨，做到主题鲜明。

（3）在上学期第 16、17 周举行"人人学习有效课堂"教学研讨活动周，展示了 11 节研讨课，向初中部推广了"人人学习有效课堂"的教学理念和方法。

《人人学习有效课堂教学研究与实践》研究项目工作小组
2018 年 4 月 18 日

聚焦"互联网+"背景下的小学教师个人研修成长

化州市橘洲小学　张华锋

摘要：互联网应用于小学教学中作为一种创造性的教育教学策略和教学手段备受关注，能够充分体现学科教学的本质要求以及价值，促进小学教师个人研修成长，丰富教学内涵以及教学形式，在吸引学生注意力的同时帮助教师更好地反思总结自己的教学。对此，本文以互联网为分析对象，了解互联网应用于小学教学的相关要求及策略，促进小学教师个人研修成长。

关键词：小学教学；互联网应用；个人研修成长

本文分析了互联网教学相对于传统课堂教学方式的优越性，并就如何利用互联网促进小学教师个人研修成长提出了几点教学建议，希望能为广大教育工作者提供一些启发。

一、"互联网+"背景下如何促进教师个人研修成长

（一）及时掌握学生学习情况，做出教学调整

教师要利用互联网打造动态性的教学课堂，通过互联网反映出的问题丰富教学经验。教师通过互联网的有效运用，成为小学教学课堂的辅助力量。小学教师要以互联网教学的形式来开展教学实践活动，降低学生的理解难度，调动学生的各个感官，弥补学生在想象力以及逻辑思维判断力上的不足，让学生在情境感知的过程之中对知识有一个深刻的理解，教师通过学生在互联网中的评论以及发言，可以实时掌握学生的学习情况，通过学生提出的问题，准备好解题教案，及时掌握学生的互联网反馈，促进教师的个人研修成长。在小学教学过程中，相对于传统的"黑白无声"课堂，

在互联网加持下的小学数学课堂，更加容易激发学生的学习主动性，及时反馈课程学习情况，通过互联网的反馈，助力教师更好地归纳总结。例如在数学教材"观察物体（一）"中，数学教师可以对他们原来的上课方式进行一些变化。在上课之前设计有图像的动态变化教学互联网，在老师的上课之前，让同学们观看互联网展示的某个平面图形或物体进行进一步的详细观察，将观看互联网后产生的疑问记录下来，上课时及时反馈给老手。这样做不仅可以帮助同学们学习新知识，还提升教师的课堂教学水平，促进教师的个人研修成长。

（二）提升学生与教师的互动性，丰富教师的教学经验

随着科技成果在教育领域的普及，互联网应用在课堂教学中已经成了常见现象。在小学教学课堂上教师要从心底里认可互联网的价值，并在教学实践中增加自身的互联网教学技巧。在传统课堂上，教师都是在课堂上滔滔不绝地讲授，学生在座位上一边理解一边做笔记，师生都忙得不可开交，很少能腾出时间来进行课堂互动，即便这样"拖堂"的现象也会时有发生。一定程度上来说教师变成了课堂内容的生产者，而并非解读者；学生变成了教师讲授内容的复制者，而非主动学习者。互联网的出现，能够很大程度上将教师解放出来，帮助教师通过互联网，迅速积累经验，让学生也能从"低头"向"抬头"转变。例如，在学习"一元一次不等式"的相关知识时，教师可以将提前准备好的互联网资料发给学生们观看，让学生先有个大体的了解。第二天教师打开投影，将相关题干投影出来的时候，学生们就不用再花时间阅读理解题干的要求了，而是能直接进入解题过程中。教师也能省去板书的时间，直接为学生讲解知识点，提高教学质量，促进教师个人研修成长。

（三）帮助教学目标的高效实现

将学生的发展作为教育教学的根本目的，尊重学生的主体性，对建设高效课堂来说是十分必要的。教师要积极利用网络教学设备，了解最新出题角度，通过较为典型的例题能够让学生做到举一反三。在利用互联网的时候，教师就可以为学生们链接一些测试题，让学生们见识到更多的题型，逐渐告别"一听就懂，一做就废"的情况。例如，在学习"多边形的面积"相关的知识时，传统课堂中教师是无法进行边数较多图形的展示，但是经由互联网，教师可以提前下载好小程序，在课上通过多媒体设备为学生们实现即时演示多边形，这就有利于教学目标的高效实现。

二、利用互联网分类梳理，助力归纳总结

互联网融入小学教学之中具有重要意义，教师把握小学数学教育手段的特点，把使用互联网的时间限制在 10 分钟以内解决一个问题，这样互联网资源的名称设置可以直接以问题的名称命名，归纳总结教学知识点，带领学生认真分析所学习内容，更好地领略到知识学习的价值和实际内容。在小学教学中，教师在教学过程要充分利用互联网，将碎片化的知识点归纳总结成 10 分钟的精华，通过比较恰当的互联网展示激发学生的学习兴趣，从而积极推动小学课堂教学的自主进行。我们知道，小学学习过程中，概念是比较重要的知识点，一般情况下，讲解某个知识点时，教师都会充分利用互联网进行贴近生活的小学教学教案准备，从概念切入，再慢慢引入实际需要解决的问题。教师可以在互联网设计这个阶段进行归纳总结，充分锻炼自己的专业技能，促进自身的个人研修成长。小学教师还要以更加新颖的角度去设计互联网课件，设计与学生日常的学习和生活息息相关的问题，能够让学生在学习的过程中感受到知识的应用范围和价值，从而更好地培养学生的学习兴趣，为下一步学习思想的渗透打好基础。

三、利用互联网充实扩展，做好自身研修

在传统小学教学课堂上，教师在设定教学内容目标的时候往往只能根据教材和教辅材料来定夺，反映到学生身上就是教师课上讲的题目都听懂了，但是自己做题的时候就又不会了。这说明学生对知识点的理解仅仅停留在掌握了概念这种较浅的层次上，教师在教学内容和教学目标之间的引导存在着断层。教师在利用课件教学的时候，要注重引导学生自主学习，利用互联网充实扩展，让学生在学习中形成学科思维，提高创新能力。所以在使用互联网进行教学的时候，教师一定要融入自己的想法，不能一味地复制粘贴，变相地将课本移动到互联网上。例如在学习"生活中的图形"相关的知识时，第一步可以先借助视频播放各大行星围绕地球运动的情况等一些有关图形的形象例子，让学生们对图形的定义有一个直观的了解；第二步，教师打开图形的标准课件，让学生观察图形的变化情况；第三步，教师带领学生们将图形的面积公式推导出来。在这一学习过程中，学生的注意力很容易一开始就被课前的天体运行视频所吸引，从而对接下来的课堂内容充满兴趣。在传统的数学课堂上，学生想要看到图形，只能通过教

师画图来解决，但是在互联网设备的加持下就能瞬间看到了。这就要求教师要在设计互联网课件的时候，从学生的实际需求出发，以创新的角度和思路来帮学生们打造更加多彩的数学课堂，通过互联网的扩展，增强教师的教学系统性。另外，要让互联网的动画播放功能大放异彩。在知识体系中，相对抽象的知识内容占据了小部分数学内容，给学生们的学习带来了不小的阻碍。而相较于传统课堂上的"黑板 + 粉笔"，互联网课件具有"动"的能力，通过互联网课件的动画播放能力，能够很好地将数学函数参数的变化与其对应的图像变化展示出来，帮助学生以更加直观、动态的方式，去吃透知识，总结规律，教师也能更好地提升自己的专业能力。

四、结束语

在小学教学总结的过程之中融入互联网尤为关键，我们要不断创新小学教学模式，并且使之进课堂，这才是教学改革发展的必经之路，教师要拿出足够热情去学习新的授课方式，强化自身专业技能，促进自身个人研修成长，才能让学生高效深刻地学习知识。总而言之，多媒体教学也好，其他网络化教学模式也罢，其本质永远是教学工具。教师才是教学的主体，在互联网的运用下，我们要充分锻炼自身的教学技能，搞好我们的教学，促进教师个人研修成长。

参考文献：

［1］王琰琰. 互联网在小学数学图形与几何知识教学中的应用分析［J］. 考试周刊，2018（72）.

［2］赵利. 小学数学互联网及其翻转课堂教学应用与实践的探讨［J］. 信息记录材料，2018（5）.

［3］冯雪峰. 基于互联网的翻转课堂在小学教学中的应用［J］. 教育实践与研究，2016（10）.

利用微课，促进农村小学数学教师专业成长

——农村小学数学教师专业成长典型案例材料

高州市长坡镇长坡中心学校　陈艳文

随着教学改革的不断深化，"微时代"的不断发展，"微课"作为现代化教学手段，以异常绚丽的姿态登上了教学舞台，随即在教师群体中引起一股旋风。当微课走进农村小学数学教师当中时，立即革新了数学教师们的教学理念，拓宽了教师们的教学方法，还提升了教师们的反思能力。

一、案例背景与问题

近年来，随着我市各镇教育创强事业的深入完善，大部分农村小学环境发生了翻天覆地的变化，大大改善了学校的校容校貌，增添了许多设备设施，如多功能电教室、电子白板等先进的教育设备，学校的发展受到学生、家长和社会各界的广泛关注。但要实现学校可持续发展，提升学校品位，学校首先要提高教师的专业水平和专业发展的能力，以此来优化教师队伍，促进教学质量的提高。

乡镇小学，通常以镇中心学校为中心，各面上小学分散在全镇各个角落。各小学的老师教学任务繁重，学生学习情况各不相同。如果经常集中各老师到中心学校学习研讨，不仅徒增学校和老师们的负担，还担心老师们在路上的安全。因此，目前镇内常用的以听课、研课为主的教研活动，不能从根本上解决教师们在教学中遇到的教学问题，如：这课时如何导入？这课时的教学重难点如何突破？这课时的有哪些细节自己没有注意到的？

随着教学改革的不断深化，"微时代"的不断发展，"微课"作为现代化教学手段，以异常绚丽的姿态登上了教学舞台，随即在教师群体中引起一股旋风。微时代之前，教师们在网络寻找的教学资源，通常是"大课"，课程的录像都是在40分钟左右，想吸收优秀教师的精华之处，往往要从头

到尾看一遍、两遍……花费时间多且观看的内容杂，不知道哪一部分是能用上的，搜索工程很庞大。进入微时代，微课则能很好地解决这一问题。它短小精悍，一个重点、一项活动，只需短短的几分钟的观看便可以吸收他人最先进的教学理念、教学经验、教学方法等。于是，当我镇利用微课促进农村小学数学教师专业成长时，立即革新了我镇数学教师们的教学理念，丰富了教师们的教学经验，拓宽了教师们的教学方法，提升了教师们的反思能力。

二、实施方法与策略

（一）多措施促成长

1. 明目标，抓落实

教师不仅是专业发展的对象，更是自身专业发展的主人。营造增强教师进行微课制作运用的自主意识，利用微课的制作学习和运用，为各教师授课增加多样的教学方法和教学手段。通过各小学强化管理，扩大教师参与面，把微课的利用落到实处。

2. 结对子，共提升

因我镇数学老师的年龄两极分化较大，年长的老师信息技术的使用较薄弱，而年轻的老师在教学方法上需要提高。于是，我们将全镇的老师先在本校结"师徒"，再与中心学校的一位老师结"对子"。由中心学校的老师负责带领，确保"师徒"均出成效，共同提升。

3. 建模式，促教改

根据课程的特点及教师的个人能力，以各校教研组为基本单位，利用微课进行适合各课程特点的教研教改活动，探索适合各课程特点的切实可行的教学模式，最终形成了具有特色的教学模式。

（二）多平台促发展

1. 学习培训

通过派本镇省骨干培养对象陈艳文和青年名师梁文聪外出培训学习，把先进的微课制作方法带回镇内，对全镇老师进行培训。同时要求全镇数学教师在每年的教师网络培训选课课程中，着重选修有关微课的制作课程等。在培训选择上注重实效，突出改革创新，把新理念、新教法、新手段融入培训当中。通过一系列的培训，不仅提高了教师的专业理论教学水平，而且提升了专业实操技能。

2. 教研交流

除了各学校数学教研组组群和"师徒"之间组群在群内交流外，全镇数学老师每学期均会在中心学校进行6次以上面对面的教研交流。把全镇分为东西南北片进行教研，并进行评优，促进了同伴间深层次的互动，活跃了教研气氛，提高了教研能力，从而提高了各教师的专业水平。

3. 参赛评优

为了促进各教师的专业成长，学校鼓励教师参加各项微课大赛、论文比赛和课堂比赛。根据各级教育局的比赛要求，组织学校团队，深入研究比赛内容，讨论对策，交流探讨方案。通过参加各种比赛，促进了许多教师从"新手"向"能手"的成长转变。许多青年教师茁壮成长，脱颖而出，涌现出一大批教学骨干和优秀教师。

三、成果与展望

（一）微课的制作与参评

制作微课就是一个微研究的过程，激励并鼓励着我校老师们进一步学习现代信息科学技术以及新的教学手段。微课制作是一个教学反思的过程，在不断地教学反思中，促进我校教师成长。微课更是教学知识积累、共享和交流的最好的形式之一，本校教师在教学中把发现问题、分析问题、解决问题的过程制成微课，解决教师身边最关心、最棘手的问题，既促进了教师个人专业发展，也大大提高了教学的效果。

通过近年来微课的学习与研究，我校教师在微课制作中取得一定的成绩。两人制作的微课获第三届全国中小学优秀微课征集活动三等奖，5人获2017年首届茂名微赛大赛活动二、三等奖。9人获得茂名市第三届微赛大赛活动二、三等奖。1人在首届"京师杯"全国中小幼教师数字化教学能力展示活动中，荣获广东省小学数学微课视频类作品三等奖。在论文总结中也取得一定的成绩，多人获得高州市小学数学优秀论文评比一等奖、二等奖、三等奖。除此之外。还有其他课题组成员平时日积月累的经验做成的微课集。

（二）教学模式的形成

1. 模式一：课前预习使用

德国教育家斯普朗格所说："教育的最终目的不是传授已有的东西，而是要把人的创造力量诱导出来，将生命感、价值感唤醒。"

在课前的预习阶段，学生初次接触新知识，他们肯定会对数学教材中的知识点有很多疑问，也不知道如何去把握哪些是学习的重点。鉴于此，课前的微课，让学生先观看视频，将学生唤醒，教师可以在微课中详细讲解，用微课代替阅读书本式的预习，帮助学生将错误的解题思路消灭在萌芽状态当中。

例如，二年级上册第二单元"购物"的"买文具"这节课，既要让学生辨认人民币，还要运用书本附页中的样币剪下来动手操作换钱、付钱的游戏。如果课堂上要让学生动手摆一摆分类，或者小组之间交流辨认方法，会花费很长时间。有些老师把握不好这一环节的时间，本节课的难点，人民币的对换便用时不多了。所以，我们备课组决定通过微课介绍人民币。在认识小面额的人民币时，学生对于人民币的认识并不是一张白纸，在课前的微课中，结合教材里的情境图唤起学生的购物经验，先认识小额人民币有哪些，再介绍以元、角、分为单位的人民币都有哪些，同时介绍辨认方法，如读人民币上的面额、汉字和图案等，使学生能准确、迅速地辨认各种小额人民币。在学生认识了小额人民币的基础上，再对人民币进行分类。这样为学生学习新知、掌握基本的数学知识扫清障碍。通过课前的微课，就用很短的时间对此有了比较深刻的认识，为小额人民币之间的兑换留下了很多时间。不仅可以提高学生的学习效率，提升学生的自主学习的能力，而且让每个学生在课堂上都得到不同程度的发展与提高。

2. 模式二：课中讲述性比较强的知识点时使用

讲述性比较强的知识点主要指概念性、定理定律等知识点。例如，四年级"角的度量"这一节课。陈艳文老师预习时不让学生观看微信，而是让学生提出预习中遇到的问题。课中，她首先让学生把预习到本节课的学习重点汇报交流。然后，播放《量角与画角》微课，让学生在观看微课过程中学习老师教学画角与量角的方法。短短几分钟的知识获取，部分同学既能学会量角与画角，也从量角器的使用过程中明白为什么量角器上有两列数学等问题。接下来的时间便交给学生，通过学生自己尝试、小组交流，会的同学教不会的同学。在小组讨论的过程中，教师进行巡视指导。课堂中，学生参与度大大提升，不再只是个别同学进行发言交流，覆盖面比较广，能使多数同学积极主动地参与到讨论学习中，积极调动了学生学习的主动性。小组交流后，再由学生到讲台上来当"小老师"，将小组内的交流结果展现给全班同学听。在这个汇报交流中，既提高了学生的学习兴趣，又锻炼了孩子的口语表达能力，增强了孩子的学习信心。汇报后仍然是由学生进行总结提升，答疑解惑。整个过程多数环节是由学生参与完成的，真正地将课堂还给学生，教师只是引导者。

此模式曾在高州市送课下乡时，本课题组成员李小虹老师与高州市一小老师同台同课异构展示过，李小虹老师的课中微课插入模式教学方法得到教研室教研员与同行教师们的一致认可。邓燕云老师和李小虹老师的教学案例分别取得高州市优秀课例一、二等奖。

四、体会与思考

（一）体会

1. 领导重视是根本

学校领导班子加大师资建设力度，多方面寻找机会进行培训和外出学习。

2. 措施有力是关键

"引进、培训、激励"中心校与面上学校师徒结对子形式成效显著，提高了教师的参与面和投入积极性。

（二）思考

（1）本校留守儿童较多，六年级住宿的学生也较多，他们在课后观看微课不方便便成了一道难题。

（2）部分年纪大一点的老师对于微课教学仍是处于观望态度，未能积极参与。

（3）学校教学任务繁重，时间和精力有限。录制一节满意的微课，需要静心思考、精心设计、耐心录制，因此新授课微课的录制数量不多。

五、经验与展望

（1）多和专家交流，加强学习。

（2）继续研读教材、深挖教材，结合小学数学特点，录制微视频，提升学生课堂学习效率。及时上传资料和研究成果；

（3）加强教学案例研究和学习。将录制的视频应用于课堂教学，通过实践，积累案例经验。课题小组成员积极、及时进行反思总结，不断改进。

巧用信息技术，助推教师专业成长

茂名市第一中学　钟晓芳

摘要：信息技术进入2.0时代，作为一名新时代的教师，主动学习信息技术，适应信息化、人工智能等新技术变革，助推教师专业成长，有效开展教育教学，势在必行。

关键词：101教育PPT；助推；专业成长

一、背景与问题

信息技术进入2.0时代，信息技术应用能力是新时代高素质教师的核心素养。2019年教育部发布《关于实施全国中小学教师信息技术能力提升工程2.0的意见》，对教师信息技术应用能力提出了新要求，指明新方向，当代教师应当适应时代发展的需要，学习并提升在实际教学中合理使用信息技术的能力。[1]作为一名新时代的教师，主动学习信息技术，适应信息化、人工智能等新技术变革，助推教师专业成长，有效开展教育教学，势在必行。

现在很多学校教室都配有电脑一台、白板一块、投影仪一台、音响一套，基本可以实现混合式教学。但是不是有了多媒体，就可以改变"一支粉笔、一块黑板和一张嘴"的传统课堂单一的教学模式。多媒体教学主要共享互联网丰富的海量网络资源，要让多媒体教学同先进的教学平台，如比较常见101教育PPT、希沃白板、茂名人人通、粤教翔云·广东省教育资源公共服务平台、国家中小学网络等达成共享，与学生形成有效的互动，才能形成一个完整的多媒体教学系统，形成高效课堂。

多媒体只是教学的一种辅助手段，若要运用信息技术，助推教师个人专业提升，进行课堂改革，全面促进信息技术与教育教学融合创新发展，关键还是在于教师本身。

信息技术能力提升工程2.0强调，教育信息化2.0时代的教师必须进行六种转变：一是教育理念要从教师为中心或教师主导"以学生为中心"转变，二是教育基本模式要从依据经验的教学向依据数据的教学转变，三是教学目标要从完成课标任务向基于课标促进学生最大化发展转变，四是教学内容要从预设固定的教学内容向基于弹性设计、动态生成转变，五是教学评价要从依据印象的绩效评价向依据数据分析的发展性评价转变，六是训练作业要从批量的训练与作业向精准训练、弹性作业转变。

这一系列转变的核心都在于教师本身，需要一线教师实现观念的深度改革，从"行"转走到"心"转，由主观认识落实到具体行动。

二、方法与策略

对于如何巧用信息技术，助推教师专业发展，笔者依托信息技术2.0意见，结合自身实践提出以下建议。

（1）"先吃后尝"策略。[2]对自己比较熟悉信息技术，可采用"先吃后尝"的转型策略。"吃"是指"行动"，"尝"是指"提高认识、观念转型"。如一线教师普遍熟悉PPT，可以继续强化制作和美化PPT的能力，依托101教育PPT和希沃白板平台中的海量信息和强大的互动功能，对学科知识进行整合和实现课堂上与学生有效互动，改变传统教学单一的教学模式，提升课堂效率。提升自己的专业发展，力争上示范课、优质课，在行动中体验，在体验中提升认识。

（2）"边吃边尝"策略。对教学中比较迫切需要、实操性相对容易的信息技术，可采取"边吃边尝"的转型策略。如问卷星、讯飞输入法和UMU等，便于课前收集学情进行调查评估和课后评价，可以先根据小程序的提示尝试去使用，在使用中再进一步优化，逐步改进，直至熟练操作。

（3）"先尝后吃"策略。对熟悉程度一般、实操难度比较大的信息技术，采用"先尝后吃"的转型策略。比如运用喀秋莎录屏软件来制作微课。可以借助网络或者学校信息技术高手的力量，跟着他们先学一遍，给自己一个简单的任务，试着去操作。在操作中进行尝试性的改进，在尝试探索中慢慢去摸索。并尝试自己录制微课给学生课前课后学习，进行翻转课堂，在跟学生分享和同伴的交流中不断改进，提升认识，不断加大行动力度。

（4）"线上线下通吃"策略。信息技术实操性特别强，但打造"技术创新课堂"还得以学科的专业知识为主。需要在线上学习探索的同时，线下组建"骨干引领、学科联动、团队互助、整体提升"的研修共同体，围绕学科课程标准、专业教学标准，以问题为导向，以专题研修为抓手，推进相关教学设备和学科软件应用,开展教学案例研讨、课堂实录分析等信息化教学校本研修。

三、实践案例分享

2021年4月28日,广东省教育研究院"走进粤东西北(茂名)教研帮扶"活动走进我校,我代表语文科组与来自中山华侨中学的骨干老师吴丹上了一节以《与妻书》读写接力课。(见图1)

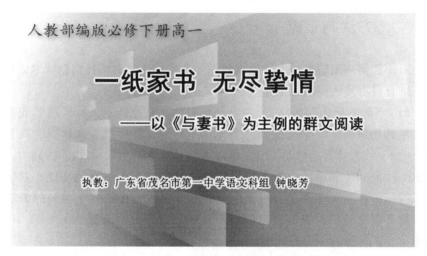

图1 《与妻书》读写接力课

《与妻书》是统编版语文教材第五单元的一篇选读课文,授课对象主要是高一年级的学生。为了突破重难点,本节课设置三个活动,采用多技术融合的教学模式,依托101教育PPT平台,运用计时器、图片快传、词云图等信息技术来辅助教学。具体如下。

(一)课前安排一分钟小游戏

活跃气氛,激发内驱力,为课堂的展示做好充分的思想准备,如图2所示。(计时器)

图2 一分钟小游戏

(二)教学设计的三个活动

第一个活动:说林觉民舍小家为大家。

(1)快速跳读课文,梳理出"吾至爱汝"和"使吾勇于就死"的文本依据,填表,如图3所示。(出示题目、拍照上传和广播推送)

图3 梳理文本依据

(2)细细品读,小组代表展示交流发现。

第二个活动：说革命烈士的家国情怀。

（1）比较阅读群文，梳理出革命烈士"对家人的深情"和"国家大爱"的文本依据，填表。（出示题目、拍照上传和广播推送）

（2）细细品读，小组代表展示交流发现。

第三个活动：用词云图汇总家国情怀。

（1）用词云图汇总家国情怀，如图4所示。（词云图）

图4　用词云图汇总家国情怀

（2）探究革命烈士舍己为天下的文化人格背后的精神渊源，联系当今时代英雄事迹，树大志、担使命、展宏图。（见图5）

图5　为学生讲述英雄事迹

（3）课堂学习主要采用小组合作探究的模式：搭建学习支架，设计学习量表—小组讨论—动手填表—展示分享—评价总结的教学策略。

这节课例使用混合教学的环境，101教育PPT中计时器的使用，活跃了课堂气氛，激发了学生挑战自己，高效完成任务的意愿；词云图的呈现，让大家眼前一亮，很好地帮助学生快速把握情感关键词，感受革命先烈丰富的情怀；图片快传功能，秒传学生现场生成的作品，达成了学生作品实时共享、对比点评明晰重难点的教学效果。

四、经验与展望

这节融合信息技术2.0的课例，依托101教育PPT平台，运用计时器、图片快传、词云图等信息技术来辅助教学，作为2021年广东省教育研究院"走进粤东西北（茂名）帮扶教研"活动的一节接力课，高效地展示了新课标下群文阅读的读写结合的教学过程，得到了前来观摩的茂名市四县一区及市直各高中语文骨干老师们的一致好评，特别是省教研员吴晓军的高度赞赏，呼吁大家在以后的教研中，可以以此为典范，多开展接力课。

这节以"一纸书信，无尽挚情——以《与妻书》为主例的群文阅读"为题的课例，作为接力课的第一课时，如何在这节课中真正使学生足够的信息，方便学生在第二节上顺利写作呢？对于一节接力课来说，无论是教师的教学设计，还是学生的学习习惯都是一种挑战。我在备课时贴合学生已有的能力，在学评、教中抽丝剥茧引导学生通过对比，从方案中每一部分的合理性去思考，综合分析不断优化，整合出最佳方案。

从课堂实践来看，这一设计是比较好的。广东省的教研员吴晓军评价说，我们两位上课老师相隔千里，却心有灵犀，在课堂上实现了无痕链接，两节课合为一体。学生在作品展示与互评的活动中，通过我的引领，实实在在地交流学习，很好地实现小组交流合作，突破重难点，传承家国情怀的目的，为第二节读写课做好了充分的准备。

需要改进的是，时间分配更合理一些，让学生在最后进行一项学习评价，借助学习评价量表来对小组合作进行评价，方便改进以后的学习。充分运用大数据技术[3]为精准教学把脉，方便其从可视化图表中发现隐藏的教与学问题，及时做出决策干预，为学生推送合适的学习资源，补短板、扬优势。

未来已来，作为新时代教师，唯有紧跟时代步伐，以"互联网＋教育"为核心，立足与用好现有的教育教学资源，充分利用移动终端及其应用

App，熟练掌握相关技术贯穿教育教学全过程，教育教学全部环节信息化，方能与时代共舞！

参考文献：

［1］曹国华.小学教师信息化教学能力提升的校本实践研究［J］.教育传播与技术，2020（3）.

［2］韩立福.教师观念应从"形转"到"心转"［J］.基础教育论坛，2012（29）.

［3］吴晓如，刘邦奇，袁婷婷.新一代智慧课堂：概念、平台及体系架构［J］.中国电化教育，2019（3）.

基于2.0提升工程如何有效开展小学英语教师混合式校本研修活动

茂名市电白区第一小学　崔雯婷

摘要：以《基础教育课程改革纲要（试行）》的精神为核心以教育部关于《信息化2.0行动计划》为指导，以我校开展2.0信息技术提升工程到2022年构建以校为本、着眼全局、应用驱动、注重创新、精准测评的多技术融合提升机制，以学科《课程标准》为依据，以"提高教师信息化教师能力，助力学校教学创新"为目标，立足"整校推进"，建立"骨干引领、教师互助、学校指导"的研修共同体，以学生为本，以教师为本，以学校为本，通过线上、线下、单双周英语业务学习等多种混合式的研修、教研、科研，结合国内外混合式学习研究现状，探索一条有英语特色的"基于课堂、重在创新"的信息技术应用模式，建设一支具有现代教育理念、掌握基础教育课程改革的新要求、有效实施教育教学的英语教师团队。

关键词：2.0提升工程；小学英语教师；混合式校本研修

一、国内外混合式学习研究现状

混合学习教学模式是当前最热的教育改革和教育创新话题之一。"混合式学习"一词来源于英语中的"Blended Learning"，国内学者将其译为"融合型学习""混合式学习"等。混合式学习的研究是伴随着 E-Learning 的发展而逐步发展起来的，2002 年，印度 NIIT 公司发表的《混合式学习白皮书》首次提出"混合式学习"概念，并把混合式学习定义为面对面学习、实时的 E-learning 和自定步调学习相结合的学习方式。2000 年，在《美国教育技术白皮书》中第一次提出混合教学的概念。近年来，美国的在线教育发展迅猛，而且纯在线学习已经逐步向混合式学习转变。这在一定程度上反映出混合式教学的效果。当前，国外对于混合式教学的研究集中在以下几个主题上：在线学习平台、社交网络、移动设备、移动学习。而在国内，2003 年，华东师范大学的祝智庭教授在《远程教育中的混合学习》中首次介绍了 Blended Learning 的概念；同年，何克抗教授在全球华人计算机教育应用第七届大会上也提出了 Blended Learning 的理念，他积极倡导将混合式教学引入课程教学中。2004 年，李克东教授完成了《混合学习——信息技术与课程整合的有效途径》的报告，创造性地提出了混合式教学的 8 个步骤，对混合式教学进行了深层次的论述。无疑，混合式研修已经成为教师培训重要的培训方式，它打破了传统的集中面授培训，或者单一的线上网络面授培训。

我校英语科组则在是在信息技术支持下采用"网络课程学习"＋"集中面授"＋"网络互动研修"＋"BIER 模式校本研修"的混合式培训模式，建构"培训研修一体化、线上线下一体化"的立体式培训结构，实现了培训、教研活动的平台化、一体化，打造研训学习共同体，建设一支具有现代教育理念，掌握基础教育课程改革的新要求，有效实施教育教学的英语教师团队。

二、我校基于 2.0 信息提升工程探讨混合式研修活动

（一）线上＋线下网络培训探讨

我校选择的多技术融合应用模式，从我校实际情况出发，确定我校教师校本研修的方式，采用学校整体研修＋学科研修方式。因此我校英语学科研修专题为"运用多媒体技术优化英语课堂教学"，目标是基于英语科组刚通过立项的市级课题"恰当使用多媒体优化小学英语课堂教学的研究"，根据多技术融合环境中师生使用平台，如茂名人人通平台、口语易平台、粤教翔云数字教材、中国微课网以及利用相关的教学微课，帮助学生突破学习过程中的薄弱点和易错点，帮助教师及时调整教学，优化教学策略。关键能力为其一整合学校、家庭、社会等多方资源，拓展学生学习空间；其二为学生开展合作学习、过程记录提供交流和协作的工具或平台；其三提升学生利用网络资源和技术工具开展学习的能力。表 1 是我校英语科组信息技术提升工程 2.0 的研修计划。

表1　我校英语科组信息技术提升工程2.0的研修计划

研修目标	以提升课堂教学为目标，全方位开展教师2.0信息技术工程提升，实现教师2.0信息技术应用能力全面升级，并形成2.0信息技术特色学科、特色课堂和教师信息技术应用能力提升2.0课堂教学模式		
阶段主题	拟解决的问题	活动设计（基本内容与流程设置）	预期成果
教学设计	如何优化教学模式	课后能结合自身教学实践经验进行深入的反思及拓展性学习。开展课例研磨活动，组内总结交流	课例、微课、课件
学法指导	如何利用信息技术支持学生创造性学习与表达，让学生的表达更生活化	教学案例学习，教师发表感想	提高学生口语表达能力
多技术环境下教学模式创新	如何使英语学科如何与信息技术应用能力2.0有效结合	1. 利用现代化教学手段，监测学生的学习情况；2. 恰当使用智慧教学环境的硬件资源	创新课堂展示
研修成果	实现教师2.0信息技术应用能力全面升级，并形成2.0信息技术特色学科、特色课堂和教师信息技术应用能力提升2.0课堂教学模式		

有了信息技术为依托，全体英语教师在2021年6月30日完成了网络研修+校本研修的课程，老师们能够根据实际教学需要利用白板软件或演示文稿软件设计出美观，实用的教学课件；能够独立设计开发适用于本学科教学的各类微课视频，并为这些微课配备必要的辅助学习资源；能够根据课程教学的实际需要，利用合适的信息技术组织探究性学科，小组合作式学习；能够熟练地利用在线教学工具指导学生在寒暑假期间较好地完成远程学习任务；通过"设计—实践—反思—再实践"活动提高自身素质，合理选择与使用技术资源，提高信息技术能力，优化英语课堂。

（二）开展单双周业务学习

我校英语教研活动分单、双周进行。单周大组业务学习，双周小组（备课组）学习。每当开学前两周，我们的教研组就根据市、区教育局下达的教学工作指示精神，以及结合本校的英语教学需要，拟订好本学期的教研活动计划，在每周四的教研活动中我们按计划开展教研活动。为了避免教研形式单一，在实践中，我们主要采取了以下几种教研形式：理论学习、观看优秀课例后评课、相互听评课、同课异构、专题讲座、论文交流、分享教学经验、课改沙龙、教学反思等。其次，同伴互助是校本教研的标志和灵魂。根据我校教学常规，我校每年都开展一次互听互评活动，要求我们备课组教师之间要加强专业切磋、加强协调和合作，共同分享，互相学习，共同成长。课后我们一般采取沙龙的形式评课，老师们各抒己见。除此之外，开展校际教学联谊活动，更是大大促进老师们的专业成长。学校开展了"牵手名校"活动，与珠海香洲二小结成教学联谊单位（为我校教师特别是青年教师的成长开辟了新的平台和通道）。我们还注重与区内外的学校进行教学联谊，多次组织互听互访活动。2021年4月27日，我校杨雪芬、黄燕娟老师到马踏镇石鼓湾小学进行帮扶结对活动。她们精彩的课例和讲座深深吸引了在场的听课老师。

（三）利用微课培训促进教师专业发展

2020年年初，突如其来的新冠肺炎疫情影响了春季学期的正常开学。我校根据上级教育主管部门关于做好疫情防控及线上教育工作的要求，开展了线上教育教学工作，推出一大批高质量的微课，深受学生欢迎，受到家长称赞。返校复学后，为了有效做好线上线下教学衔接工作，我们仍将继续使用原有的多种线上教学平台，并创新推出"电白一小微课空间"，为同学们的学习提供更多的支持和帮助。本次微课空间首推的是电白一小五年级英语科组长蔡桂娥老师的微课。本节微课是外研版五年级下册 Module 5 Unit 1 内容的延伸，本课采用了创设情境、思维导图等形式，进行语篇的输出，让学生学会如何描述自己的书包等物品，达到综合运用语言的目的，从而掌握写作的技巧，真正做到学以致用。在英语双周大组业务学习时间，我们邀请蔡桂娥老师为全体英语老师讲授如何制作微课，接着利用微课教学的理论，即是在平时的集体备课中，将教师按年级分成组，将所授课题按小组分工，小组成员各完成一部分，小组合作共同完成讲授课题。具体的实操如下：首先在每学期初制定的教研计划中，积极探讨和创建各年级组校本教研课题。因此，三年级构建自然拼读校本教研体系、四年级课前预习卡（导学案）的运用、五年级绘本阅读的策略研究、六年级加强各方面的复习计划。组员之间密切合作，充分讨论，共同制定好实施计划，然后分工合作，谁负责制作课件、谁负责讲稿、谁负责展示，力求做到每一个人都有事做。在学期中的大组业务学习时间，每个年级推选一个人将这个微课展示出来。在展示过程中，每一位都赋予了多重身份：倾听者、参与者、观察者、思考者。这是第一次的微课展示，也许在实施教学过程中还有疑惑，每个小组遇到的困惑都可以统统探讨。在期末最后的业务学习中，将进行第二次微课展示，这次的展示将会是各年级老师对课题的最终汇报。通过微课教学法这种教研活动，可以充分发挥集体的智慧和力量，不但培养了我们的创新思维、合作的团队精神，也训练了我们在实际教学中的能力，使得教师的团队意识更强，教学效率更高；使用微课教学法，能够改进学校教研活动模式，可以促进教师个人专业成长。

（四）BIER模式培训探讨

处于新课改的背景下，小学英语教育教学必须要选择更加有效的教学模式。我校英语教研组长崔雯婷老师在研究的课题"核心素养下小学英语阅读教学模式的实验研究"结题报告中探索出一条适合中高年级学生的课堂阅读教学模式BIER阅读法。在此基础上，通过借用信息技术各种手段与上述混合式校本研修，对BIER模式培训模式进行探讨。BIER，是指在培训活动中融入头脑风暴（brainstorm）、知识内化（internalize）、知识外化（externalize）、汇报展示（report）等环节，由此形成新的学习格局和环境，以引领教师自身专业发展。各个培训环节之间相互关联，形成整体，继而驱动信息技术与混合式校本研修的最新融合构建。

头脑风暴：该环节的主要目的是激活老师们的过往经历，熟悉相关话题。例如在讲授核心素养—思维品质这一维度，教研组长会利用课件、视频、举例，或者提出问题一起探讨何为思维。在这一环节中，老师们需要开门见山，各抒己见。知识内化：该环节的主要目的是聚焦实际教学，介绍有效的教学方法、教学理念。教师们主要纪录相关笔记，在脑海不停思考自己的教学是否与之符合。知识外化：该环节的主要目的是将所学方法运用于具体的教学实践中。该环节以年级为单位，通过互听互评方式，将自己的所感所悟运用在课堂中，其他组员进行观察评课，上课老师进行课后反思，这个过程可以在小组业务学习时间进行。汇报展示：该环节以美篇形式纪录每个年级老师上课情况，在大组业务学习教研组长则对各个组员上课情况进行简单的汇报，各组员也作简短的总结以及提出以后的教学方向。教研组长在进行总结和提升。"BIER培训模式"能让培训者参与、亲身体验和互动，在培训中通过思考和练习习得新的方法和理念。

混合式培训模式下的校本研修是综合考虑研修知识目标分类、研修内容特点、线上线下学习优劣等因素，以信息技术2.0提升工程为依托，将线上线下的学习任务进行分层的同时，实现学习任务的有机整合。以年级为单位，通过混合式校本研修的方式培养教研的意识与习惯，从而促进教师自身专业发展，形成常态化的校本研修氛围。如果条件允许，希望学校可以邀请专家和教研员参加现场教学实践，通过现场诊断、交流研讨、案例分析等方式，切实帮助教师解决实际教学中存在的问题与困惑。通过网络研讨与案例观摩对教学实践进行评价，从而起到促进教学实践效果的作用。

参考文献：

［1］罗秀.中小学教师混合式培训的理念和实施策略［J］.中小学教师培训，2015（9）：23－26.

［2］郭浩.微课英语教学进行校本教研对教师专业成长的影响［J］.校园英语，2017（22）：182.

［3］乔纳森·伯格曼，亚伦·萨姆斯.翻转课堂与混合式教学：互联网＋时代，教育变革的最佳解决方案［M］.韩成财，译.北京：中国青年出版社，2018.

甘为信息化摆渡，乐做高效率引导

——信息技术培训，助力教师专业成长

化州市第一中学　董晓英

摘要：教育信息化已是大势所趋，在此背景下，茂名市继续教育中心开展了"2018年茂名市中小学教师信息技术应用培训者团队送培下乡活动"和"2019年茂名市信息技术应用培训者团队送培到校活动"。目标是通过培训使全体教师的信息化应用水平和师生信息素养普遍提高，助力教师专业成长。在多场培训过程中，我逐渐摸索出了培训教师的一套方法和一些经验。

关键词：教育信息化；专业成长；对症下药；经验

一、背景与问题

"我消灭你，与你无关！"这句霸气的话出自科幻小说《三体》。看似嚣张的语气背后，揭示了整个人类世界前进的脚步。社会与时俱进，如果我们不主动去适应，就会成为时代大潮前进的牺牲品。

20世纪90年代以来，信息化水平已成为新经济时代衡量一个国家和地区综合实力的重要标志，已经引起了世界各国的普遍关注。信息化水平低下，会影响到整个国家的竞争力。

陶行知说过"教育乃国之根本，育国之栋梁，兴邦乃之安定也"。教育信息化是国家现代化建设的重要组成部分，具有战略性、全局性、基础性的地位。但是，20多年来，人类从IT（信息技术）时代进入了DT（数据）时代，又从DT时代进入了AI（人工智能）时代。人们没有完全做好准备，尤其是信息化对教育的影响相对滞后。有一部分老师，真的还停留在传统教学方式层面上；有一部分老师，虽然用的是多媒体教学，但是方式单一，观念老旧，课堂缺乏活力，对新技术态度过于消极；有一部分老师，对新

技术的接触相对较少；有一部分老师虽然接触了一些新的教学技术，但是对它们的有效应用不到位，无法统筹发挥它们的优势。

而真正的教育信息化，一是把提高信息素养纳入教育目标，培养适应信息社会的人才；二是把信息技术手段有效应用于教学管理与科研，注重教育信息资源的开发和利用。2018年4月13日，教育部正式发布《教育信息化2.0行动计划》。教育信息化旨在推进教育理念更新、形式革新、系统重构。教育信息化是国家现代化建设的重要组成部分，它将深刻变革我们的教育理念和教育模式，并肩负起支撑和引领教育现代化的历史使命。华东师范大学教育学部主任袁振国在文章《未来已来，将至已至——科技创新加速教育变革》里说道："我们在谈论未来的时候，未来已来，当我们讨论将至的可能性时，将至已至。面对席卷而来的未来浪潮，我们只有以变革的姿态迎接未来，决胜未来。"

在此背景下，茂名市继续教育中心开展了"2018年茂名市中小学教师信息技术应用培训者团队送培下乡活动"和"2019年茂名市信息技术应用培训者团队送培到校活动"。茂名市继续教育中心举行的这些活动是为了提升我市乡镇学校教师的信息化应用能力，助力我市推进教育创现工作，发挥我市中小学信息技术应用培训者团队的示范引领作用，根据需求、开展调研、找准切入点、开展信息技术与课堂教学深度融合的示范带学、专家点拨提升，促使全体教师的信息化应用水平和师生信息素养普遍提高，符合国家教育信息化的需要。我作为培训讲师之一，有幸主讲了其中18场面对18所学校教师的培训讲座，受培训学校有茂名市第七中学、化州市良光中学、化州市笪桥中心学校、化州市第二小学、化州市同庆中学等。

二、方法与策略

（一）方法与策略：摸脉诊病，对症下药，培本固元

培训前："摸脉诊病。"培训开始前一段时间，培训讲师通过问卷星对受培训学校教师进行教学信息技术掌握程度的调查，并主动和学校了解学校信息化建设情况、教师的信息化程度等。待摸清情况，再针对性地制定培训内容、时长、方式等方案。

培训中："对症下药。"面对面建群。两位培训讲师各有分工，先由魏朝仪老师介绍提升教学备课的神器，再由我进行PPT优化和微课制作的讲座。

培训后:"培本固元。"培训完,马上通过问卷星调查表进行满意度和改善意见调查,以帮助培训讲师及时调整和改进。此外在群里及时分享教育信息化相关资源、网站、信息,并对教师的疑问进行答疑。

(二) 培训方式

第一种是集体讲座,分散指导。好处是方便操作,节省时间。不足之处是无法具体到给每个人进行辅导和答疑。

第二种是有条件的学校人手一台电脑一台手机,跟着讲师操作,不懂的手把手教会。好处是效果落实更加到位,不足之处是人数过多的学校要分室分流或分批次。

第三种是分小组学习,每小组学习接受能力快的老师辐射同科组或周围小组人群。例如培训讲师讲座完毕,可根据问题分类成几组,每组由已经掌握的老师去为未掌握的老师辅导和答疑。这种方式能减轻培训讲师的负担,也能提升效率。当然,如果培训讲师人数足够,可以由培训讲师每人负责一个小组进行答疑。

三、成效与评估

培训的目的是根据需求开展调研、找准切入点、开展信息技术与课堂教学深度融合的示范带学、专家点拨提升,使全体教师的信息化应用水平和师生信息素养普遍提高。通过培训和培训后的跟进调查,发现培训对大多数老师有很大的帮助,让他们接触、了解了更多的新信息技术,启发了他们信息技术与课堂融合的灵感,提升了教师们的信息素养。

四、经验与展望

经验:①先建群有利于后期工作有效开展。②建议可以多介绍一些案例的具体做法。③为提升效率,可分小组或科组学习,各小组接受能力强的人担当二次讲师,为组员解惑和收集问题向培训讲师反馈。例如培训讲师讲座完毕,可根据问题分类成几组,每组由已经掌握的老师去为未掌握的老师辅导和答疑。这种方式能减轻培训讲师的负担,也能提升效率。当然,如果培训讲师人数足够,可以由培训讲师每人负责一个小组进行答疑。

展望:通过培训或让接受能力较快的受训老师担当二次讲师,不仅提升教师们的兴趣、拓宽教师们的视野,有助教师们了解更多的信息技术融合手段，也能让他们互相带动、互相促进，达到更好的提升效果。

俗语说，师傅领进门，修行在个人，我们对教师的培训只是起到一个引领和导向的作用，如果教师们能善加运用，将会大大促进教学的效率，打造深受学生欢迎的高效课堂，促使教学效果的大幅度提升。

华中师范大学校长杨宗凯在文章里写道："展望未来，以信息技术为支撑引领教育模式、方法、工具、内容等一系列要素的全面创新与深刻变革，大力提升教育系统的内在品质，构建21世纪信息化时代的教育文化和教育新生态，应成为我国未来教育发展的战略。只有通过变革教育体系的流程、结构乃至理念、文化，才能使未来教育最终实现均衡、全纳、公平的优质教育，才能使人人可以获得终身学习的机会，为每个学生的发展提供无限可能。"

佛教重要经典《楞严经》里面讲："道可顿悟，事须渐修，应次第尽。"它的意思是道理我们或许可以顿悟，但是事须渐渐修行。修行并不是一蹴而就的。希望通过培训大家能顿悟，也能渐修！"玉不琢，不成器；人不学，不知道。"我们需要的，是一种努力学习、提升自我的态度。在此，用鲁迅先生的一段话与君共勉："愿中国青年都摆脱冷气，只是向上走，不必听自暴自弃者流的话。能做事的做事，能发声的发声。有一分热，发一分光。就像萤火一般，也可以在黑暗里发一点光，不必等候炬火。"你未必会光芒万丈，但努力将让你温暖有光！内心有光，照亮前方，照亮自己，也照亮别人。沿着信息化2.0的河流，愿我们顺利抵达未来教育的彼岸。

五、案例实践情况与举证

以下为我主讲的教师培训部分美篇。

（1）化州市第二小学：《道可顿悟，事须渐修——信息技术送培之走进化州市第二小学（22）》2019年4月15日。

（2）化州市笪桥中心学校培训：《送培下乡系列报道（7）——与信技相约，为腾飞添翼之笪桥镇中心学校记》。

（3）化州市良光镇中心学校培训：《送培下乡系列报道（8）——良训此中有，光焰耀百里之良光镇中心学校记》。

（4）化州市杨梅中学培训：《送培下乡系列报道（9）——与信息时代接轨，做升级版的教师之走进化州市杨梅中学》。

（5）化州市下郭街道中心小学：《送课到校（20）：送课交流传经验，信技培训促发展——走进化州市下郭街道中心小学》。

（6）化州市第一初级中学：《送课到校（63）：未来已来，革故鼎新——茂名市信息技术应用培训者团队之走进化州市第一初级中学》。

（7）化州市实验小学：《送课到校（91）：你未必会光芒万丈，但努力将温暖有光——"茂名市信息技术应用培训者送培到校"之走进化州市实验小学》。

信息技术与校本研修融合，助推教师专业成长（二）

茂名市第十一中学　陈世琼

摘要：随着我国科学技术的飞速发展，大量先进的电子教学设备早已进入了万千课堂；同时，新兴的5G技术、AI教学设备、大数据、物联网、区块链技术正在推动新时代校本研修工作向着智能化、高效化、快捷化的方向发展。本文结合茂名市教师培训实践案例，重点分析在信息技术背景下，教师培训的新挑战、新思想、新举措、新经验和前沿问题。

关键词：信息技术；校本研修；教师成长；策略方法

新时代教育改革迫切需要一大批专业知识丰富、工作能力强的中青年骨干教师。同时，学校还应当积极利用互联网开展形式多样的教师线上培训、名师公开课等活动，让教师之间的教学经验交流、理论知识共享不再被距离所限制，并努力构建网络校本研修平台，进而不断提升教师的信息运用能力和应用水平，大力运用信息技术革新教学理念和教学方法。校本教研活动的根本宗旨是促进学生全面发展和教师专业进步，高品质教研体系建设要以实践教学中的问题为对象、以教师为研究主体、以专业研究人员作为合作伙伴，重点提升教师的职业道德、教学设计能力、教学实践能力、教育科研能力。

一、坚持"互联网+校本教研"教师培训模式，不断提升教师综合素质

（一）创新校本研修管理方法，培养更多信息化教学领军人才

校本研修是近年来一种全新的教师进修培养方法，它可以帮助学校快速提升教师的专业知识和专业能力，并将学习、教学、科研三者合为一体，

在教师专业进步的过程中发挥着举足轻重的作用。[1]学校要坚持以"教有专长,研有特色"的人才培养理念,以教研目标引领人、以制度约束人、用教研项目培养人、凭借创新教研成果成就人。学校教研组、教师、教学中的问题是教研管理的三大对象,学校可以采取"师徒制"的教研管理及教研人才培养方法。所谓"师徒制"教研方法即指"以长带青,优帮优带",学校的年长教研能手每人收2～3名青年"徒弟","师傅"认真指导徒弟的教学常规、课堂管理、教学基本功,并且每周至少听徒弟一堂课,并帮助徒弟做好教学反思以及教学案例撰写工作,将优秀的教研经验传授给青年教研人才。同时,教研组长、副组长要明确各自分工,教研组长要负责新老教师青蓝结对工作、竞赛辅导工作、优课参赛推选工作、参赛课打磨工作、课题研究工作等。教研副组长要密切配合组长工作,组织实施绩效考核工作,指导成员做好教学科研工作。另外,学校必须建立起明确的奖惩制度,对认真参加教学课堂评优工作、取得显著教研成果、工作高度负责的优秀教师要给予一定的物质奖励,提升其福利待遇,激发教研人员的工作自觉性、积极性。教研组长每周要亲自带领全体组员进行一次线上、线下继续学习活动,如"名师示范课""新教师展示课""优秀教师评比课""骨干教师献艺课""学习汇报课""阅读教学研讨课""作文教学研讨课""城乡教师互动课""兄弟学校教师互动课""学习汇报课""读书会"等"做课"活动,在每次学习活动结束后,教研组长要认真进行学习总结,倡导教研成员分享自己的学习心得和收获,真正做到学有所得,学有所获。[2]在每个学期末,教研组老师要负责抓好学生复习备考工作,指导任课老师做好"讲—练—测—补"教学工作。另外,九年级的"初升高"复习备考教研工作难而繁,可把工作重点、难点交给青年教研员处理,比如学生巨大的心理压力问题、复习重点预测问题、教师复习效果提升问题等,让青年教研员在解决棘手的教研问题的过程中积累经验,增长才干。而具有丰富教研经验的中老年教研员可以在一旁给予指导,进而充分确保青年一代教师的培养质量。

(二)借助信息技术推动教师专业进步,凝聚众人智慧服务教学活动

在传统的观课学习中,教师大多凭借自己的经验进行评价,同时又受人际关系影响,担心得罪其他同事、领导,不敢讲真话、实话。在如今的大数据时代,学校可以采取多种课堂观察角度,如教师回应观察、学生回应观察、媒体资源应用观察、学习小组活动观察等,并将学校的老师进行

人员分工，让每个老师都清楚自己的观察任务，明确自己在课堂观察中的职责，最终对任课教师的课程进行科学的评价，点出亮点，指出不足。同时，有广度、有深度、有温度的教研教学体系才会受到师生的青睐，并最终取得理想的效果。所谓"有广度"指的是多方面、多形式开展教研活动，如高效快捷的"互联网＋教研"、群策群力的"集体现场教研"、激发潜能的"教师自研"……众多的教研模式可以拓展教研管理空间、提升教研教学效率。"有深度"指的是学校教研单位、年级教研室、班级任课老师"三位一体"，共同承担学校教研工作责任，每学期确定一个教研主题，通过熟练使用观察与记录、解读与分析、制定解决方案"教研三步走"方法，对学校班级管理、教师授课、学风学貌等方面的问题展开持续而深入的探讨与研究。"有温度"是指在开展教研管理工作中对相关老师、学生的鼓励与支持应当多于批评与指责，既要有学校规章制度的威严，又要酌情处理相关人员，给他们一个改正错误的机会，鼓励和支持才是教研工作的灵魂所在。

（三）充分利用现有交流平台，发挥教师集体智慧解决教学问题

教学备课工作是课堂教学的第一步，学校可以利用QQ群、微信群组建学校备课团，以初中经典古文《世说新语》两则为例，上课老师可以在群中征求其他老师的备课建议，教师在上课时间或下班时间，抑或无聊的时候可以用手机或电脑在群里表达自己的看法，这样，你一言，我一语，可以充分发挥教师集体的备课智慧，增进教师之间的沟通交流。[3]然后，QQ群或微信群中的青年骨干教师、专业教研员可以组成核心备课组，将群里老师的各种建议、课程教学目标、教学难点、可利用的教学资源、教学手段进行筛选、归纳总结，再形成较为成熟的教案供任课教师在课堂上使用，接着再由课堂观察组老师对任课教师的上课效果进行综合评价，将反馈意见发到群里供所有老师进行参考。另外，学校可以定期组织老师进行网络公开课讲学活动，将学校优秀教师的讲课视频发布到学校官网上，并构建网络留言板，让全国各地的老师来观看视频后都能留下中肯的建议。

（四）做好信息化校本研修反思总结工作，"互联网＋教育反馈调研"优化人才培养模式

目前，我国仍处在疫情防控常态化阶段，教师线下集体学习会有一定的风险，传统的教研反馈工作也会受到一定的影响。老师可以利用"互联

网+教育反馈调研"对学生的上课情况、网课评价、学习效果进行网络问卷调查，及时发现疫情期间的教学问题。另外，老师可以通过钉钉或腾讯会议开展"家校合作经验分享会""学生学习问题交流会""网课问题探讨"等，让学生家长在陪伴孩子学习过程中发现的问题、经验体会进行共享。此外，老师要通过反馈积极了解学生是否适应居家学习环境、能否跟上老师上课进度、课堂内容能否听懂……这样可以帮助学校老师根据调研结果对自己的专业知识、授课方法、讲学能力进行针对性的改进、练习，不断增强个人综合教学能力，提升教师追求自我进步的信心，给学生提供更好的上课体验。

总之，信息技术与校本研修融合教育模式具有诸多优点，但这种新型教育理念需要学校、老师在教育孩子过程中逐渐摸索经验，不断吸取教训。同时，老师要认真研究相关教育文献，并结合当前疫情背景下学校的教育方针、学生上课情况、社会大众反响来优化上课内容，不仅让学生学得会，还要学得好，让信息技术成为教师专业进步的得力助手！

参考文献：

[1] 付赛.乡村教师"网络与校本融合"研修的引导策略研究[D].重庆：西南大学，2018.

[2] 薛春.教师网络研修与校本研修整合模式应用研究[D].南昌：江西师范大学，2016.

[3] 谢忠新.信息技术支持下教师校本研修的研究[J].中国教育信息化，2009（7）：17-20.

有效利用信息技术资源，提升信息素养，助力教师专业成长

茂名市愉园中学 刘金宝

摘要： 当前是一个信息化、网络化的时代，信息技术资源已应用于教育的每一个领域，教师要把信息技术熟练地运用于课堂教学之中，要把信息技术更加有效地与教学研究结合起来，还要凭借信息技术进行交流与合作。它便于检索与使用，通用性与开放性的增大更加使信息资源的利用价值有所提高。对于现代教学而言，利用信息技术促进自身专业发展具有重要意义。怎样有效利用好这一资源促进教师专业化发展是每位教师所面临的巨大挑战。信息技术给教育教学带来了生机，因此培养教师的信息素养，开展教师继续教育终身学习，运用现代信息技术进行教学探索，促进教师专业发展，是教育现代化的主要着力点。

关键词： 信息技术；资源；教师专业化；发展

一、教师在信息技术环境下确立专业化发展的重要性

当前教学以网络技术和多媒体技术为基础，实现现代教育和新课程改革。信息技术在现代教育中从不同维度同时刺激人们的多种认知感官，使学习者更容易建构起自己的知识体系。教师要从观念上更新、理解信息技术教育的内涵。要具备良好的信息技术操作技能，以人为主体，以信息技术为手段，积极探索信息技术在工作中的有效应用，才能实现自身职业专业化的全面发展。教师专业发展是以信息技术为环境、手段、途径、方式和方法，促使教师在专业知识、教学技能、职业态度等方面不断完善的一个系统化过程。

因此，对教育信息化而言，教师专业发展既是主体又是客体，既要受制于学校信息化的外部压力，又要主动应变加快具有信息化内涵的专业发

展,从而重新定位自己的角色。在信息化环境中,教师要从"传道、授业、解惑"转变为学生学习的合作者、学生探究的顾问、问题解决的伙伴、学生所需资源的咨询者和提供者。现代信息技术进入教学后,教师有更多的新角色。实践证明,信息技术条件下教师的新角色越来越发挥着重要的作用,成为学生探索新知识、获得有效学习方法的引导者和参与者。

教师专业发展是课程改革的重要支撑,而课程改革也为教师专业发展提供机会并促进教师的专业发展。只有提升教师素质,促进专业成长,才能充分地开发教师的潜能。信息技术促进教师专业素养提升,促进教师专业知识更新和知识结构优化,如学科专业知识、教育学知识、心理学知识、学科教学法知识、教学管理知识、教研教改知识,以及教育技术知识等。对检索工具的应用、远程协助、电子期刊、教育网站、网络投稿、教育资源库、教师博客圈等进行网络化学习与利用;课改示范课、学科带头人观摩课,配套课件作品,各校名师教案、课堂设计、教研论文,以及电子图书馆等丰富的优秀教育教学资源,为教师的讲备课、教研提供了强有力的资源支持。

二、通过继续教育培训、信息教育培训等途径,加快教师专业发展进程

教育部门每年都会组织教师大量开展现代化教育理论学习,方式灵活,如远程教育与网上培训相结合、统一组织与自主学习相结合的方式,介绍现代化教育改革的趋势,提高教师教育信息化观念。通过听课评课、实践反思、教学研究,更新补充知识、提高技巧,不断扩展自己的专业知识和能力。依靠信息网络技术,最大限度地吸纳借鉴成功的教育教学模式,迅速投入实践,并在网络上公开交流探讨,有效提升专业技能。教师借助信息技术,利用网络,可实现不同空间、不同时间、不同层次的专业技能提升。将信息技术与学科教学中各要素进行优化组合、互为作用,以发挥教学系统的最大效益。

教师的专业发展对信息化教学的质量和效益起着决定性的作用。教师专业化的成长,要求每位教师终身学习和终身发展。在信息技术环境和资源支持下的远程自我提升学习,以选择任何时间、地点、层次、方式,有选择地修炼。教师的教育观和专业知识的更新,以及对信息技术掌握促进教师专业发展都有着很大的影响。通过网络观摩优秀的视频教学案例,教师直接可以用信息技术进行教学过程的反思性实践,以加快教师专业发展

进程。

三、学以致用，利用信息技术资源优化教学

把现代教育技术应用到教学中，学以致用。这些技术手段的运用对于教师来说，既活跃了课堂的气氛，又提高了课堂教学的效率和质量，还丰富了教育信息资源以及促进了教育手段的多样化。在信息化教学中，教师作为教学活动的主导者、组织者和促进者，起着顶梁柱的作用。通过教师对相关教学资料的收集和整理，并对这些资料进行分析、认识、反思，再加上他人的评价和建议等，使教师个人对教学过程、教学目标的达成度都有一个深入总结、反思以及对未来教学计划的预期安排，并通过数字化的形式加以表现。这样，教师可以清楚地了解自己在教学过程中的优势与不足，将内隐性的经验外显化，成功实现个人的知识管理，促进个体专业成熟。

信息技术已经成为教学准备的重要工具，推动了教学手段和方式的变革，信息技术辅助教学的目的就是为了提高课堂教学的质量和效率。从备课查找资料，到设计、制作教学软件都可以应用信息技术，因为信息技术有利于教师工作效率和质量等综合专业素质的提升。教师在学科教学中广泛应用信息技术来创设教学环境、改变教学行为，使学生的学习能力得到更好的发展。

要实现信息技术与教学的"融合"。教师在教学中运用各种现代教育技术教学，可以充分调动各种教学媒体的信息输出功能，立体地刺激学生多种感官参与认识活动，使抽象变得具体，使复杂变得简明，使不可见变为可见，能极大地调动学生的求知欲，激发学生的创新思维，从而达到教学过程的优化。在教学中师生互教互学，共同探讨。现代教育技术的应用，对于丰富教学内容，扩大学生眼界，引起学生对学习科学、探索自然奥秘的兴趣，增进思考力、想象力和创造力，都有积极作用。现代教育信息技术的运用打破了时间和空间的限制，通过区域性跨学科、跨年级、跨学校互动活动的形式，全方位、多层次、立体化地开展校际教研活动，共享优质教学资源。教师在实践中，运用信息技术能对教学起到事半功倍的效果。如课件情境教学，音、色、形空间等表现得淋漓尽致，为学生营造一个色彩缤纷、声像同步、能动能静的教学情景，促进学生听、说、读写等综合能力的提高，在信息技术创设的艺术情境中体验、感知、审美，从而全面提高学生各方面的素质。

四、信息技术与学科教学的有效整合促进教师自我成长

信息化环境下的教学与传统教学存在着巨大差异。传统教学以教师授课为主,网络环境下的教学以教师启发、引导并与学生共同探讨为主。传统教学基本上是灌输式教学,信息化条件下的教学是交互式教学。传统课堂教学目标单一,注重知识、注重智力;信息化课堂教学目标多样,智力与非智力并重,注重学生创新精神与实践能力、情感、态度与价值观的培养。传统教学内容上主要以语音、符号刺激为主;信息化条件下的教学以图像、语音和符号多种方式,利用计算机多媒体综合教学技术,不仅可以扩大教学内容传递方式,而且可以沟通课堂与外界环境的联系。网络学习极大地拓展了传统的教育空间和教育时间的概念。因此,教师要适应信息化环境下教学模式的变迁,必须主动应对和进行自我更新。

(一)教育观念的更新

信息技术与课程相整合的过程不仅仅是现代信息技术手段的简单运用过程,它必将引发教育、教学领域的一场深刻变革。以学生为中心,每一个学生都是"学习的主体",把课堂还给学生,使课堂充满生命的活力,让每个学生各得其所,其创新精神与实践能力得到最充分的发展,使学生与现实零距离接触;把信息化为知识,把知识化为智慧,使学生在有限的课时中得到最大的收益。

教育实践证明,在交互网络学习新环境下,学习者的学习活动是主动的,教师的任务是为学习者提供学习资源,进行学习策略指导。教学方法由原来单纯的基于讲授语言知识或者归纳语法要点转化为基于"情景创设""问题解决""协作指导"等多种新型教学方法的运用。教学对象由针对好学生到关注全体学生,使每个学生的潜能都能够得到最大程度的发挥;教学评价由以考查学生记忆知识多寡为主要评价方式转化为着重检查学生自主学习能力、思维方式、运用语言能力;教学方式上提倡合作学习,注重激发学生学习的内部动机,让学生在学习过程中自己寻找动力。为此,面对信息化和知识经济的浪潮,教师应该是信息、思想及知识的先觉者,更多、更快、更好地传播最新最前沿的先进文化信息。教学不只是传授语言逻辑知识,更重要的是要培养学生搜集、分析、加工和运用信息资源的综合能力,培养学生能够充分利用多媒体自主学习的能力,培养学

生的主体精神、创新精神和实践能力，使学生的知识、能力、素质协调发展。

（二）专业知识的更新

教师专业发展是教师人生价值实现的过程，是教师在充分认识教育意义的基础上，不断提升专业精神、增强专业修养、掌握教育规律、拓展学科知识、强化专业技能和提高教育教学水平的过程。

教师只有不断地提升自己的专业水平，才能使教学工作始终保持旺盛的生命力。一是随着教学内容出现高端化趋势，过去熟悉的学科知识可能退出教学计划，新的知识进教材进课堂，没有知识更新就难以胜任教学。二是教学是一门跨学科的应用科学，教师需要广博的知识和高超的艺术；要成为一名合格的教师，除具有深厚的学科知识、过硬的语言基本功、全面的教学技能外，还须了解和掌握如心理学、教育学和信息技术应用等相关学科知识。因此，教师要在教学实践中观察他人教学的同时，反思自己的教学，并在理论指导下不断提高自己的教学水平；要树立终身学习和与学生共同发展的观念，努力在自己的教育实践中培养学生学习的兴趣、习惯和能力。

（三）教研观念的更新

教育是充满智慧的事业，要求教师具有较强的科研意识、科研知识与能力。没有科研活动，只靠背讲义、念讲义的教学是没有灵魂的。科研能力是高质量教育和教师自身专业发展的必要条件。教师的研究能力，首先表现为对自己的教育实践和周围发生的教育现象的反思能力，尤其是利用信息化环境在教学内容和方法上的开拓、创新能力。如通过开发和创作，把课程学习内容转化为数字化的学习资源，并提供给学习者共享，或用来进行讲授或作为学生自主学习的资源；充分利用共享的数字化资源作为课程教学的素材资源，如经数字处理的视频资料、音频资料、图像资料、文本资料等作为教师开发或学习创作的素材整合到与课程学习内容相关的电子讲稿、课件之中，整合到学习者的课程学习内容中。在信息化教学研究中，教师要坚持教学相长，在师生交互中发展自己；反思教学实践，在总结经验中提升自己；学习教育理论，在理性认识中丰富自己；尊重同行教师，在借鉴他人中完善自己。

五、结束语

有效利用信息技术资源的关键在于教师的信息化，在于掌握一定的信息技术和信息资源的教师。所以，要实现教师专业化，有效利用信息技术提高教师的教育教学能力，为中小学教师提供优质资源，为教师专业发展提供教学实践、教改教研、继续教育、提升自我资源服务，这可以使教师整体素质、教师专业化发展得到有效的提升。教育信息化建设是一个相当长的适应教育发展、服务社会的过程，需要我们共同奋斗、拼搏。

教师应有效合理运用信息技术进行教学，促进教师专业发展，靠前提高站位，认真实践，不断积累经验，优化教学，同时肩负起"资源建设"的重任。相信未来信息化资源建设的前景会无限光明。

参考文献：

[1] 张行涛，郭东岐. 新世纪教师素养［M］. 北京：首都师范大学出版社，2003.

[2] 何克抗. 教育技术课程［M］. 北京：高等教育出版社，2008.

[3] 谢安邦. 教师教育信息化与教师信息素养的提升［J］. 教师教育研究，2004（5）.